meu lance é poesia

cazuza
meu lance é poesia

Ramon Nunes Mello
organização, pesquisa e notas

 *wmf* **martinsfontes**

Viva Cazuza
2024

© 2024, Lucinha Araujo
© 2024, Ramon Nunes Mello
© 2024, Editora WMF Martins Fontes Ltda./Viva Cazuza, para a presente edição.

conselho editorial
Lucinha Araujo
Fabiana Araujo
Flora Gil
Eveline Alves

coordenação geral
Flora Gil e Eveline Alves / *Gege Produções Artísticas*

organização, pesquisa e notas
Ramon Nunes Mello

capa, projeto gráfico e edição de arte
Adriana Fernandes e Daniel Kondo

foto da capa
Cazuza, 1985
© Avani Stein / *Folha Imagem*

reprodução de imagens
Henrique Alqualo

tratamento de imagens
Daniel Kondo

preparação de textos
Andressa Veronesi

revisão
Rogério Trentini
Fernanda Alvares
Marise Leal
Helena Bittencourt

Dados Internacionais de Catalogação na Publicação (CIP)
(Câmara Brasileira do Livro, SP, Brasil)

Meu lance é poesia / organização, pesquisa e notas
    Ramon Nunes Mello. -- São Paulo : Editora WMF
    Martins Fontes : Viva Cazuza, 2024.

    ISBN 978-85-469-0507-2

    1. Cazuza, 1958-1990 – Crítica e interpretação
2. Letras de música 3. Música popular – Brasil – História e crítica
4. Poesia I. Mello, Ramon Nunes.

23-175591   CDD-781.630981

Índices para catálogo sistemático:

1. Música popular brasileira   781.630981
Cibele Maria Dias – Bibliotecária – CRB-8/9427

Todos os direitos desta edição reservados à **Editora WMF Martins Fontes Ltda.**
Rua Prof. Laerte Ramos de Carvalho, 133 | 01325-030 | São Paulo/SP | Brasil
(11) 3293-8150 | info@wmfmartinsfontes.com.br | www.wmfmartinsfontes.com.br

Todos os direitos reservados. Este livro não pode ser reproduzido, no todo ou em parte, armazenado em sistemas eletrônicos recuperáveis nem transmitido por nenhuma forma ou meio eletrônico, mecânico ou outros, sem a prévia autorização por escrito do editor.

Impresso em agosto de 2024,
pela Printi.

Sumário

9	**Apresentação**
	Lucinha Araujo
11	**Introdução**
	Ramon Nunes Mello
19	**Cazuza: Poesia**
21	1975-1980
41	1981-1984
99	1985-1987
155	1988-1989
221	Poemas sem data
229	**Manuscritos & Datiloscritos**
251	**Índices**
252	alfabético
255	de parcerias
259	**Artigos**
260	Cazuza por ele mesmo
	org. Ezequiel Neves
266	Caio Fernando Abreu
267	Nelson Motta
268	Karina Buhr
271	**Textos críticos**
272	Eliane Robert Moraes
275	Italo Moriconi
282	Silviano Santiago
284	Augusto Guimaraens Cavalcanti
289	**Sobre Cazuza**
290	discografia
296	shows
296	tributos
299	produções audiovisuais
301	espetáculos teatrais
302	exposições
302	memória
304	publicações
307	**Créditos**
308	dos poemas e das canções
315	das imagens
316	**Autores**
318	**Agradecimentos**

apresentação Lucinha Araujo

Meu eterno poeta

É que eu descobri que é uma caretice você achar que poesia e letra são coisas separadas. Você pode ser um poeta musical – são gêneros de poesia: tem a poesia musical, tem a poesia que vive sem a música. Acho que minhas letras sobrevivem às músicas. Algumas, pelo menos.
Cazuza, 1985 | *Cazuza: Só as mães são felizes* (1997)

"O tempo não para". São trinta e quatro anos de ausência e sessenta e seis anos de nascimento do meu amado Cazuza. Uma ferida que não cicatriza e me faz lembrá-lo cotidianamente. Revivo o meu filho e cada lembrança é um respiro de alegria. Com sua partida, passei a preservar não só as memórias, que permanecem fortes no meu dia a dia, mas absolutamente tudo que diz respeito ao seu trabalho.

Aliás, sempre guardei o que estivesse relacionado a Cazuza, desde sempre. Colecionei suas roupas de bebê, seus cadernos escolares, suas fotos de família, amigos e trabalhos, além de seus primeiros rabiscos, como os poemas que revelariam mais tarde o poeta gigante que permanece com seus versos ecoando no tempo. Depois, quando ele ficou famoso por suas canções, arquivei tudo em relação a sua carreira meteórica: fotos, cartazes, roupas, discos de ouro, matérias de jornais, críticas, violão, máquina de escrever, manuscritos...

Motivada a celebrar a vida e a obra de Cazuza, procurei Flora Gil, amiga querida de longa data, para que me ajudasse na missão de realizar essa homenagem. Dos encontros, surgiram a ideia de dois livros: uma fotobiografia e um livro de poemas. Então, aqui estou apresentando o livro *Meu lance é poesia*, a reunião completa dos poemas de Cazuza, com a organização cuidadosa do poeta Ramon Nunes Mello. É uma grande alegria poder repartir com seus admiradores e fãs os versos que fizeram, e ainda fazem, a cabeça de uma geração. A intenção é resgatarmos Cazuza poeta, como sempre foi chamado, desde que se lançou com o Barão Vermelho, em 1982, e depois quando prosseguiu com sua carreira solo. O que chamou a atenção, além de sua forma de cantar, foi a força de sua poesia – que encantou Caetano Veloso, Gilberto Gil, Ney Matogrosso e tantos outros grandes nomes da música brasileira... Poesia que compartilhou com seus amigos e parceiros, como seu mais importante companheiro, Roberto Frejat.

Os versos aqui reunidos, acompanhados de estudos críticos, artigos de imprensa, extensa pesquisa, notas e depoimentos sobre a gênese das canções, reafirmam a contemporaneidade do trabalho de Cazuza e provam que sua poesia permanece viva também no papel, na intimidade da leitura. Em 2001, organizei o livro *Preciso dizer que te amo: Todas as letras do poeta*, com Regina Echeverria, e imaginava estar revelando seus últimos inéditos. Mas, em 2010, após o falecimento de Ezequiel Neves (no mesmo dia da morte de Cazuza, 7 de julho), tive acesso a novas pastas com documentos e manuscritos... Foi neste Arquivo Viva Cazuza que Ramon garimpou inéditos do meu filho. Cazuza é inesgotável, basta ler seus poemas, perceber a beleza de sua poesia e, sobretudo, a relação legítima que ele cultivou entre a literatura e a música – sempre foi assim, desde a adolescência.

Eu me lembro daquele menino perseguindo os passos do poeta Carlos Drummond de Andrade em Copacabana... Ou entrevistando Vinicius de Moraes na companhia do amigo Pedro Bial. Ainda consigo escutar Cazuza, trancado em seu quarto, ouvindo discos e escrevendo poemas na máquina de escrever. Versos que tiveram minha mãe, Alice (1908-1975), como primeira leitora. Mais do que tudo, guardo de Cazuza o seu sorriso e a sua alegria de viver. Eu e João (1935-2013), seus pais, nos enchemos de orgulho do homem corajoso que ele se tornou, um ser humano admirável e talentoso. É, justamente, o que permanece de Cazuza, além de seus belos versos.

Viva Cazuza!

introdução Ramon Nunes Mello

Pra poesia que a gente não vive

Hoje eu sei que vendo o meu bacalhau, mas meu lance mesmo é poesia, que mastigo e vomito no público.
Cazuza, 1985 | *Cazuza: Só as mães são felizes* (1997)

Meu lance é poesia reúne a obra poética de Agenor de Miranda Araujo Neto (1958-1990), mais conhecido como Cazuza. São ao todo 238 poemas, criados entre 1975 e 1989 – dos manuscritos e datiloscritos às famosas canções que marcaram gerações –, entre os quais 27 inéditos encontrados durante a pesquisa nas pastas de documentos originais do Arquivo Viva Cazuza, organizado por Lucinha Araujo, guardiã da obra e da memória do filho. Entre os versos raros, optamos por publicar as primeiras versões de alguns poemas, para melhor compreendermos o processo de criação de Cazuza.

Os poemas estão dispostos na ordem cronológica em que foram escritos, proporcionando ao leitor a oportunidade de acompanhar o processo de transformação do poeta e de sua escrita, intimamente ligada à sua trajetória pessoal e profissional. Constam no próprio caderno de poemas as referências de datas, assim como a indicação de ineditismo. Para melhor fluidez da leitura, os blocos de poemas foram separados por frases de Cazuza retiradas de entrevistas concedidas ao longo de sua carreira. No primeiro bloco estão versos da fase inicial de sua obra (1975-1980), que expressam seu envolvimento com a poesia, o cotidiano na cidade e suas relações amorosas. O segundo bloco (1981-1984) marca a fase como vocalista do Barão Vermelho, quando inicia parcerias com os integrantes do grupo, especialmente Roberto Frejat – canções com temáticas da boemia, da noite e de amores fracassados. O terceiro bloco (1985-1987) abrange a fase inicial de sua carreira solo, quando Cazuza diversifica os parceiros e consolida sucessos, misturando versos de amor, críticas sociais e referências musicais e literárias. O quarto bloco (1988-1989), a fase final da vida de Cazuza, período em que a crítica social se intensifica com o olhar atento à política brasileira, além de seu testemunho sobre a vivência com hiv/aids e de sua relação com Deus. Sua produção artística, explicitamente autobiográfica, foi impactada diretamente pela doença considerada, na ocasião, uma sentença de morte, revelando, entretanto, um artista irônico e combativo, preocupado com as injustiças sociais. Cazuza acreditava que, versando sobre o seu quintal, esse universo particular seria capaz de falar do mundo ao redor. Me parece ter conseguido, com êxito. E, ao final do caderno, no quinto e último bloco, encontram-se os poemas sem data.

Outras janelas de leitura são propostas por meio das notas, escritas a partir de extensa pesquisa e entrevistas sobre cada poema, contextualizando a história da criação dos versos e apontando as datas, as dedicatórias e, quando musicados, os nomes dos parceiros, bem como o registro da gravação original e das regravações existentes até o presente momento, além do "Índice alfabético" e do "Índice de parcerias". A sugestão é que o leitor faça o seu próprio itinerário, por meio de escolhas afetivas dos versos de Cazuza. Os "Textos críticos", reunidos ao final do livro, assinados, respectivamente, por Eliane Robert Moraes, Italo Moriconi, Silviano Santiago e Augusto Guimaraens Cavalcanti, também servem de bússola para adentrar neste livro. Com o objetivo de ampliar a percepção sobre a atuação poética de Cazuza em seu curtíssimo período de vida, estão concentrados, ao final da publicação, os textos assinados por Caio Fernando Abreu, Nelson Motta, Karina Buhr e pelo próprio Cazuza (organizado por Ezequiel Neves). E, ainda, uma seção sobre os principais trabalhos realizados pelo poeta, assim como os extensos trabalhos em homenagens e tributos realizados por diversos artistas após sua morte.[1]

introdução Ramon Nunes Mello

É relevante lembrar que o livro *Preciso dizer que te amo: Todas as letras do poeta* (2001), organizado por Lucinha Araujo e Regina Echeverria, concebido como um *songbook* de Cazuza, foi pioneiro na revelação de seus textos: das 211 "letras" publicadas, 78 eram inéditas. Na ocasião, os poemas foram divididos em duas categorias "inéditos musicados, mas não gravados" e "inéditos não musicados". Esse livro foi fundamental para compreendermos como os versos foram publicados e situarmos o processo inicial da pesquisa. Entretanto, encontrei divergências entre os poemas divulgados anteriormente e os originais de Cazuza guardados no Arquivo Viva Cazuza aos quais tive acesso, como diferenças em datas, títulos e quebras de verso, por exemplo. Optei por obedecer à formatação original, assim como manter os títulos entre colchetes, para pontuar quando não foram dados pelo autor. Nos inéditos deste livro, quando o poema não apresenta título, os mantive sem, destacando o primeiro verso.

Todos os esforços foram realizados para encontrar as datas corretas em que os versos foram escritos, seja por meio da pesquisa no Arquivo Viva Cazuza; de longas conversas com Lucinha Araujo; do diálogo com Roberto Frejat, principal parceiro de Cazuza, que gentilmente falou sobre as cinquenta parcerias com o amigo; e das trocas com todos os parceiros, amigos e intérpretes do poeta que se disponibilizaram a conversar sobre as canções: Leo Jaime, Dé Palmeira, Guto Goffi, Nilo Romero, Ney Matogrosso, George Israel, Sandra de Sá, Lobão, Marina Lima, Leoni, Arnaldo Antunes, Adriana Calcanhotto, Orlando Morais, Ledusha Spinard, Nico Rezende, Reinaldo Arias, Raimundo Fagner, João Rebouças, Zé Luis, Sérgio Serra, Renato Rocketh, Rogério Meanda, Carlinhos Brown, Rogério Flausino e Wilson Sideral.

Cazuza, que em suas entrevistas oscilou entre se considerar ou não um "poeta", ficou reconhecido pelo epíteto de "poeta do rock" devido à potência e à beleza de seus versos, lançados ao longo de oito anos da meteórica carreira em grupo e solo. A discografia de Cazuza é composta por *Barão Vermelho* (1982), *Barão Vermelho 2* (1983) e *Maior abandonado* (1984) – produzidos quando ainda era vocalista do Barão Vermelho – e, em carreira solo, *Exagerado* (1985), *Só se for a dois* (1987), *Ideologia* (1988), *O tempo não para* (ao vivo, 1988) e o LP duplo *Burguesia* (1989), produzido na fase final de sua luta contra a aids. Além deles, há o LP póstumo *Por aí* (1991). Foi por meio desses discos que grande parte do público teve acesso à poesia de Cazuza, cujos versos permanecem ecoando no tempo.

A poesia de Cazuza, de tão desconcertante ao revelar a hipocrisia e o moralismo social, fez com que ele fosse chamado de "Nelson Rodrigues do rock nacional". O poeta aceitou o título, mas acrescentou: "Entre os Rodrigues, fico com os dois: o Nelson e o Lupicínio", referindo-se ao mestre do samba "dor de cotovelo". Na bagagem de Cazuza sempre couberam a música e a literatura, especialmente a poesia. Ele não cansava de citar suas referências, como Cartola, Angela Ro Ro, Marina Lima, Maysa, Luiz Melodia, Caetano Veloso, Elis Regina, Gal Costa, Rolling Stones, Bob Dylan, entre outros. Cazuza tinha consciência que de seu liquidificador de referências saíam ingredientes importantes dos seus versos:

> Lia tudo de uma vez, misturando Kerouac com Nelson Rodrigues, William Blake com Augusto dos Anjos, Ginsberg com Cassandra Rios, Rimbaud com Fernando Pessoa. Adorava seguir Carlos Drummond de Andrade em seus passeios por Copacabana. Me sentia importante acompanhando os passos daquele Poeta Maior pelas ruas à tarde. Mas meu livro de cabeceira foi sempre *A descoberta do mundo*, de Clarice Lispector. Adoro acordar e abri-lo em

introdução Ramon Nunes Mello

qualquer página. Para mim, sempre funcionou mais que o *I Ching*. As minhas letras têm muito desses bruxos todos.²

Roberto Frejat musicou, em 1988, os versos de "O poeta está vivo", escritos por Dulce Quental: "O poeta não morreu/ Foi ao inferno e voltou", diz a canção, lançada em 1990 como uma homenagem póstuma. De fato, ao ler seus poemas, entendemos que Cazuza permanece vivo. Mas ainda há quem se pergunte: uma "letra de canção" é um poema? Sim. Ao menos, essa é a minha compreensão de poesia. Compartilho do pensamento do poeta Antonio Cicero, amigo de Cazuza, em seu texto "Letra de canção e poesia", no qual afirma que "a questão adequada" é se uma "letra de canção" é um bom poema, lembrando-nos que

> os poemas líricos da Grécia antiga e dos provençais eram letras de canções. Perderam-se as músicas que os acompanhavam, de modo que só os conhecemos na forma escrita. Ora, muitos deles são considerados grandes poemas; alguns são enumerados entre os maiores que já foram feitos. Além disso, nada impede que um bom poema, quando musicado, se torne uma boa letra de canção.³

Ao entrar em contato íntimo com os versos do poeta Cazuza, lamentei apenas por não o ter conhecido, e me lembrei da participação de Adriana Calcanhotto no filme *Palavra (en)cantada* (2008), dirigido por Helena Solberg, com roteiro de Marcio Debellian. Depois de cantarolar uma canção medieval, ela fala sobre a relação entre música e poesia: "Não vamos cair numa discussão infértil: letra de música é poesia ou poesia é letra de música? Não tenho tempo para isso. A vida é curta!". Aliás, o tempo tem revelado a vitalidade dos poemas sem as melodias.

Mesmo sem elas, os versos de Cazuza sobrevivem nas páginas dos livros. Da mesma forma, reconheço a grandeza dos versos de Noel Rosa, Dorival Caymmi, Caetano Veloso, Gilberto Gil, Torquato Neto, Renato Russo, Chico Buarque, Mateus Aleluia, Rita Lee, Arnaldo Antunes, Adriana Calcanhotto, Tom Zé, Letícia Novaes (Letrux), Criolo, Emicida, Luís Capucho... Talvez, por isso, até hoje Cazuza seja considerado poeta, fazendo parte de uma categoria de artistas que atuam na música e são admirados também por seu valor literário. Numa dimensão internacional, posso associá-lo a "cantautores" como Bob Dylan, Patti Smith, Nick Cave, Joaquín Sabina, Joan Manuel Serrat, Leonard Cohen e Jim Morrison.

Cazuza escrevia poemas desde a adolescência, mas só mostrava seus versos para a avó materna, Alice da Costa Torres (1908-1975). No período escolar, segundo Lucinha, ele chegou a criar com o amigo Pedro Bial a "Sociedade dos Poetas Mortos". Na juventude, passou a cantar e escrever com o grupo Barão Vermelho, tendo como seu maior parceiro de canções Roberto Frejat. Mas foi com seu amigo do tempo em que fazia teatro, Leo Jaime – que o indicou para ser vocalista do Barão Vermelho –, que Cazuza compôs sua primeira canção em parceria, "Pobreza", além de conversar com ele sobre literatura e lhe confidenciar o desejo de publicar um livro de poemas. Aos 17 anos Cazuza escreveu "Poema", dedicado à sua avó paterna, Maria José Pontual Rangel (1898-1998), que viveu cem anos e guardou o poema como quem guarda um segredo. Revelado após 23 anos, "Poema" veio a público em 1998, depois que Lucinha descobriu o manuscrito e pediu a Frejat que pusesse nele uma melodia. E convidou Ney Matogrosso, um dos maiores amigos e companheiros da vida de Cazuza, para cantar os versos. Escrito em 1975, "Poema", que abre este livro, foi gravado por Ney no álbum *Olhos de farol* (1999), tornando-se uma de suas canções mais tocadas de todos os tempos.

introdução Ramon Nunes Mello

Posso afirmar que, por meio dessa imersão poético-musical, compreendi que esta reunião dos versos de Cazuza representa, acima de tudo, um tratado sobre o amor livre. Os poemas, cada um ao seu modo, nos revelam paixão, amor e segredo – seja através de uma relação casual na noite, do testemunho da vivência com hiv/aids ou da observação crítica do país. Cazuza, com todos os seus excessos, foi um poeta roqueiro e romântico e canta o amor de múltiplas formas; assim tornou-se também um cronista do seu/nosso tempo. Sinto um misto de honra e alegria ao organizar **Meu lance é poesia**, porque, além de marcar minha vida com seus versos, Cazuza me fez enxergar – enquanto pessoa que vive com hiv – a relação com outro/você de modo mais generoso, devido à sua postura corajosa no enfrentamento da aids, sendo referência de dignidade e, sobretudo, de liberdade de ser quem se é.

Não estranhe ao ler a sigla "hiv" grafada com letras minúsculas (grande é a poesia de Cazuza). Acompanho a posição adotada pelo escritor Herbert Daniel,[4] contemporâneo do poeta, a respeito da palavra "aids", quando ela era escrita como uma sigla – com maiúsculas –, e reforço o argumento do autor em seu texto "O primeiro AZT a gente nunca esquece": "Uso a palavra em minúsculas para chamar a atenção para este significante que quer dizer muito mais do que a doença indicada com a sigla aids".[5] Segundo outro escritor, Marcelo Secron Bessa – no livro *Os perigosos: Autobiografia e aids* (2002) –, Cazuza foi a cara e Herbert foi a voz da aids no Brasil; cada um ao seu modo colaborou para a luta contra a discriminação e o preconceito na história da epidemia. Pesquisador de literatura e hiv/aids, Secron Bessa é autor do conceito "epidemia discursiva", utilizado para se referir aos textos jornalísticos que reportavam a epidemia de aids de forma sensacionalista e preconceituosa, gerando uma narrativa discriminatória – como é o caso do fatídico episódio da reportagem de capa da revista *Veja*, publicada em 26 de abril de 1989, que revelou, de forma dramática e cruel como nossas sociedades estão mergulhadas em estigmas e preconceitos.

Quando Cazuza foi infectado pelo hiv, pouco se sabia sobre a aids, que chegou a ser denominada de "peste gay". Além dele, morto em 1990, a doença levou inúmeros jovens artistas brasileiros, como o ator Lauro Corona, em 1989; o líder da banda Legião Urbana, Renato Russo, em 1996; e, no mesmo ano, o escritor, jornalista e dramaturgo Caio Fernando Abreu – todos amigos de Cazuza. Passados 34 anos da morte do poeta, a convivência com o hiv foi transformada pela ciência com: a implementação de testagens eficazes; a distribuição gratuita e universal de medicamentos antirretrovirais avançados; a difusão do conhecimento sobre I=I (Indetectável igual a Intransmissível); a disponibilização de profilaxias pós-exposição (PEP) e pré-exposição (PrEP); e a luta dos movimentos sociais – por exemplo, Sociedade Viva Cazuza, Grupo Pela Vidda, Grupo de Incentivo à Vida (GIV), Grupo de Apoio à Prevenção da aids (GAPA), Associação Brasileira Interdisciplinar de aids (ABIA), Agência de Notícias da aids, AHF Brasil, Fundo Positivo e Unaids –, que impulsionam, com o Governo Federal e através de instituições como a Fiocruz, as políticas públicas de combate ao preconceito e à discriminação, de acesso universal aos medicamentos e de pesquisas de conhecimento científico. Tais avanços influenciaram diretamente na produção literária contemporânea de/sobre as pessoas que vivem com hiv/aids, intitulada pelo professor Alexandre Nunes de Sousa (UFCA) de "literatura pós-coquetel",[6] apresentando escritos para além do olhar de pânico, medo e morte presente nos anos 1980, sem invalidar a atenção necessária à população mais vulnerabilizada com o hiv/aids no Brasil hoje: negros, gays e trans.

Por tudo que a vida e a obra de Cazuza representam, aceitei com entusiasmo o convite para mergulhar no seu universo poético, tão efêmero quanto intenso. A ideia

introdução Ramon Nunes Mello

deste livro surgiu após Lucinha Araujo e sua sobrinha Fabiana Araujo procurarem Flora Gil e sua produtora Eveline Alves, na Gege Produções Artísticas, com a intenção de realizar um projeto editorial para comemorar os 65 anos de Cazuza. Estas, por sua vez, recorreram à *expertise* de um parceiro de longa data, o poeta e designer gráfico André Vallias, que contribuiu para a gênese do projeto e sugeriu meu nome para a organização deste trabalho e da fotobiografia *Protegi teu nome por amor*. Posteriormente, integram à equipe: Andressa Veronesi, Adriana Fernandes e Daniel Kondo. Finalmente, agradeço a todos que colaboraram de forma direta e indireta para a realização deste livro, especialmente à Sociedade Viva Cazuza.[7]

1 Nos anos 1980, auge da epidemia, cerca de 10 milhões de pessoas estavam infectadas com o vírus da síndrome da imunodeficiência humana adquirida, segundo a Organização Mundial da Saúde (OMS). Há 43 anos, o hiv se espalhou pelo planeta, infectou 60 milhões de pessoas e causou mais de 30 milhões de mortes. A estimativa, de acordo com o Ministério da Saúde, é que existam hoje no Brasil aproximadamente 1 milhão de pessoas vivendo com hiv (para todo o mundo, a estimativa é de 37 milhões), além de 150 mil brasileiros que têm o vírus e não sabem, pois não fazem o exame.
2 Cazuza em entrevista ao *Jornal da Bahia*, fevereiro de 1986.
3 Antonio Cicero, "Letra de canção e poesia". In: "Ilustrada", *Folha de S.Paulo*, 16 de junho de 2007.
4 Herbert Eustáquio de Carvalho, Herbert Daniel (1946-1992), foi um escritor, sociólogo, jornalista e ativista, um dos fundadores do Grupo Pela Vidda e da ABIA. Ele criou o conceito de "morte civil", referindo-se a "uma espécie de morte social antes da morte física – refletindo um tipo de preconceito existente até hoje".
5 O texto "O primeiro AZT a gente nunca esquece", de Herbert Daniel, foi publicado pela primeira vez no *Jornal do Brasil*, em 30 de setembro de 1990, e posteriormente no livro *Aids: Dois olhares se cruzam numa noite suja – A terceira epidemia*. Ensaios e tentativas, com Richard Parker, pela Iglu Editora, em 1991.
6 "Da epidemia discursiva à era pós-coquetel: Notas sobre a memória da aids no cinema e na literatura", de Alexandre Nunes de Sousa, apresentado no II Seminário Internacional em Memória Social, Rio de Janeiro, em 2016.
7 ONG criada pelos pais de Cazuza, Lucinha e João Araujo (1935-2013), após sua morte, em 7 de julho de 1990, com foco principal na assistência social e no cuidado de crianças e jovens vivendo com hiv/aids, por meio do emprego de recursos destinados à promoção de assistência a saúde, educação e lazer. Após trinta anos de serviços, a Viva Cazuza encerrou as atividades em dezembro de 2020.

*Ao João,
companheiro de toda uma vida,
que chorou comigo por esse filho
tão amado.*
Lucinha Araujo

*A todas as pessoas que vivem
hiv/aids, e àquelas que não
sobreviveram para contar
suas histórias.*
Ramon Nunes Mello

CAZUZA

Agenor de Miranda Araujo Neto

1975 -
- 1989

Gazuza:
poesia

1975 – 1980

Sou meio Augusto dos Anjos:
"Escarra nessa boca que te beija!"

Poema

[À sua avó paterna, Maria José]

eu hoje tive um pesadelo
e levantei atento, a tempo
eu acordei com medo
e procurei no escuro alguém com o seu carinho e
                        [lembrei de um tempo...

porque o passado me traz uma lembrança
do tempo que eu era criança
e o medo era motivo de choro
desculpa pra um abraço, um consolo

hoje eu acordei com medo
mas não chorei, nem reclamei abrigo
do escuro, eu via o infinito
sem presente, passado ou futuro
senti um abraço forte, já não era medo
era uma coisa sua que ficou em mim
e que não tem fim

de repente, a gente vê que perdeu ou está perdendo
                        [alguma coisa
morna e ingênua que vai
ficando no caminho que é
escuro e frio, mas também
bonito porque é iluminado
pela beleza do que aconteceu
há minutos atrás

(Cazuza, 1975/Roberto Frejat, 1998)

Escrito por Cazuza aos 17 anos, em 1975, para a avó Maria José Pontual Rangel (1898-1998). Lucinha revela como surgiu "Poema" até se tornar um *hit* na voz de Ney Matogrosso: "A minha sogra, Maria José, avó paterna de Cazuza, viveu cem anos. Ela cobrava um poema sempre que encontrava Cazuza, dizendo: 'Não espere eu morrer para fazer uma poesia para mim, faça enquanto estou viva!'. Certo dia, ela me disse que Cazuza havia feito uma poesia para ela, mas que ela não mostraria a ninguém. O tempo passou. Quando Cazuza morreu, resolvi juntar tudo que fosse relacionado à sua obra e, então, solicitei o poema. Ela me respondeu que 'o poema era um presente de Cazuza, não poderia simplesmente dar'", deixando Lucinha chateada na ocasião. "Após 8 anos da morte de Cazuza, Maria José faleceu, então as filhas dela me perguntaram o que eu queria de lembrança da matriarca. Pedi o que ela tivesse do Cazuza, além de uns LPs que ele havia autografado". Lucinha recebeu uma caixinha que guardava um papel dobrado: era o manuscrito de "Poema". Ao ler o poema inédito, enviou para o jornal *O Globo* publicar, depois pediu que Frejat musicasse os versos para Ney Matogrosso cantar. O parceiro mais frequente de Cazuza passou uma noite em claro criando a canção. Em 1999, Ney Matogrosso apresentou no *Fantástico* (TV Globo) o videoclipe de "Poema". A interpretação de Ney para os versos de Cazuza tornou-se a sua música mais tocada no Spotify, superando a marca de 40 milhões de reproduções na plataforma. "É emocionante cantar um poema de Cazuza escrito na adolescência, a poesia dele tem muita força. Os versos de Cazuza não envelhecem. Em todos os lugares que passo, na hora em que começo a cantar, as pessoas levantam, choram... não sei explicar. É uma conexão direta. E não é somente esse poema, mas muitos outros que permanecem atuais: 'Brasil', 'Pro dia nascer feliz', 'Faz parte do meu show'...", afirma Ney Matogrosso, que permanece cantando Cazuza no repertório de seus shows. Em 2023, aos 82 anos, Ney cantou "Poema" para um público de aproximadamente 100 mil pessoas em sua apresentação na primeira edição do festival de música The Town, em São Paulo, fazendo jovens emocionados cantarem em coro os versos de Cazuza. Nos últimos anos, a canção viralizou entre os mais jovens nas redes sociais por causa do Dia dos Avós. "Poema" ganhou o primeiro registro de Roberto Frejat na gravação do EP *Trio Frejat ao vivo no Teatro Alcione Araújo* (2023).

Gravação original: Ney Matogrosso, *Olhos de farol* (1999)

Regravações: Ney Matogrosso, *Codinome Cazuza* (2004); Leticia Monsó, *Nascer por você* (2005); Frejat, *Trio ao vivo no Teatro Alcione Araujo* (2023)

Vovó Alice

[*À sua avó materna*]

Você foi embora
Deixou vazia a casa
O riso num álbum de fotografias
E aquela imagem de Santa Rita...
E eu fiquei lá fora
Brincando de cidade deserta
Chupando manga
Pedindo um beijo...
E agora é a velha história
Você virou saudade
Daqueles tempos da carochinha
Daquela vida que eu inventei
Daquela reza que decorei
Agora eu vou vivendo
No mundo sem sonho ou lenda
E só de noite quando eu me lembro
Eu sinto um troço no meu peito

E durmo...

(Cazuza, 1975)

Uma das principais confidentes de Cazuza era sua avó materna, Alice da Costa Torres (1908-1975), com quem conviveu dos 3 aos 15 anos e para quem mostrava seus poemas. Com 15 anos, Cazuza escreveu esse poema em homenagem à matriarca, o qual se encontra impresso numa placa de bronze no túmulo onde ela foi enterrada, em Vassouras (RJ). Em 1985, ele comentou a importância de sua avó em sua vida, especialmente para que se dedicasse à poesia: "Ela era uma mulher fantástica, muito louca, aberta e deixou um grande buraco na minha vida quando morreu. Fiquei sozinho, sem um irmão para dividir comigo as alegrias e mágoas. Não tive coragem de me abrir com meus pais sobre minha vocação poética porque pensava que iam dar o contra. Então, com a minha avó, discutia versos, rimas. Ela foi a pessoa que mais influiu na minha infância e adolescência".

17 anos de vida

Ah meu broto não me atiça
Não me castiga
17 anos de vida
Eu tô perdido

Me diga logo
É sim ou não
Mas não me olha assim
Mas não me ri assim que eu piro

Tanta gente
Nesse Rio de Janeiro
Por que logo eu
Tanta tirania nessa idade
Eu ainda tô pra ver

17 anos de vida
Eu tô perdido
Do joelho até o umbigo
Tudo é perigo

Resolve logo
Ou transa ou sai de cima
Mas não me olha assim
Mas não me ri assim
Que eu piro

Arranjo emprego
Monto apartamento
Te levo em lua de mel
Pra onde você quiser

Só, brotinho, não me obrigue
A usar cinismo
17 anos de vida
Eu também tive
Ah eu tô perdido

(Cazuza, 1975/Roberto Frejat, 1983)

Down em mim

Para o principal parceiro de Cazuza, Roberto Frejat, a maioria dos versos do amigo é resultante de experiências de vida. "Essa é uma letra autobiográfica, provavelmente sobre um ninfeto ou uma ninfeta que deixou o poeta atiçado". A primeira gravação da canção foi realizada pela cantora Sandra de Sá, que conheceu Cazuza no início dos anos 1980, por intermédio da atriz Fafy Siqueira, e até hoje grava as canções do amigo. "Essa canção é um retrato dele, de uma época. Gravei algum tempo depois da partida dele, nos anos 1990. Imagine: quando nos conhecemos, tínhamos uns vinte e poucos anos... Me lembro da primeira vez que o vi, chegando na Gafieira Elite, no Centro do Rio. A Lucinha falava muito do filho dela, foi uma sintonia imediata", relembra.

Gravação original: Sandra de Sá, *Olhos coloridos* (1995)

Eu não sei o que o meu corpo abriga
Nestas noites quentes de verão
E nem me importa que mil raios partam
Qualquer sentido vago de razão
Eu ando tão *down*
Eu ando tão *down*

Outra vez vou te cantar, vou te gritar
Te rebocar do bar
E as paredes do meu quarto vão assistir comigo
À versão nova de uma velha história
E quando o sol vier socar minha cara
Com certeza você já foi embora
Eu ando tão *down*
Eu ando tão *down*

Outra vez vou me esquecer
Pois nestas horas pega mal sofrer
Da privada eu vou dar com a minha cara
De panaca pintada no espelho
E me lembrar, sorrindo, que o banheiro
É a igreja de todos os bêbados
Eu ando tão *down*
Eu ando tão *down*
Eu ando tão *down*
Down... down

(Cazuza, 1975)

Os versos foram inspirados na canção "Down on me", do álbum *Big Brother & The Holding Company* (1966), de Janis Joplin, cantora pela qual Cazuza tinha grande admiração. Foi para o amigo Leo Jaime que Cazuza mostrou pela primeira vez a canção. "Nós éramos adolescentes, anos 1980, um dia estávamos na casa dele, conversando, cantando e falando poesia. Nossas conversas eram repletas de afinidades, a música e a poesia. Ele amava poesia, conversávamos muito sobre literatura. Tínhamos gostos literários parecidos, compartilhávamos leituras: Nuvem Cigana, Tavinho

Semancol

Paes, Ana Cristina Cesar, Caio Fernando Abreu, John Fante, Bukowski, os *beats*... Ele queria lançar um livrinho mimeografado, acompanhava a poesia marginal. Eu mostrava minhas músicas; ele, os poemas. De repente, Cazuza me pediu o violão, eu nem sabia que ele tocava, e me mostrou 'Down em mim'. Falei para ele: 'Eu faço cem músicas para conseguir escolher uma para mostrar para alguém. Você tem uma música pronta, é impressionante!' Cazuza era um talento. Mas ele me pediu que eu não contasse para ninguém. Não queria que soubessem que fazia música, porque o pai era presidente de gravadora e a mãe cantora. Não queria que pensassem que era 'enxerto' do pai. Levei dois anos o empurrando para a música, chamando para fazer *backing* no João Penca e Seus Miquinhos Amestrados, fazendo direção musical dos espetáculos de teatro que ele participava". Leo Jaime, que na época assinava como Leo Guanabara, foi convidado para ser vocalista do Barão Vermelho, mas, considerando o som pesado demais para seu estilo, resolveu indicar Cazuza como vocalista: "Quando assisti ao ensaio do Barão, entendi que não faria parte, pensei em Cazuza. Minha intenção foi acender nele a vontade de se expressar através da arte. Eu fui o primeiro fã do Cazuza".

Gravação original: *Barão Vermelho* (1982)

Regravações: *Edson Cordeiro* (1988); *Cazuza & Barão Vermelho* (1989/2015); Leo Jaime, *Viva Cazuza* (1992); *Barão Vermelho ao vivo* (1992); Leo Jaime, *E-collection* (2001); *Barão Vermelho ao vivo no Rock in Rio I, 1985* (2007); Wado, *Agenor – Canções de Cazuza* (2013); Barão Vermelho, *Barão 40* (2022); *Cazuza: O poeta vive* (2023)

Eu sou uma pessoa comum
Que sofre por coisas comuns
Como qualquer caixa das Casas Sendas
Que nunca pensou na morte
E acredita um dia poder ser feliz
Materialmente.

(Cazuza, 1978)

Publicado pela primeira vez no livro *Preciso dizer que te amo: Todas as letras do poeta* (2001). O título é uma gíria dos anos 1970 (dicionarizada no *Houaiss* e no *Aulete*, e registrada no *Volp*, por exemplo) que se refere à capacidade de se perceber um comportamento inconveniente.

Brigitte Bardot

Deus é amor sem segredo
Nos olhos do cachorro
E a todo animal que ele quis
Que visse
Sua obra já pronta.
Morro de medo dos teus olhos
Sem palavras
Bigorrilhos, duques e xerifes
Porque me viciei em sons
Codificados porque eu sei que amar é
Abanar o rabo
Lamber, latir e dar a pata.

(Cazuza, 1978)

Publicado pela primeira vez no livro *Preciso dizer que te amo: Todas as letras do poeta* (2001). Os versos "Porque eu sei que amar é/ Abanar o rabo/ Lamber, latir e dar a pata" foram reutilizados por Cazuza, com poucas modificações, para escrever o poema "Quarta-feira" (Cazuza/Zé Luis, 1986).

Domingo

O porteiro continua sentado como
fazem os porteiros
e os vizinhos e as crianças filhos
dos vizinhos
só emitem sons depois do gol (fogos)

e o marceneiro da obra em frente continua
                              [marceneiro como sempre
são todos súditos do meu inútil julgamento
e continuam vivendo, indiferentes (gol!)

eu no meu quarto estou alegre
por ser rei
e não ter que governar a vida

(Cazuza, 1978)

Publicado pela primeira vez no livro *Preciso dizer que te amo: Todas as letras do poeta* (2001).

Querido Diário

(Tópicos para uma semana utópica)

Segunda-feira:
Criar a partir do feio
Enfeitar o feio
Até o feio seduzir o belo

Terça-feira:
Evitar mentiras meigas
Enfrentar taras obscuras
Amar de pau duro

Quarta-feira:
Magia acima de tudo
Drogas barbitúricos
I Ching
Seitas macabras
O irracional como aceitação do universo

Quinta-feira:
Olhar o mundo
Com a coragem do cego
Ler da tua boca as palavras
Com a atenção do surdo
Falar com os olhos e as mãos
Como fazem os mudos

Sexta-feira:
Assunto de família:
Meu lance é poesia
Melhor fazer as malas
E procurar uma nova
(Só as mães são felizes)

Sábado:
Não adianta desperdiçar sofrimento
Por quem não merece
É como escrever poemas no papel higiênico
E limpar o cu
Com os sentimentos mais nobres

Domingo:
Não pisar em falso
Nem nos formigueiros de domingo
Amar ensina a não ser só
Só fogos de São João no céu sem lua
Mas reparar e não pisar em falso
Nem nas moitas do metrô nos muros
E esquinas sacanas comendo a rua
Porque amar ensina a ser só
Lamente longe por favor
Chore sem fazer barulho

(Cazuza, 1978)

Publicado pela primeira vez no livro *Preciso dizer que te amo: Todas as letras do poeta* (2001). O verso "Meu lance é poesia", escolhido como título deste livro, está presente na quinta estrofe do poema: "Sexta-feira:/ Assunto de família:/ Meu lance é poesia/ Melhor fazer as malas/ E procurar uma nova (Só as mães são felizes)". Além de ter sido citado numa entrevista concedida pelo poeta em 1985, conforme consta no livro *Cazuza: Só as mães são felizes* (1997), também organizado por Lucinha e Regina: "Hoje eu sei que vendo o meu bacalhau, mas meu lance mesmo é poesia, que mastigo e vomito no público".

Saudade [1]

saudade de cada cara louca ou pirâmide
de cada som que inventa a madrugada
ou mágica apenas: ao menos sentimos sede

conta pequenas queixas do serviço
com alegria de fim de semana sempre
e deixa eu fingir que te aviso o fim do mundo
ou do último disco da Patti Smith, babylonely

uma ou duas coisas que tenho pra te dizer
sem largar mão da música bêbada de um verso:
a vida é uma puta que te aborda na primeira esquina
se você tiver talento trepa de graça
e ainda leva féria do dia

não pisar em falso
nem nos formigamentos de domingo.
amar nos ensina a não ser só
só fogos de São João no céu sem lua
mas reparar e não pisar em falso
nem nas moitas do metrô nos muros
as esquinas sacanas comendo a rua
porque amar ensina a não ser só
                  lamente longe por favor
chore sem fazer barulho.

sofrer é estar errado.
é tão simples como de repente parar de amar alguém

(Cazuza, 1979)

Inédito, encontrado durante a pesquisa para a organização deste livro. (Não confundir com o poema homônimo de 1988, musicado por George Israel.)

[Bobeira (Toque em todas as cordas)]

Bobeira, você
com essa cara de quem não gostou

Bobeira, você
Não me entendeu direito se
chateou
eu nem me defendi
foi brincadeira, a pior brincadeira que
já fiz
e depois porre é porre

(Cazuza, 1979)

Publicado pela primeira vez no livro *Preciso dizer que te amo: Todas as letras do poeta* (2001), de Lucinha Araujo e Regina Echeverria, que deram o título ao poema.

Filosofia de calçada [1ª versão]

Meu pensamento voa pelo chão cheio
de raiva cana e atenção
como este poema bobo
amassado no bolso
em que bar será que você fica rindo
daquele amor que eu achava lindo?
mas eu não vou chorar
eu vivo mais feliz
fazendo o que o meu coração me diz
e ele quis assim
que eu ficasse dando mole na esquina
fazendo pose pra você olhar
e se não der certo
meu coração deserto não vai parar de bater
pra te esquecer, meu bem.

Agora que a seda transformada em
trapos
já não me atrapalha movimentos
e não me apertam os sapatos
luvas ou cuecas
e que o grito agudo já não encontra eco
misturado à luz dos outros
no universo
agora que o vento me seca as lágrimas
água que é mar no meu corpo
água que é mar no meu corpo
sobra sal
(Bob Dylan "você está invisível agora, sem segredos...")

saudade é felicidade abafada,
futura

(Cazuza, 1979)

Inédito, encontrado durante a pesquisa para a organização deste livro.

Filosofia de calçada [2ª versão]

Meu pensamento voa
Pelo chão cheio de raiva
Cana e atenção
Como este poema bobo
Amassado no bolso
Em que bar será
Que você fica rindo
Daquele amor
Que eu achava lindo?
Mas eu não vivo mais feliz
Fazendo o que o meu coração me diz
E ele quis assim

Que eu ficasse
Dando mole na esquina
Fazendo pose
E se não der certo
Meu coração é esperto
Não vai parar de bater
Pra te esquecer, meu bem

(Cazuza, 1979/Roberto Frejat, 1983)

Frejat explica a canção: "Cazuza tinha uma relação com a poesia marginal, o encantamento das ruas. De alguma maneira ele se identificava com pessoas mais livres, sem destino. Em 'Filosofia de calçada' e 'Largado no mundo', os versos têm a mesma pegada: 'Em que bar será/ Que você fica rindo/ Daquele amor/ Que eu achava lindo?/ Mas eu não vivo mais feliz/ Fazendo o que o meu coração me diz'. Cazuza não se seduzia pelo material. Se tivesse um bom papo e uma boa bebida, ele se sentia confortável e feliz". Publicado pela primeira vez no livro *Preciso dizer que te amo: Todas as letras do poeta* (2001).

O amor é brega

É verdade, o amor é brega
Escovando os dentes de manhã
Na janela
O amor é brega como o pão saindo da padaria
E o vestido mal cortado
Da paraíba
Baby, love is pop, e pop é brega
Vamos viver de amor!
Vamos comer pipoca
O amor é brega
Eu quero um
O amor é brega
Eu quero um

Como é ridículo chorar
Como é possível acreditar
Que o amor é morte
Que o amor é morte
Que a paixão existe no centro do mundo
Que a paixão explode no meio do mundo

(Cazuza, 1980/Rogério Flausino, Marco Túlio Lara, Márcio Buzelin, Paulinho Fonseca e PJ, 2001)

Em 2001, o *Fantástico* (TV Globo) promoveu uma ação com Lucinha Araujo para divulgar os poemas de Cazuza publicados no livro *Preciso dizer que te amo: Todas as letras do poeta*. Foram convidados a musicar o poema, então inédito, o grupo Jota Quest, a cantora Zélia Duncan e o sambista Jorge Aragão. Os telespectadores votaram e escolheram a melhor canção. A do Jota Quest foi a eleita. Rogério Flausino, vocalista do grupo, cantou os versos em rede nacional: "O amor é brega/ Eu quero um". Esse episódio serviu como motivação para os irmãos mineiros Rogério Flausino e Wilson Sideral criarem, em 2014, o projeto Flausino e Sideral cantam Cazuza. "O Cazuza é quase como um *alter ego* para mim. Eu gostaria de falar as coisas que ele fala. Mas as coisas não são assim, cada um nasce numa época, de um jeito e com uma personalidade", declarou Flausino sobre a parceria póstuma com o ídolo.

Frescobol

Espero agora um potente saque. Pronto!
Não te neguei fogo, entrei para a história
e o meu corpo feito mola vai e vem de novo em folha
louco de vontade, de modo que aqui estou
sem um arranhão e sempre nas bocas

ENTÃO RAPTE-ME PELO MENOS!
risca aquele azul diferente que vem na onda
de um delicioso jacaré

viva o sol da beleza, do bom humor carioca e da
riqueza que Deus não pede esmola

Subitamente assalta

(Cazuza, 1980)

Frejat conta que Cazuza amava jogar frescobol com os amigos na praia: "Ele era um cara muito solar, como seu canto, sua poesia. Ele amava ir à praia, jogar frescobol com amigos, poderia passar horas com a raquete na mão, correndo de um lado para outro, debaixo do sol, nas areias da praia de Ipanema". Publicado pela primeira vez no livro *Preciso dizer que te amo: Todas as letras do poeta* (2001).

Jogo de futebol

Homens lindos. Pernas fortes. Amor.
Eu amo o *football*.
Um bando de gente correndo atrás.
De uma bola, branca.
Eu quero viver tudo agora, mesmo sendo ruim.
Por mim, o mundo que se foda.
Sou poeta. Sou o atleta da dor.
Jogo mal. Não sei jogar. Não sei fingir.
Vivo para atingir a morte. Tavinho Paes.
Vivo para atingir a morte. Distante. Longe. Futuro.
Maysa é o futuro. O futuro do amor como flor, como luz.

Amor que é amor, com bola no pé.
Eu não queria nada desta vida a não ser o poeta.
O poeta e as drogas.
E a alegria.
Perdão, Senhor.

(Cazuza, 1980)

Publicado pela primeira vez no livro *Preciso dizer que te amo: Todas as letras do poeta* (2001). Cazuza nunca foi próximo de futebol, nem sequer torcia por um time, apesar de seu pai, João Araujo (1935-2013), ter amado o esporte e torcido para o Flamengo. Lucinha Araujo lembra da paixão do marido: "Todos os sábados, frequentava um clube de futebol formado por trinta homens com mais de 30 anos, com uma exceção aberta a João, que foi admitido aos 24. Era o Clube dos 30, em São Conrado. Além de futebol, ele jogava tênis e vôlei". A falta de interesse de Cazuza por futebol, aos 10 anos, gerou uma crônica, assinada por Armando Nogueira, para a coluna "Na Grande Área", no *Jornal do Brasil*, em 1968. Sobre a falta de apreço por futebol, Cazuza declarou, em 1989: "Quando eu tinha 3 anos, meu pai me deu uma bola. Eu peguei no colo e a ninei como uma boneca. Essa foi a primeira decepção que o meu pai teve comigo. Meu pai e minha mãe são as pessoas que mais amo no mundo, mas nem sempre entendem o que passa na minha cabeça".

Eu tenho todo azul

Eu tenho todo azul que eu quiser
e também tenho o medo em segredo, mas bem que
                              [podiam ter me
dito antes que é tão bom chocolate quente
na memória da vovó dos sábios e dos crentes (parece
junkies sempre de manga cumprida)

ALÔ, MAMÃE!
tô chegando na minha asa-delta de papel
catando todos os poemas amassados
em todas as latas de lixo do mundo
feliz, feliz porque eu já posso ser demente
cruzei de olhos vendados todas as rodovias
                              [do continente!
Daí fiquei tão livre e tão urgente (pão com manteiga)
QUE POSSO PARAR O TEMPO E VIRAR UM ANJO AGORA
Virar um louco furioso solto
em território de bandidos loucos também, lindos também
escutando as mesmas rádios e os mesmos conselhos
                              [cósmicos das
estrelas (e esse cheiro de merda na lagoa...)

(Cazuza, 1980)

Inédito, encontrado durante a pesquisa para a organização deste livro.

Adoniran

Algum coração está batendo aí
Vamos permitir!

Um anjo passou, carregou toda a ilusão
Deixou seus cães amestrados tomando conta
Na porta a televisão fechou nossas portas agora
E não temos mais palavras de amor

Mas amamos enquanto o filme passa
Não é todo dia que um coração pira
Numa de Spock
Vá, vá tomar rumo, rapaz
Guarde sua surpresa espiritual
"Nas grandes noites de grandes invernos"

Eu sou carioca com muita honra
E alguma saliva tua na boca

(Cazuza, 1980)

Publicado pela primeira vez no livro *Preciso dizer que te amo: Todas as letras do poeta* (2001).

Mal necessário

A polícia é um mal necessário
A família é um mal necessário
Um mal necessário
O veneno da boca da cobra
A lixeira do luxo que sobra
Um mal necessário
Mil caras vão pintar no meu caminho
Todas elas, rosas e espinhos
Mil promessas vão se cumprir.

A família é um mal necessário
A política é um mal necessário
Um mal necessário
Tudo isso é um mal necessário
As ruas cheias de gente procurando
Comprando e vendendo coisas
É importante se ir ao inferno
Ficar uma semana.

(Cazuza, 1980)

Publicado pela primeira vez no livro *Preciso dizer que te amo: Todas as letras do poeta* (2001).

Confessional

Pai, vê se me ama
E faz que me ensina
Mas, pai, repara que sou peixe
E nado livre
Como o esperma que eu devo ter sido

Mãe, vê se me ama
E faz que me avisa
Mas, mãe, concebe em mim uma outra vida
Com o orgasmo que não deves ter tido

(Cazuza, 1980/Rodrigo Pitta, 2000)

Jay Vaquer e Wagner Emmy gravaram a canção para o musical *Cazas de Cazuza*, dirigido por Rodrigo Pitta, que assina a parceria.

Gravação original: *Cazas de Cazuza* (2000)

Tarde branca

Nesta tarde branca
Eu quero me cobrir de sonho
Branco morno
Nesta tarde em que vejo a vida da janela
E que a luz do sol não alcança meu rosto
E que dúvida se transforma em paz
E que um balanço sem ritmo
Me leva de um canto a outro da casa
Só quero no corpo um gosto simples
De se sentir acordado.

(Cazuza, 1980)

Publicado pela primeira vez no livro *Preciso dizer que te amo: Todas as letras do poeta* (2001).

Xuxu vermelho

Meu xuxu vermelho quente
Já que estamos acampados
Eu não me recuso
A descascar batatas sem razão
O café está ótimo e isso é vida.

Aos ladrões da Arábia
Pra que tantas mãos?
Aos escravos da Arábia
No correio vazio
Da cidade alta dos larápios.

Eu sou apenas uma criança da classe média
Que vê televisão
E acredita que tudo pode mudar
No próximo verão.

(Cazuza, 1980/Carlinhos Brown/Alexandre Castilho, 2018)

Publicado pela primeira vez no livro *Preciso dizer que te amo: Todas as letras do poeta* (2001). Carlinhos Brown, que conheceu Cazuza no Baixo Leblon, Rio de Janeiro, na década de 1980, explica a motivação da parceria: "Musicamos esses versos para mostrar que há inocência na poesia de Cazuza, que [seus versos] podem ser infantis e cantados por uma criança. A poesia de Cazuza é a poesia do afeto; está no inconsciente do Brasil". Brown e Alexandre Castilho, em 2018, musicaram o poema de Cazuza, dando-lhe o título "Coração vermelho", para a cantora Valentina Francisco, de 12 anos, participante do programa *The Voice Kids* (TV Globo). Ela gravou no EP que leva seu nome, lançado pela Universal: "Eu sou apenas uma menina de classe média/ Que vê televisão/ E acredita que tudo pode mudar/ No próximo verão". Além de um novo título, a versão de Brown e Castilho apresenta diferenças em relação ao original de Cazuza, como a substituição da palavra "criança" por "menina" e o acréscimo de uma nova estrofe: "Um descampado um mar de gente/ Mil corações refugiados/ Eu me recuso a sucumbir nas farsas da nação".

Gravação original: *Valentina Francisco* (2018)

Sem saudade

Do teu rosto eu não me lembro
Só do silêncio
Nem uma resposta pra dar
E do corpo as pernas
Sempre cruzadas
Pra vida, nada a declarar

Tão longe de mim
Olhos a milhas
Ilhas distantes
Nunca mais te vi
Nenhum lugar te interessa.

(Cazuza, 1980/Roberto Frejat, 2003)

Publicado pela primeira vez no livro *Preciso dizer que te amo: Todas as letras do poeta* (2001). Foi musicado por Roberto Frejat e incluído, com o título "Trapaça da dor", em seu álbum solo de 2003.

Gravação original: Roberto Frejat, *Sobre nós 2 e o resto do mundo* (2003)

Born to rock 'n' roll

Eu nasci pro rock 'n' roll
Já nasci pra bailar
Porque o rock libera
E o meu negócio é liberar

Eu nasci para um bar
Pra uma zona vulgar
Dar vexame na rua
Beber cachaça de macumba

Eu nasci pra chocar
As pessoas mentirosas
Eu nasci pra provar
Que são inferiores
Eu nasci pra cantar
Cantar bem alto
Pra todo mundo ouvir
Quem adora um barato

Estou sempre duas doses a menos
Gosto de madrugada amena
E se alguém tiver a fim
De cortar a minha onda
Eu vou sentir pena

Nasci pro rock 'n' roll
Nasci pro carnaval
Nasci pra desafinar
O coro dos débeis mentais

(Cazuza, 1980)

Publicado pela primeira vez no livro *Preciso dizer que te amo: Todas as letras do poeta* (2001).

Olhar matreiro

Quando eu voltar pra você
Eu vou voltar inteiro
Quando eu chegar com meu olhar matreiro
Quando eu tocar a campainha
Me aninha
Certo que você é minha rainha
Eu tenho estado tão triste
Feito lixo ao sol
Pode dizer que não quer
Mas você vai ser minha mulher
É que eu sou diferente
Daquele que te maltratou
Você vai ver
Você vai gostar

Olha a lua lá no céu
Magrinha, Turca
Olha o ar
Olha o mar
Olha as estrelas
Nada disso tem importância
A natureza é uma coisa
Tão sem importância
Contra a tua natureza
Você vai ouvir e sentir o cheiro
Quando eu voltar
Com meu olhar matreiro.

(Cazuza, 1980/Raimundo Fagner, 2000)

Cazuza entregou os versos para Fagner no final de 1988, época em que morou no mesmo prédio do cantor, no Leblon, no Rio de Janeiro. Vizinhos, passaram a se frequentar mais para tocar e cantar juntos; as sessões de música e boemia geraram reclamações dos moradores do condomínio. Mas os versos só foram musicados por Fagner nos anos 2000, quando o cantor achou uma fita cassete com a gravação. A canção foi incluída no álbum *Fagner* (2001), lançado no ano seguinte. Antes dessa parceria, Cazuza cantou com Fagner "Contramão", de Belchior; a canção foi gravada em dois álbuns de Fagner, *Entre amigos* e *Deixa viver*, ambos de 1985.

Gravação original: *Fagner* (2001)

Pobreza

Me chamam de Pobre
Mas meu nome é Pobreza

Só porque eu ando por aí
Bebendo pinga de macumba
Só porque eu canto rock 'n' roll
Balanço o pau e mostro a bunda

Me chamam de Pobre
Mas meu nome é Pobreza

Só porque eu ando por aí
Comendo frango de macumba
Só porque eu canto rock 'n' roll
Balanço a testa e mexo a bunda

Me chamam de Pobre
Mas meu nome é Pobreza

(Cazuza/Leo Jaime, 1980)

Inédito, encontrado durante a pesquisa para a organização deste livro. Leo Jaime conheceu Cazuza em 1979, por intermédio de uma amiga. Logo as afinidades fortaleceram a amizade, que, apesar das diferenças sociais, se manteve firme todo o tempo. "Uma amiga chamada Patrícia dizia que eu tinha que conhecer um amigo dela, Caju, que estava 'morando' na Califórnia. Os outros falavam Cazuza, e eu só soube bem mais tarde. Quando ele voltou de viagem, nós ficamos amigos e não desgrudamos. Íamos muito no Baixo Leblon, mas eu sempre ia embora antes dele. Cazuza era dos excessos. Nós éramos mais amigos quando ele estava sóbrio, para conversar sobre a vida. Em momentos de dificuldades, eu ligava para comer na casa dele. Ele ficava chateado, puto da vida, e dizia que podia. A nossa realidade era muito diferente, ele rico e eu pobre. Mas ele tinha alma faminta como a minha. Ele falava: 'Oi, Pobre!'. Eu respondia: 'Oi, Pobreza!'. E por causa dessa brincadeira fizemos nossa parceria, 'Pobreza', mas nunca gravamos", lembra Leo Jaime, possivelmente o primeiro parceiro musical de Cazuza.

Work in progress

rosqu'enrola comigo a noite toda e diz sim à trovoada que te caça
você irmã de bem selvagem, mal selvagem, ou que moral possa ter
a natureza divina dos teus atos falhos.
(um rock desde já me assalta pra acabar com esse papo furado)
agora a eletricidade enlouqueceu, os loucos que fujam e falem
ou mudos encarem urgentemente qualquer bobagem colorida
que a minha espinha é uma guitarra explorando mares que as próprias
ondas
vão avançando sem nunca ter pensado
um coração que bata na ponta do caralho
será que o Jimi curtia lobster? Scorpio no céu do norte? lã...
que grande poder tem a raiva amplificada em não sei quantos mil watts,
e viver fosse alcançar o céu num raio, um menino e sua pipa mesmo que fosse
pleno polo sul e a lua, uma das luas de marte
"que mal em um bêbado brincando de criar palavras próprias?"
em rum poderaste foder-te em finíssimas larvas de possível realidade! feliz
cidade e jogos de cantarolar o que no fundo achas
e que abacate no mínimo solta o intestino!

resta esperar que mudem os tempos e que apaguem as mentiras feito
apagar a cidade às seis da manhã e te ter luz, mas é mentira, ai é mentira
porque faltam os quilômetros e as lágrimas que não merecem ser
derramadas
as sementes de muito antes pensar em plantar "é bem assim a natureza
                                              de minha alma"
é bem assim que te mordo o calcanhar e rosno e lato & mato qualquer um
você não é nada mais que um cachorro doido uivando da janela de um apartamento
de costas pro sol de frente pra rua & transeuntes
que dificilmente hão de se abalar com cheiro de perigo iminente
combustão e cor – o sal por baixo de todas as capas de asfalto –
esta cidade foi construída sobre uma grande salina.
todo o teu poder só depende agora de acender cigarros
e não existe mais dor mas o fascínio de ir até o esgoto e imaginar
arco-íris e pedras coloridas ao redor do caminho – caio de andar ao léu
no teu parque de stop siga sangue e rima
não até agora ainda busco vida além dar pra tua vida motivo de alegria
melhor gozar sozinho gritando deus aqui está o vão dos sentidos
como no improviso todo em que sobraram dois minutos engraçados
contaminados com o monte de coisas feias que daqui de cima
fazem parecer bela esta cidade

continuo. como um breque de blues continua o solo da guitarra saindo antes
                                                            da hora
e pedais. gasolina queimando a barra de várias saias de saturno

não caminham a maioria dos carros atropelando moscas folhas e passarinhos? não
continuam os eternos mapas dos contínuos pelo centro da cidade? continuar parece
fácil pra quem não tem qualquer mandado além dos horários de frágeis elucubrações
mentais. muito obrigado
nuvem escura que me brilha nos olhos é parte do passado escuta um pouco só:
chove, faz sol, ainda não mudou nada.
eu quero assim, marcado: agora pra cá e nunca mais vou voltar igual de novo, nunca
mais o mesmo ah preso no teu sexo para sempre
no escuro que nem você viu um dois com passo de quem soube a vida inteira como se
faz na vida e como se termina – uh uh uh fera doida de cansaço
só falta um lapso de memória pra ser uma estranha existência em outra nave

continuo. como um braque de blues continua o solo da guitarra
a eletricidade continua e queria distorcer também a vida com um pouco
                                                de uísque. e pedais.
os carros não parecem estar sempre atropelando moscas folhas e passarinhos?
os contínuos não continuam nada mas estão sempre zanzando pelo centro
da cidade o que é mais interessante do que ser continuísta, por exemplo
e ter que viver continuando. eu paro agora se quiser e jogo uma tarde
inteira fora olhando paredes e só volto se uma frágil elucubração mental
me desequilibrar no picadeiro e me der medo de morrer,
mas essa de nuvem negra nos olhos, criança, é coisa do passado
                                        escuta um pouco só: chove,
faz sol, ainda não mudou nada.
espere então que mudem os tempos e se apaguem as mentiras feito
apagar a cidade às seis da manhã e ter só você de luz,
mas é mentira ainda, é mentira ainda porque não somos selvagens e
temos milhares de lágrimas que não merecem ser derramadas
as sementes de muito antes pensar em plantar "é bem assim a natureza
                                        de minha alma"
por isso é que eu te mordo o calcanhar e rosno e lato e aceito qualquer som

(Cazuza, 1980)

Inédito, encontrado durante a pesquisa para a organização deste livro.

1981 – 1984

"Ser marginal foi uma decisão poética, mas foi o único caminho que tive."

Nasci no Rio de Janeiro
fruto do amor verdadeiro de uma
cristã e um cristão

Num apezinho maneiro
cresci vendo Tarcísio Meira
meu pai na televisão

Fui na infância um cordeiro
até descobrir no banheiro
que eu estava na contramão

Daí sartei fora sem freio
me estrepo mas tô sempre inteiro
e sou bem feliz, meu irmão!

(Cazuza, 1981)

Poema sem título (identificado pelo primeiro verso), publicado pela primeira vez no livro *Preciso dizer que te amo: Todas as letras do poeta* (2001).

No one

Quem deve ser eu e aonde deve estar você, meu amor?
Eu poeta afogado em rima sem gosto de vida.
E você, a vida, rindo pra mim, ainda que invisível?
A vida feia em você e eu pintor visionário.
Tentando retocar o que é cruel mas pulsa e faz sentido?

Mas certo que eu seja um romântico anacrônico.
E você um trem que por distração eu tenha perdido.
(O tempo não espera por ninguém e já foi tudo dito)

(Cazuza, 1981)

Publicado pela primeira vez no livro *Preciso dizer que te amo: Todas as letras do poeta* (2001).

Nós

Mas não é só isso
O dia também morre e é lindo
Quando o sol dá a alma
Pra noite que vem
Alma vermelha, que eu vi
Vê, são tantas histórias
Que ainda temos que armar
Que ainda temos que amar
Por enquanto cantamos
Somos belos, bêbados cometas
Sempre em bandos de quinze ou de vinte
Tomamos cerveja
E queremos carinho
E sonhamos sozinhos
E olhamos estrelas
Prevendo o futuro
Que não chega

Não é só pensar no fim
Nas profecias
Não, não, não, não
É pensar que um dia
Sob algum luar
Vou te mandar um recado
Um reggae bem gingado
Alucinado de amor
Amassado num guardanapo
Pra rirmos dos loucos
Dos sábios, dos mendigos
E dos palhaços noturnos
O sal da terra
Ainda arde e pulsa
Aqui neste instante
E olhamos a lua
E babamos nos muros
Cheios de desejos

(Cazuza/Roberto Frejat, 1981)

Primeira parceria de Cazuza com Frejat, desde que foram apresentados por Leo Jaime, em 1981, quando tinham 23 e 18 anos, respectivamente, para formar com Dé Palmeira, Maurício Barros e Guto Goffi o Barão Vermelho. "Foi a nossa primeira parceria, feita na casa dos meus pais. Cazuza mostrou os versos e começamos a fazer na hora, com uma guitarrinha. Eu me lembro da alegria dele ao cantarmos os versos. A gente cantava umas cinquenta vezes por dia! Nesse dia, eu fui procurar uma fita para gravar, e achei uma que tinha gravação minha de uma música dos Novos Baianos. Cazuza ouviu e perguntou: 'É você cantando?'. Eu disse que sim. Anos depois ele disse que naquele momento ficou com receio de perder o posto de cantor do Barão... É claro que foi uma brincadeira dele, até porque nesse período eu não tinha essa pretensão. A Bebel regravou a canção um tempo depois", relembra Frejat.

Gravação original: Barão Vermelho, *Maior abandonado* (1984)

Regravação: *Bebel Gilberto* (1986)

Papo sério

Meu bem, agora o papo é sério
Você precisa me ouvir
Dessa vez não tem mistério
Eu vou me redimir, te juro

Orgia só no fim de semana
Segunda-feira eu vou ser
Um namorado bem bacana
Desses que você acha graça
Boa-praça

Sorvete em vez de cachaça em pleno Largo do Estácio
Porque viver de amor é mais fácil

Meu bem, agora o papo é sério
Você precisa me ouvir
Dessa vez não tem mistério
Eu vou me redimir, te juro

Balada só no fim de semana
Segunda a sexta eu vou ser
Um namorado bem bacana
Desses que você acha graça
Boa-praça

Sorvete em vez de cachaça em pleno Largo do Estácio
Porque viver de amor é mais fácil

Segunda a sexta eu sou só seu
Segunda-feira amor, proteu

(Cazuza, 1981/Dé Palmeira, 1983/Adriana Calcanhotto, 2001)

Primeira parceria com Dé Palmeira. Os versos foram feitos por Cazuza assim que os dois se conheceram, no início do Barão Vermelho; a canção, contudo, permanece inacabada até hoje, como revela Dé: "Fiz a música, mas a canção nunca ficou pronta. Cazuza teve como inspiração um namoro que eu tive, aos 15/16 anos, com uma menina que não gostava que eu fosse roqueiro. Ezequiel Neves implicou com a canção e nunca a terminamos". Em 2001, Dé mostrou a parceria para Adriana Calcanhotto, que modificou "pouquíssimo" os versos e ainda pretende concluir sua parceria com Dé e Cazuza.

Pedaço do meu coração

Eu quero que você se sinta
A pessoa mais feliz do mundo
A única capaz de ser pra mim
Um sonho em noite de insônia

Desejo que se satisfaz
Pede muito mais
Sentir gosto de cabelo, de suor
Tanto faz, tanto faz
E te chamam
Amor, amor, amor

Quebra
Em pedacinhos o meu coração de pedra
Quebra
Em pedacinhos o meu coração e guarda
Guarda
Um pedacinho do meu coração contigo
Fica com ele como prova de amor

Você virando noite
Fazendo pose
Não adianta disfarçar
Você quer vacilar

Leva, leva, leva, leva (---)
Até começar a me amar
Me abraça, esquece
Vem falar de alguém
Um beijo solto pelo ar

Onde voar faz sempre bem
Peça mais
Amor, amor, amor, amor

Quebra
Em pedacinhos o meu coração de pedra
Quebra
Em pedacinhos o meu coração e guarda
Guarda
Um pedacinho do meu coração contigo
Fica com ele como prova de amor

(Cazuza, 1981/Jerry Ragovoy e Bert Berns, 1967)

Versão de "Piece of My Heart", de J. Ragovoy e B. Berns, originalmente gravada e lançada por Erma Franklin no compacto homônimo à canção, em 1967.

A canção original ficou famosa na voz de Janis Joplin, que teve grande influência na carreira de Cazuza: "Aos 14 anos [1972], passei umas férias em Londres, com um primo mais ajuizado. E foi uma abertura. Passei a ouvir Janis Joplin o dia inteiro. Quando comecei a compor, acabei misturando tudo isso". A versão de Cazuza, interpretada por Karla Sabah e Daniele Daumerie, foi registrada no álbum *Bad Grils* (1994); no vídeo postado no YouTube, em 2010, a canção está intitulada "Quebra (Pedaço do meu coração)". Além disso, Cazuza também criou versões para canções de outros músicos que admirava: "Tão sozinho", versão para "Year blues (John Lennon/Paul McCartney); com Leo Jaime, "Zé no flash back", versão para "Jumpin Jack Flash" (Mick Jagger/Keith Richards); e uma versão para uma canção de Jon Lucien intitulada "Eu quero teu amor toda noite".

Gravação original: Karla Sabah e Daniele Daumerie, *Bad Girls* (1994)

Eletricidade

Ela não presta nem quer prestar
Chega no auge da festa
Ela anda nua como anda num bar
Por toda a casa, e quer rua

Eu sou quem fica até tarde
Ela é o verbo de vontade

Ela é a cidade
Ela se devora
Eletricidade
Uma natureza nova

Ela não espera o sinal fechar
E pula de um truque pro outro
E põe as cartas, e ri do futuro
Ela é a maldade em estado puro

Eu sou o guarda-noturno
Distraído olhando a lua
Ela é um barco sem rumo
Mas tem resposta pra tudo

Ela é a cidade
Ela se devora
Eletricidade
Uma natureza nova

Eletricidade
Ela me comove
É a luz da invenção do homem
Com um corpo, com um nome

Eletricidade
Ela não demora
É o raio, é que nem a chama
É o fogo queimando a carne

Ela não pergunta quando eu vou voltar
Me deixa em total liberdade
Eu não pergunto se ela vai me amar
Às quatro da madrugada

(Cazuza, 1981/Nilo Romero/George Israel, 1991)

O poema de Cazuza foi musicado por Nilo Romero e George Israel, que colocou voz nos versos gravados para o álbum do Kid Abelha, lançado em 1991.

Gravação original: Kid Abelha, *Tudo é permitido* (1991)

Alta ansiedade

Yara Neiva, não me leve a mal
por lhe dizer mal traçadas frases
de louco furioso solto
o nosso amor foi inventado num
passado
sem patrocínio de pepsi-cola nenhuma
sem garantias de felicidade
e sem felicidade

os furacões do sul ainda vão passar
e as correntes do mar mudarão
todo os verões serão iguais
e ninguém ficará só, nunca mais

(Cazuza, 1981)

Inédito, sem título (identificado pelo primeiro verso), encontrado durante a pesquisa para a organização deste livro. Cazuza e Yara Neiva se tornaram amigos em 1978, no Rio de Janeiro, e cultivaram uma sólida amizade durante doze anos. A atriz ficou conhecida na década de 1980 pela atuação nos filmes *Rio Babilônia* (1982), de Neville d'Almeida, e *Espelho de carne* (1985), de Antônio Carlos da Fontoura.

Estou ficando maluco
Não nasci pra Woody Allen
Pois sou muito mais bonito

Vou comprar um livro zen
Quero ser um cara tranquilo
Só que na segunda página
Já vou *tar* no maior grilo
Vou tomar um pexopide
Vou virar uma birita

Sou um desequilibrado
Sei que sou feito um mosquito
E o meu jeito de viver
De gastar minha energia
Um cigarro atrás do outro
Goles de whisky
Andar sem razão pela casa
Trocando o lugar dos móveis

Alta ansiedade...

(Cazuza, 1981)

Publicado pela primeira vez no livro *Preciso dizer que te amo: Todas as letras do poeta* (2001).

Vítimas do vandalismo

Eu quero que você esteja
Pessoa física a esmo
Eu quero romance em você
Eu quero produto porque
Chove lá fora
Então por isso seja
O meu sonho escancarado
Descartável desejo doido
E drogas pra morrer de rir
No íntimo

Vítimas do vandalismo
Vizinhos sem sonho
Trocar de copo
Pode significar a sua morte
Mesmo quando a sorte ainda não o abandonou
Sem segredos
Tanto medo
Inquietação
Decoro o engodo de estar pensando em você
Malogro engano
Seu cano
Minhas pernas

Um poema punk pop
Um desejo de estar tantos
Outros
Todos
Vocês
Como latino
Ser
A vida
Por instantes
Meu sangue

(Cazuza, 1981)

Publicado pela primeira vez no livro *Preciso dizer que te amo: Todas as letras do poeta* (2001).

Homem de posse

você passa
sem saber
o que passa na cabeça de quem
te acompanha
sem querer
na esperança de um dia te ter
fiquem na esperança
tudo isso já tem dono
é tudo meu
é tudo meu

às vezes eu penso
que papai do céu
é meu brother, foi me dar você
de presente
entre tanta gente
mais bonita e mais bacana que eu
fiquem na esperança
tudo isso já tem dono
é tudo meu
é tudo meu

um metro e setenta
é tudo meu
sorriso de criança
é tudo meu
dos pés à cabeça
é tudo meu
tanta emoção guardada
é tudo meu
é tudo meu

(Cazuza/Roberto Frejat, 1981)

Inédito, encontrado durante a pesquisa para a organização deste livro. A canção foi enviada para o Departamento de Censura da Polícia Federal e aprovada para veiculação, mas nunca foi gravada.

Carreirinha

Exausto
De correr sabendo
Que não tem ponto de chegada
Nem beijo de namorada

O ar entra e sai
O mar vem e vai
Você nada

Assopra que passa
Fala que esquece
Chora que molha
Martelada no dedo
Por exemplo

Teu rosto
Meu posto de observação solitária
Meu gosto pelo amargo
Pelo que arde

Nem canto nem berro surdo
Nem lamento
O lobo uiva
Pra se mostrar pra Deus
São frias e distantes
Terras por onde te passeio
A peito nu. Dói...

(Cazuza, 1981/Carlinhos Brown/Alexandre Castilho, 2017)

Publicado pela primeira vez no livro *Preciso dizer que te amo: Todas as letras do poeta* (2001). Em 2017, Carlinhos Brown apresentou a canção no programa *The Voice Brasil* (TV Globo). Sua relação com Cazuza é anterior às parcerias póstumas: "A nossa amizade começou no Baixo Leblon, nos anos 1980. Estávamos todos numa mesa cheia de músicos: os meninos do Barão, Bebel Gilberto, Marcelo Sussekind... e eu, um baiano recém-chegado no Rio de Janeiro. Naquele momento, o Brasil estava mudando sua cena musical, surgiram poetas como Cazuza, Renato Russo, Paula Toller... Cazuza deixou um lindo legado com sua poesia. Fiquei muito contente com a oportunidade de musicar seus versos; a Lucinha, mãe de Cazuza, me entregou o poema e eu convidei o Castilho. Uma poesia influenciadora. O tempo me aproximou dele e de seus pais, João e Lucinha. Éramos apaixonados pela forma como ele era, livre".

Gravação original: Carlinhos Brown, *Semelhantes* (2017)

[Champagne e gentileza]

Por cantos sem cantar nós somos
Velhos escroques sem futuro
Esperando que a mão da morte
Escreva por ela mesma
Pulando sobre a lua
As vacas e Jesus
Enormes paisagens de plantações sem futuro

Eu não sei quem sou
Nem porque "faço"
E às vezes me sinto vivo
Quando quebro um desses objetos chatos
Que a gente esbarra sem querer
Daí escreve como quem levasse uma topada

Deus me deu um coração que ama
Alguma tristeza
Destreza e champagne
Quanta gentileza!

(Cazuza, 1981)

Poema sem título, publicado pela primeira vez no livro *Preciso dizer que te amo: Todas as letras do poeta* (2001), de Lucinha Araujo e Regina Echeverria, que assim o intitularam.

Lady Chatterley

pra Katia
até o apocalipse

sim somos malditos esperando ansiosos o fim do mundo
dos de Jesus, Maomé, Abraão
esperamos o Juízo Final para todos os que nele acreditam
podemos, no entanto, fuder tranquilos nos abrigos
                                                        [antiaéreos
fazendo macumba pra que subam aos céus os que
                                                        [quiserem
vagar felizes pela vida eterna
ficamos na terra com quem pretender pulsar com ela

(Cazuza, 1981)

Inédito, encontrado durante a pesquisa para a organização deste livro. O título do poema é uma referência ao livro *O amante de Lady Chatterley* (1928), do escritor inglês D. H. Lawrence, considerado, na época, um romance escandaloso devido ao seu conteúdo "erótico, imoral e obsceno". Os versos dedicados a Katia Bronstein, amiga do tempo de teatro no Parque Lage e no Circo Voador, foram datilografados por Cazuza em 1981; ao fim do poema há uma dedicatória manuscrita: "pra Katia, até o apocalipse" – assinado com o apelido "Caju".

Certo dia na cidade

Já nem sei quanto tempo faz
Ele foi como quem se distrai
Viu na cor de um som a cor que atrai
Foi num solo que não volta atrás

Tchau, mãezinha, fui beijar o céu
A vida não tem tamanho
Tchau, paizinho, eu vou levando fé
É tudo luz e sonho
É tudo luz e sonho

Eu vou viver, vou sentir tudo
Eu vou sofrer, eu vou amar demais

Ei, garoto, a força que me conduz
É leve e é pesada
É uma barra de ferro jogada no ar
Eu vou levando fé
Eu vou levando fé

(Cazuza/Guto Goffi/Maurício Barros, 1982)

A canção foi uma das primeiras parcerias de Cazuza com o Barão Vermelho. O poeta modificou os versos de Guto Goffi e Maurício Barros, como fez com "Billy Negão". De acordo com Guto, no primeiro ano do Barão Vermelho, Cazuza chegou mexendo no que já estava escrito: "No caso de 'Certo dia na cidade', existia uma música instrumental e Cazuza colocou os versos. É uma canção linda, dedicada a Jimi Hendrix".

Gravação original: Barão Vermelho, *Barão Vermelho* (1982)

Regravações: Rosana Pereira e Bukassa Kabengele, *Cazas de Cazuza* (2000); *Barão Vermelho – Edição especial, 30 anos* (2012)

Conto de fadas

Tudo bem, você se mandou
Não aguentou o peso da barra
Que é escolher viver de verdade
Se arregou, parou na metade
Agora vai, vai correndo pra casa
Papai e mãe tão na sala
Te esperando, tão jantando
É, planejando um futuro normal, que mal!

Princesinha dos cachos de mel
Vai enfim calçar seu sapato
Esquecido num baile... ih!
Vai rasgar os meus retratos
E chorar sozinha no quarto
Se lembrando, duvidando
Planejando
Um futuro normal, que mal!

(Cazuza/Maurício Barros, 1982)

Cazuza transportou um dos contos de fadas mais populares da humanidade, *Cinderela*, para a realidade da juventude brasileira urbana nos anos 1980. Foi uma tentativa de aproximar o rock dos jovens de sua geração, um exercício que o poeta praticava nos versos musicados pelo Barão Vermelho. "Conto de fadas", ao lado de "Um dia na vida" e "Menina mimada", marca sua parceria com o tecladista Maurício Barros.

Gravação original: *Barão Vermelho* (1982)

Rock'n geral

Rock'n geral é até mais tarde
Sem hora marcada
Armando assim um carnaval full-time
Rock'n geral é bem alto
Pra se ouvir de qualquer nave
Ou de um coração meio surdo que não sabe amar

Rock'n geral é apaixonado
Neném sem pecado querendo mamar
Hey, mama, can't you hear me cry?
Hey, mama, can't you hear me cry?
Ei, mãe, não tá me ouvindo chorar?
Ei, mãe, não tá me ouvindo chorar?

Mamãe, eu quero mamar!
Mamãe, eu quero mamar!

(Cazuza/Roberto Frejat, 1982)

A canção é sobre um roqueiro falando como se fazer rock. O poeta tenta explicar para si mesmo e para os outros o momento catártico da criação. "É Cazuza falando sobre a gente fazer rock. Eu acho meio cafona… Mas é falado de uma forma bacana, dá uma desencanada: 'Rock'n geral é até mais tarde/ Sem hora marcada/ Armando assim um carnaval full-time/ Rock'n geral é bem alto'", explica Frejat. A canção deu título ao quinto álbum do Barão Vermelho, *Rock'n geral* (1987).

Gravação original: *Barão Vermelho* (1982)

Regravações: *Telefone Gol, Viva Cazuza* (1992); *Barão Vermelho – Edição especial, 30 anos* (2012)

Sorte ou azar

Tudo é questão de obedecer ao instinto
Que o coração ensina a ter (ensina a ter)
Correr o risco, apostar num sonho de amor…
O resto é sorte e azar

E se por acaso for bom demais
É porque valeu, porque valeu, porque

Tudo é questão de não se negar nada
A nenhuma força que dê luz (que dê luz)
Seja de Deus ou do Diabo
Se for claro, é só pagar pra ver (é só pagar pra ver)
E se por acaso doer demais
É porque valeu, é porque valeu

(Cazuza/Roberto Frejat, 1982)

A canção foi gravada para o primeiro álbum do *Barão Vermelho*, em 1982, mas ficou de fora no rearranjo do repertório, junto com "Nós". Frejat lembra que o produtor Ezequiel Neves não gostou da palavra "azar" no título: "O Ezequiel queria pôr o nome 'Sorte ou não'; ele não falava a palavra azar, coisa de supersticioso. Foi uma das primeiras parcerias que eu e Cazuza fizemos. Ela foi redescoberta quando a banda preparava a comemoração dos 30 anos do Barão Vermelho, em 2012. É uma gravação muito diferente da versão original, mas é uma canção que todos nós gostávamos muito".

Regravações: Qinhones, *Agenor – Canções de Cazuza* (2013); Emílio Dantas, musical *Cazuza – Pro dia nascer feliz* (2013)

Por aí

Se você me encontrar assim
Meio distante
Torcendo cacho
Roendo a mão
É que eu tô pensando
Num lugar melhor
Ou eu tô amando
E isso é bem pior, é

Se você me encontrar
Rodando pela casa
Fumando filtro
Roendo a mão
É que eu não tô sonhando
Eu tenho um plano
Que eu não sei achar
Ou eu tô ligado
E o papel, e o papel
E o papel pra acabar

Se você me encontrar
Num bar, desatinado
Falando alto coisas cruéis
É que eu tô querendo
Um cantinho ali
Ou então descolando
Alguém pra ir dormir
Mas se eu tiver nos olhos
Uma luz bonita
Fica comigo

E me faz feliz
É que eu tô sozinho
Há tanto tempo
Que eu me esqueci
O que é verdade
E o que é mentira em volta de mim

(Cazuza/Roberto Frejat, 1982)

Em junho de 1982, Ezequiel Neves escreveu na revista *Som três* sobre o impacto de ouvir a fita demo do recém-nascido Barão Vermelho, destacando os versos de "Por aí": "O rock não tem pátria, ou melhor, sua pátria é o coração de quem sonha e não teme verbalizar sua inocência. Os versos de Cazuza reinventam o português de forma telegráfica, sem literatices, ridícula herança de antepassados que fazem de qualquer canção um cemitério de metáforas e circunlóquios vazios. Seu recado possui a urgência das cuspidas, lâmina afinadíssima retalhando instantes de solidão ou amor total, tudo articulado com a luminosidade dos relâmpagos. Me lembra o poeta Chacal em seus melhores momentos. Cazuza traduz genialmente qualquer estado de espírito, nos faz lembrar que qualquer segundo pode conter uma overdose de apocalipses. 'Se você me encontrar assim/ Meio distante/ Torcendo cacho/ Roendo a mão/ É que eu tô pensando/ Num lugar melhor/ Ou eu tô amando/ E isso é bem pior [...]// Se você me encontrar/ Num bar, desatinado/ Falando alto coisas cruéis/ É que eu tô querendo/ Um cantinho ali/ Ou então descolando/ Alguém pra ir dormir'". A canção foi regravada por Cazuza durante a preparação do disco *Burguesia*, em 1989, mas lançada no disco póstumo, homônimo da música, de 1991. Marília Bessy e Ney Matogrosso a incluíram no projeto *Infernynho* (2012), show idealizado pelo escritor e pesquisador Rodrigo Faour.

Gravação original: *Barão Vermelho* (1982)

Regravações: Cazuza, *Por aí* (1991); *Cazuza* (1997); *Barão Vermelho – Edição especial, 30 anos* (2012)

Todo amor que houver nessa vida

Eu quero a sorte de um amor tranquilo
Com sabor de fruta mordida
Nós na batida, no embalo da rede
Matando a sede na saliva
Ser teu pão, ser tua comida
Todo amor que houver nessa vida
E algum trocado pra dar garantia

E ser artista no nosso convívio
Pelo inferno e céu de todo dia
Pra poesia que a gente não vive
Transformar o tédio em melodia
Ser teu pão, ser tua comida
Todo amor que houver nessa vida
E algum veneno antimonotonia

E se eu achar a sua fonte escondida
Te alcanço em cheio o mel e a ferida
E o corpo inteiro feito um furacão
Boca, nuca, mão, e a tua mente, não
Ser teu pão, ser tua comida
Todo amor que houver nessa vida
E algum remédio que me dê alegria

(Cazuza/Roberto Frejat, 1982)

Caetano Veloso incluiu a canção no show *Uns*, no Canecão, no Rio de Janeiro, em 1983, e apontou Cazuza como "o maior poeta de sua geração", destacando sua força e autenticidade. Os dois artistas a cantaram juntos no lançamento do *Songbook Caetano Veloso*, em 19 de dezembro de 1988, na boate People, também no Rio. No documentário *Barão Vermelho: Por que a gente é assim?* (2017), de Mini Kerti, Frejat se emociona ao relembrar a parceria: "Eu acho que essa música tem uma letra muito profunda, muito densa, muito sofisticada para uma pessoa de 24 anos. Então ele deveria se sentir orgulhoso de cantar essa música. E hoje eu me sinto orgulhoso de cantar essa música".

Gravações originais: *Barão Vermelho* (1982) e Cazuza, *O Tempo não para* (1988)

Regravações: Olivia Byington, *Música* (1984); Caetano Veloso, *Totalmente demais* (1986); Leila Pinheiro, *Olho nu* (1986); *Melhores momentos: Cazuza & Barão Vermelho* (1989/2015); Caetano Veloso, *Viva Cazuza* (1992); *Barão Vermelho ao vivo* (1992); Caetano Veloso, *Som Brasil Cazuza* (1995); *Barão Vermelho ao vivo no Rock in Rio I, 1985* (1996); *Cazuza* (1997); Cássia Eller, *Veneno antimonotonia* (1997) e *Veneno vivo* (1998); Barão Vermelho, *Balada MTV* (1999); Cazuza, *O poeta não morreu* (2000); Jay Vaquer, *Cazas de Cazuza* (2000); Caetano Veloso, *Codinome Cazuza* (2004); Cazuza, *O poeta está vivo – Show no Teatro Ipanema, 1987* (2005); Angela Ro Ro, *Tributo a Cazuza* (2008); DJ Zé Pedro, *Essa moça tá diferente* (2009); *Bibi Ferreira Brasileira* (2011); *Barão Vermelho – Edição especial, 30 anos* (2012); Mariana Volker, *Brazilian Summer* (2013); Marcelo Quintanilha, *Caju – Canções de Cazuza* (2018); *Frejat Trio ao vivo no Teatro Alcione Araujo* (2023)

Tocha acesa

Todas as vidas são práticas
Se compram num supermercado
Coxas, peitos e farras
Carnes escuras, ossos
Espinhas de peixe e fadas
Milhares de caras

Bagunça cósmica, taras
Por favor um copo d'água
Os prêmios são todos pagos
Microfones e faixas
De primeiro lugar

Todas as vidas paradas
Num sinal enguiçado
Com um guarda doente desdentado
Multando os sem-lar
Implicando com quem
Não tem nada pra dar

Ainda bem que eu tenho um blues
Um troço qualquer que tem luz
Uma tocha
Acesa assim pra quem gosta.

(Cazuza, 1982/Leoni, 2015)

Publicado pela primeira vez no livro *Preciso dizer que te amo: Todas as letras do poeta* (2001). Musicado por Leoni para o projeto *Protegi teu nome por amor*, ainda não foi gravado.

Você vai me enganar sempre
[1ª versão]

Você me deixa orgulhoso
Gostoso te ouvir jurar
Mentir com esse olhar guloso
Pra disfarçar

Eu vou me sentir teu homem
E sonhar
Mas você vai me enganar sempre
Com ar de anjo louco desamparado
Emocionando quem sentar do teu lado

Você vai me enganar sempre
Que eu me descuidar
Você vai me enganar sempre
Com inocência no olhar
Jeito de ovelha mansa
Pra não me preocupar
Fetiches dando ataques de ciúmes, perfumes
Pra levantar moral
Eu não confio, eu sofro, eu passo mal

É o teu jeito de amar

(Cazuza/Roberto Frejat, 1982)

Publicado pela primeira vez no livro *Preciso dizer que te amo: Todas as letras do poeta* (2001).

Você vai me enganar sempre
[2ª versão]

Você me deixa orgulhoso
Gostoso te ouvir jurar
Mentir com esse olhar guloso
Pra me acalmar

Eu vou me sentir seu homem
Eu vou dormir como um anjo

Você vai me enganar sempre
Que eu bobear
Você vai me enganar sempre
Com inocência no olhar
Jeitinho de ovelha mansa
Só pra disfarçar
Mas teu riso de criança
É um truque vulgar
Dando ataques de ciúmes
Levantando a minha moral
Você vai me enganar sempre
É o teu jeito de amar

Se um amigo chegado
Maltratado pintar
Sentar na mesa ao teu lado
E o assunto casar
Sobre as feridas do mundo
Qualquer papo vagabundo
Você vai me enganar
Sempre que eu bobear

(Cazuza, 1982/George Israel/Nilo Romero, 2010)

Publicado pela primeira vez no livro *Preciso dizer que te amo: Todas as letras do poeta* (2001). Em 2010, George Israel regravou a canção com participação de Family Man (baixista do Bob Marley em todos os discos) e Charles Laube (baterista do Alpha Blondy) e com um registro virtual de Cazuza, cuja voz foi recuperada a partir de uma fita cassete gravada em quatro canais. "Cazuza tinha a péssima mania de dar a mesma letra para músicos diferentes, de repente, havia duas canções. E alguém tinha que ser o número dois. Mas eu tive uma conversa séria com ele, para que não fizesse mais isso. Pelo menos comigo ele não fez mais. Ele não fazia por mal, esquecia, estava na noite e compartilhava os versos. Por exemplo, quando Cazuza escreveu 'Mal nenhum', ele me deu. Mas depois ligou dizendo que tinha escrito e prometido ao Lobão... Esse era o Cazuza", revela Frejat.

Gravação original: George Israel, *13 parcerias com Cazuza* (2010)

Billy Negão

Eu conheci um cara num bar lá do Leblon
Foi se apresentando: "Eu sou Billy Negão
A turma da baixada sabe que eu sou durão
Eu só marco touca é com o coração

Bati uma carteira pra pagar o meu pivô
Sorri cheio de dentes pro meu amor
Ela nem ligou, foi me xingando de ladrão
'Pega ladrão! Pega ladrão!'"

Alguém passava perto e, sem querer, escutou
Correu no delegado e me dedurou
E logo a rua inteira caiu na minha esteira
Pois nessa DP eu tava a maior sujeira

E nesse instante eu vi parar o camburão
E o Billy "sartô" fora com a minha grana na mão
Deixou na minha conta um conhaque de alcatrão
'Pega ladrão, pega ladrão!'

Billy dançou, dançou, coitado
Billy dançou, é, foi baleado
Billy dançou, coitado
Billy dançou, foi enjaulado
Foi autuado, enquadrado, condenado
Um pobre coração rejeitado

(Cazuza/Guto Goffi/Maurício Barros, 1982)

Primeira parceria de Cazuza com o Barão Vermelho: o poeta reescreveu os versos propostos por Guto Goffi e Maurício Barros, inspirado no pistoleiro e ladrão de gado e de cavalos americano Billy the Kid, aproximando-o da violência carioca com o fictício herói-marginal Billy Negão. "'Billy Negão' existia como 'Billy the Kid', mas era muito ingênua. Quando Cazuza chegou no Barão, ele disse que escrevia e gostaria de mexer nas letras. Ele transformou a canção 'Billy Negão' localizando a história no Baixo Leblon. Assim, entendemos que Cazuza veio para apostar nos versos das músicas, colocar o texto dele, muito próprio", explica Guto Goffi. Em 24 de outubro de 1982, o primeiro videoclipe do Barão Vermelho, da canção "Billy Negão", foi exibido no *Fantástico* (TV Globo), com Cazuza nos vocais, aos 24 anos.

Gravação original: *Barão Vermelho* (1982)

Regravações: Cássia Eller, *Veneno antimonotonia* (1997) e *Veneno vivo* (1998); Barão Vermelho, *#BarãoPraSempre* (2018)

Ponto fraco

Benzinho, eu ando pirado
Rodando de bar em bar
Jogando conversa fora
Só pra te ver
Passando, gingando
Me encarando
Me enchendo de esperança
Me maltratando a visão

Girando de mesa em mesa
Sorrindo pra qualquer um
Fazendo cara de fácil, é
Jogando duro
Com o coração, gracinha
Todo mundo tem um ponto fraco
Você é o meu, por que não?
Você é o meu, por que não?

(Cazuza/Roberto Frejat, 1982)

Gravada pela cantora Cássia Eller nos anos 1990 em seu antológico álbum-tributo a Cazuza, a música é uma das parcerias pelas quais Roberto Frejat tem mais apreço: "É uma música urbana. Cazuza trouxe a dor de cotovelo para dentro do rock, com versos que dialogavam diretamente com Dolores Duran, Lupicínio Rodrigues... É uma canção que tem a ver com azaração: 'Benzinho, eu ando pirado/ Rodando de bar em bar/ Jogando conversa fora/ Só pra te ver'. Tem muito de cidade do interior, onde tudo acontece nos bares". Arthur Dapieve, em seu livro *BRock: O rock brasileiro dos anos 80* (1995), afirma: "Para ele [Cazuza] não era só sexo, drogas e rock and roll. Era também drogas e dor de cotovelo; sexo, drogas e samba-canção... Sua grande influência musical não era Mick Jagger, mas Lupicínio Rodrigues". Cazuza, em 5 de agosto de 1987, em entrevista ao jornalista Mauro Dias, declarou sobre sua aliança com a tradição romântica: "Atualizar Lupicínio, trazer essa tradição da poesia brasileira através de uma abordagem mais moderna, mais próxima de nossa realidade, nosso 'hoje'. Não posso, por exemplo, repetir Noel Rosa. Os tempos dele eram mais românticos, as pessoas pediam xícara de açúcar emprestada".

Gravação original: *Barão Vermelho* (1982)

Regravações: Barão Vermelho, *Barão ao vivo* (1989); Paulo Ricardo, *Viva Cazuza* (1992); Cássia Eller, *Veneno antimonotonia* (1997) e *Veneno vivo* (1998); Paulo Ricardo, *Tributo a Cazuza* (2008); *Barão Vermelho – Edição especial, 30 anos* (2012)

Bilhetinho azul

Hoje eu acordei com sono
Sem vontade de acordar
O meu amor foi embora
E só deixou pra mim
Um bilhetinho todo azul
Com seus garranchos
Que dizia assim:
"Xuxu, vou me mandar
É, eu vou pra Bahia
Talvez volte qualquer dia
O certo é que eu tô vivendo
Tô tentando
Nosso amor foi um engano"

Hoje acordei com sono
Sem vontade de acordar
Como pode alguém ser tão demente
Porra-louca, inconsequente
E ainda amar?
Ver o amor
Feito um abraço curto pra não sufocar?
Ver o amor
Como um abraço curto pra não sufocar?

(Cazuza/Roberto Frejat, 1982)

Em 1982, Caetano Veloso estava em São Paulo, passeando de carro com Patrícia Casé, quando ouviu uma fita com "Bilhetinho azul" e ficou extremamente emocionado com a gravação em voz e violão, impressionando-se com a potência poética com que Cazuza cantava os versos: "Fiquei deslumbrado, não sabia que ele poderia virar um cantor e compositor". Em 1990, no especial *Ideologia*, da TV Brasil, exibido na ocasião da morte de Cazuza, Caetano relembrou como conheceu o jovem poeta e sua surpresa ao se deparar com os versos dele. "Conheço o pai de Cazuza, João Araujo, há muitos anos. Foi através dele que fiz meu primeiro disco com Gal, *Domingo*. Mas conheci o Cazuza através do [produtor musical] Guilherme Araújo, no Baixo Leblon, à noite [...]. Fiquei impressionado com a potência poética do Cazuza, e a intensidade com que ele cantava aquelas letras tão cruelmente bonitas". Frejat conta que, na época em que fizeram a parceria, ele e Cazuza se juntavam para ouvir blues. "Eu me lembro que voltou dos EUA e trouxe uns discos de blues, que eu já ouvia muito. A gente se encontrava e fazia audição de Mama Thornton, John Lee Hooker, Howlin' Wolf, Jack Dupree, o melhor da música negra americana. Assim, descobri que tinha facilidade para fazer blues e criamos a canção. É uma das parcerias que mais me orgulho, junto com 'Ponto fraco' e 'Todo amor que houver nessa vida' – são versos muito maduros para aquele menino de vinte e poucos anos, é impressionante! 'Bilhetinho azul' dá um start na criação de um repertório de blues brasileiro".

Gravação original: *Barão Vermelho* (1982)

Regravações: Olivia Byington, *Música* (1983); *Cazuza* (1997); *Barão Vermelho – Balada MTV* (1999); Cazuza, *Preciso dizer que te amo – Toda a paixão do poeta* (2001); *Cazuza: O poeta vive* (2023)

Posando de star

Pouco importa o que essa gente vá falar mal
Falem mal
Eu já tô pra lá de rouco, louco total
Eu sou o teu amor, me entenda
Você precisa descobrir o que está perdendo
É, o que está perdendo!
Botando banca
Posando de star
Você precisa é dar!

Vem viver comigo, vem me experimentar
Me experimenta
Solta as coisas lindas que te ardem, me traz
Você sem texto sem cinema
Não faz do sexo um problema
Eu armo uma cena, é, eu armo uma cena!
Quebro garrafa
Morro de chorar
Mas ainda te faço dar!

Tudo que eu quero é uma noite de luar
De luar
São palavras doces as que eu quero escutar
Eu sou o seu amor, me entenda
Você precisa descobrir o que está perdendo
É, o que está perdendo!
Botando banca
Posando de star
Ah, você precisa é dar!

Pouco importa o que essa gente vá falar mal

(Cazuza, 1982)

A liberdade sexual, explícita no comportamento de Cazuza, aparece na faixa que abre o álbum de estreia do Barão Vermelho, em 1982, com o humor peculiar do poeta: "Pouco importa o que essa gente vá falar mal/ Falem mal/ Eu já tô pra lá de rouco, louco total/ Eu sou o teu amor, me entenda/ Você precisa descobrir o que está perdendo/ É, o que está perdendo!/ Botando banca/ Posando de star/ Você precisa é dar!". Em 1982, a canção foi vetada pelo Departamento de Censura Federal do Estado do Rio de Janeiro com a justificativa de conter versos obscenos que contrariavam "as normas censórias": "Você precisa é dar!", "Mas ainda te faço dar!" e "Ah você precisa dar!". Para aprovação, Cazuza enviou uma versão com modificação nos versos: "Você precisa é dar-se!", "Mas ainda te faço dar-se!" e "Ah você precisa dar-se!".

Gravação original: *Barão Vermelho* (1982)

Regravação: Débora Reis, *Cazas de Cazuza* (2000)

Blitz

Olhe bem, pode dar uma geral
Na minha bolsa
Tudo o que eu quero, baby
É que você me encontre

Meu coração tá aberto
E as minhas malas desfeitas
Eu não vou embora tão cedo…

Olhe bem, remexa as minhas coisas
Em algum bolso, alguma manga da blusa
Está aquela carta roubada
Num jogo de paixão

Não se espante, é o destino
Eu fui apenas um bom aluno
Meu mal é gostar de pessoas como você
Que não entendem nada de amor

Eu sei que você quer carinho
Eu ando mesmo sozinho
Roubado das coisas que eu quis
Seria tão bom se eu te amasse
Você é forte e feliz

Se a gente escolhesse na vida
Amor feito profissão
Se a força motriz que me anima
Não me tirasse a razão
Eu te daria uma rosa
Toda prosa por mim

Meu sonho eu perdi pelas ruas
Você é não mais procurar
Eu vivo ensopado de chuva
Você é um chuveiro de paz

Seria tão bom se eu te amasse
Seria tão bom se bastasse
Teu mar morto de ternura
Depois de tanta loucura
Seria tão bom se eu te amasse…

(Cazuza, 1982)

Publicado pela primeira vez no livro *Preciso dizer que te amo: Todas as letras do poeta* (2001).

[As moças do Centro]

De segunda a domingo
trabalhamos, amigo, servimos
de abrigo inventamos luz

Vendemos saúde que
Deus nos ajude se a vida é
promessa queremos "de luxe"

Gostamos de escuro sol ou
meia-luz
se a vida é pesada a
culpa é da cruz

Gostamos de curto gostamos
de comprido pra nós tanto faz
o tamanho da vida

Sem radicalismo nós
somos veneno

Eu quis fazer um mundo nosso um
tempo nosso pressentido numa troca
de olhares
mas você só quer os bares
o imprevisível dos lugares
perdidos sem mim

Quis dividir o nosso íntimo o teu
segredo mais ínfimo mas você só quer
o tango mas você só pensa num rango
na primeira esquina

(Cazuza, 1982)

Ao ser publicado no livro *Preciso dizer que te amo: Todas as letras do poeta* (2001), o poema foi intitulado "As moças do Centro", por sugestão de Lucinha Araujo e Ezequiel Neves.

Era assim

Era assim:
O homem me ensinava a natureza
E eu ia ao seu lado feliz
Sentíamos sob os pés a mesma terra
Éramos dois e uma trilha no mato

Tinha montanha e o rio
E uma floresta que não era
Ele falou sobre os tipos de pássaros
E o impossível do voo

Depois veio uma praia larga
Que o mar brincava de segredo
E quando vi que era um sonho
Risquei tudo aquilo na areia
E o poema ficou para sempre

Era assim:
O homem me ensinava a natureza
E eu ia em suas costas menino
Sentindo o trote firme do seu corpo
E a água morna que saía pelos poros...

(Cazuza, 1982)

Publicado pela primeira vez no livro *Preciso dizer que te amo: Todas as letras do poeta* (2001).

Sono

Ah, grandeza difícil
que dá na gente
antes de dormir
guéri-guéri de sono
pré-sonho desfeito
em doses medidas
de tristeza

Ah, certeza estranha de
querer muito mais
e não poder dizer
por ser segredo
ser loucura da noite passada

Ah, barranco de pobreza
coisa inútil
que só faz sofrer
mais uma besteira
pra esquentar a cabeça
e é tudo alegre, porque é só isso!

(Cazuza, 1982)

Publicado pela primeira vez no livro *Preciso dizer que te amo: Todas as letras do poeta* (2001).

Menina mimada

Foi você que quis ir embora
Agora volta arrependida e chora
Olhar pedindo esmola
Baby, eu conheço a tua história

Quem sabe eu faço um blues em tua homenagem
Eu vou rimar tanta bobagem

Você é tão fácil
Menina mimada
De enfeites, brochinhos
E queixas, queixas, queixas
Foi você mesma quem quis

Foi você que quis ir embora
Agora toca a campainha e cora
Diz que esqueceu uma sacola
Baby, eu conheço a tua história

O cara já está buzinando lá embaixo
Fazendo papel de palhaço
Cheio de flores, promessas
Menina mimada
Você é um fracasso

Cigarros?
Leva o maço
Foi você mesma quem quis

(Cazuza/Maurício Barros, 1983)

Em 13 de novembro de 1983, o Barão Vermelho apresentou o videoclipe da canção no *Fantástico* (TV Globo).

Gravação original: *Barão Vermelho 2* (1983)

Regravações: *Barão Vermelho ao vivo* (1992); Cássia Eller, *Veneno antimonotonia* (1997); *Barão Vermelho ao vivo no Rock in Rio I, 1985* (2007) e *Barão Vermelho – Edição especial, 30 anos* (2012)

Pro dia nascer feliz

Todo dia a insônia
Me convence que o céu
Faz tudo ficar infinito
E que a solidão
É pretensão de quem fica
Escondido, fazendo fita

Todo dia tem a hora da sessão coruja
Só entende quem namora
Agora vam'bora
Estamos, meu bem, por um triz
Pro dia nascer feliz
Pro dia nascer feliz
O mundo inteiro acordar
E a gente dormir, dormir
Pro dia nascer feliz
Essa é a vida que eu quis
O mundo inteiro acordar
E a gente dormir

Todo dia é dia
E tudo em nome do amor
Essa é a vida que eu quis
Procurando vaga
Uma hora aqui, outra ali
No vaivém dos teus quadris

Nadando contra a corrente
Só pra exercitar
Todo o músculo que sente
Me dê de presente o teu bis
Pro dia nascer feliz
Pro dia nascer feliz
O mundo inteiro acordar
E a gente dormir, dormir

Pro dia nascer feliz
Essa é a vida que eu quis
O mundo inteiro acordar
E a gente dormir

(Cazuza/Roberto Frejat, 1983)

Ney Matogrosso conta a história dos versos: "A gente morava perto, no Alto Leblon, então fui até a casa dele, bati na porta do quarto: 'Acorda para ganhar dinheiro!'. Cazuza: 'Como assim?'. 'Eu vou gravar sua música: Pro dia nascer feliz', respondi. Ele resistiu: 'Você não pode gravar porque essa vai ser a nossa música de trabalho'. Insisti: 'Eu sei, vai ser a música de trabalho de vocês e a minha'. Gravei e, realmente, o Barão passou a tocar nas rádios [...]. Logo depois, a produção do filme *Bete Balanço* procurou a banda para encomendar uma música. Foi aí que Cazuza e o Barão definitivamente fizeram sucesso. [...] Cazuza foi o grande poeta do rock no Brasil, sem dúvida; apaixonado pela vida. Ele amava Cartola, Fernando Pessoa, Clarice Lispector, Rimbaud, Kerouac, os poetas *beats*... Tinha um referencial forte, talvez tenha sido o músico com o pensamento mais claro e crítico da década de 1980, que de fato colocava o dedo na ferida. Se Cazuza tivesse vivo hoje, revoltado, indignado, com certeza ainda estaria contestando esse Brasil hipócrita". Após a regravação de Ney Matogrosso em ... *Pois é* (1983), as rádios passaram a tocar a versão original do Barão, que se tornou o primeiro sucesso do grupo. Em show com o Barão Vermelho, no Circo Voador, Cazuza falou que a canção era sobre "aquelas madrugadas que a gente acaba bem, contente, dando aquela goza...". Frejat confirma que os versos são autobiográficos: "É a história de uma trepada feliz que durou até o dia seguinte". Quando sabia que Cazuza estava presente em seus shows, Ney Matogrosso, em vez de cantar 'Pro dia nascer feliz', cantava: 'Fodia pra ser feliz!'. "Nós gargalhávamos com a brincadeira, ele adorava a provocação", relembra Ney. Em janeiro de 1983, Cazuza e o Barão Vermelho apresentaram o videoclipe de "Pro dia nascer feliz" no *Fantástico* (TV Globo). Em 23 de outubro do mesmo ano, foi a vez de Ney Matogrosso apresentar no programa dominical o videoclipe da mesma canção, gravado na boate New Jirau, em Copacabana, no Rio de Janeiro.

Gravação original: *Barão Vermelho 2* (1983)

Regravações: Barão Vermelho, *Barão ao vivo* (1989), *Melhores momentos: Cazuza & Barão Vermelho* (1989/2015), *Viva Cazuza* (1992) e *Barão Vermelho ao vivo* (1992); *Raça Negra* (1994); *Cazuza, Esse cara* (1995); Barão Vermelho, *Som Brasil Cazuza* (1995); Ney Matogrosso, *Vinte e cinco* (1996); *As Chacretes* (1996); The Fevers, *Quero ser feliz* (1996); Cássia Eller, *Veneno antimonotonia* (1997); *Cazuza* (1997); *Pedro Camargo Mariano* (1999); Elymar Santos, *Tributo a Cazuza* (1999); Ney Matogrosso, *Vivo* (1999); Débora Reis e Lulo Scroback, *Cazas de Cazuza* (2000); Cássia Eller, *Cássia Rock Eller* (2000); Edson Cordeiro, *Dê-se ao luxo* (2001); Barão Vermelho, *Pedra, flor e espinho* (2002); Zé Ramalho, *Estação Brasil* (2003); Cazuza, *O poeta está vivo – Show no Teatro Ipanema, 1987* (2005); Barão Vermelho, *MTV ao vivo* (2005); Afonso Nigro, *O som da sua festa* (2006); *Barão Vermelho ao vivo no Rock in Rio I, 1985* (2007); KLB, *Bandas* (2007); Ney Matogrosso, *Tributo a Cazuza* (2008); Celebrare, *Dance +* (2008); Marcus Menna, *Yahoo – 20 anos ao vivo* (2008); *Monobloco 10* (2010); Jota Quest, *15 anos na moral* (2011); Rodrigo Santos, *Ao vivo em Ipanema* (2011); Jota Quest, *Multishow ao vivo – Folia & caos* (2012); *Cazuza – Pro dia nascer feliz – Musical* (2013); Alex Cohen, *Reluz* (2013); Preta Gil, *Bloco da Preta* (2014); Rodrigo Del Arc, *Novo ar* (2014); Barão Vermelho, *#BarãoPraSempre* (2018); Marcelo Quintanilha, *Caju – Canções de Cazuza* (2018); *Paulo Ricardo canta Cazuza* (2019); Leila Pinheiro, Roberto Menescal e Rodrigo Santos, *Faz parte do meu show – Cazuza em bossa* (2020); Barão Vermelho, *Barão 40* (2022); Bryan Behr, *Exagerados* (2023); Thiago Pantaleão e Marô, *Cazuza: O poeta vive* (2023)

[Flecha cega]

[1ª versão de "Blues do iniciante"]

e ter ainda uma porrada de saques
e jogadas brilhantes: te ganho pela insistência
com todas as bandeiras e saltos-mortais,
                        [demências todos os
modos de te ter por enquanto
miro o índio que sou no teu ser
e alcanço apenas pequenas viagens sóbrias sem
carnaval nem samba, é óbvio
óbvio que somos parecidos
nessa mania de se descartar rápido de tudo
quando me encarrego de sintonizar a vida
e desligo rádios, carros e aviso:
se prepare porque hoje estou meio impreciso longe e me
doem entranhas, braços e cabeças

(Cazuza, 1983)

Primeira versão, sem título, de "Blues do iniciante", publicada pela primeira vez no livro *Preciso dizer que te amo: Todas as letras do poeta* (2001), de Lucinha Araujo e Regina Echeverria, que assim a intitularam.

Bicho humano

Dance
Eu quero que você me canse
Até o sol raiar
Canse
Eu quero ver você em transe
Me chamar, me chamar
Me gritar pedindo, deixando
Bicho humano uivando
Bicho humano uivando
Eu não te amo, não
Eu não te amo, não

Dance
Eu quero aproveitar a chance
E me acabar
Canse
Eu quero que você me alcance
Na hora H, na hora H
Me gritar pedindo, deixando
Bicho humano uivando
Bicho humano uivando
Eu não te amo
Não, eu não te amo, não

(Cazuza/Roberto Frejat, 1983)

A parceria foi criada na casa de Lucinha e João Araujo em Petrópolis (RJ), a Fazenda Inglesa, quando Cazuza fazia imersões musicais com os amigos integrantes do Barão Vermelho. "Foi uma fase muito produtiva. Íamos para a região serrana do Rio, na casa da família de Cazuza, ficávamos lá fazendo música. A gente se divertia muito! Fomos para lá inúmeras vezes, sempre saíamos com pelo menos uma música. 'Bicho humano' é da mesma fase de 'Carente profissional', do nosso início no Barão Vermelho", conta Frejat, que regravou a parceria trinta anos depois, em álbum comemorativo do Barão. Sobre os versos de Cazuza, na orelha do livro *Preciso dizer que te amo: Todas as letras do poeta* (2001), de Lucinha Araujo e Regina Echeverria, Caetano Veloso destaca a força da poesia cortante: "A navalha é carinho, é cartão de crédito. O Brasil vai ensinar (a)o mundo por isso: porque nas letras de Cazuza sempre aparece esse fio. [...] A letra de 'Bicho humano' resulta coesa e enxuta, como se fosse um texto ultratrabalhado? E isso mais por causa do H da hora que anuncia e ecoa o humano do bicho que uiva do que pelos jogos singelos de 'dance', 'canse', 'transe', 'chance': o uivo é o que assegura a sobriedade da composição. Não se passa por uma letra de Cazuza sem um acontecimento que excite o interesse".

Gravação original: *Barão Vermelho 2* (1983)

Regravação: *Barão Vermelho – Edição especial, 30 anos* (2012)

Blues do iniciante

Eu traço tantos planos
Brilhantes, antes
De te ganhar num salto-mortal,
de iniciante
Na pirraça de te ter
Por enquanto, por enquanto
Eu miro o índio que eu sou
No teu ser
E alcanço

Viagens tão óbvias
Loucuras tão sóbrias
De um iniciante
De um iniciante

Aprendiz das piscinas
Tão tingidas de escuro
Aonde, peixe safo
Eu nado até você
Até o teu mundo
Que eu também procuro
Nesse quarto sem luz
Nessa ausência de tudo

Se prepare, eu tô "lóki"
Só precisas de um toque
De um toque de iniciante
De um toque de iniciante

(Cazuza/Roberto Frejat/Maurício Barros/Dé Palmeira/Guto Goffi, 1983)

A ideia era ter uma canção assinada por todos os integrantes do Barão Vermelho, para encerrar o segundo disco do grupo. De acordo com Guto Goffi, "a parceria começou com Frejat e Cazuza, e depois foi estendida aos outros parceiros". Frejat explica o episódio: "Ela está assinada por todos, mas é uma canção minha e do Cazuza. Eu tive inspiração da harmonia a partir de uma música do Mick Taylor, que foi guitarrista dos Rolling Stones. Mas as pessoas ficaram com medo de sermos acusados de plágio. Seria plágio se fosse uma cópia da melodia, mas não foi o caso. Esse foi o motivo de todos assinarem o crédito". Em 1982, a canção foi vetada pelo Departamento de Censura Federal do Estado do Rio de Janeiro, junto com "Carente profissional", "Medieval" e "Largado no mundo", com a justificativa de conter "expressões usuais do vocabulário de viciado como 'viagens tão óbvias' (viagem: alucinação produzida pelo LSD)".

Gravação original: *Barão Vermelho 2* (1983)

Regravações: *Cássia Eller* (1994); *Cazuza, Preciso dizer que te amo – Toda a paixão do poeta* (2001); Momo (Marcelo Elísio V. Frota), *Agenor – Canções de Cazuza* (2013)

Conforto

Eu tenho que arranjar
Algum conforto pra viver
Paixão é bom, eu sei
Já tive mais de mil
Mais de mil vezes eu vi
Que era engano
Que era por mim que eu
Estava chorando
E tanto tempo eu tento
Que me sirva de consolo
Eu quero amar alguém
Sem delirar de novo
Se Deus existe mesmo
E o amor é seu agente
Então ele só pode
Fazer bem pra gente

(Cazuza/Roberto Frejat, 1983)

Cazuza e Frejat enviaram essa canção para Erasmo Carlos gravar, mas não receberam retorno. Ainda inédita em 1997, foi gravada por Cris Braun em seu álbum de estreia, relançado em 2022 nas plataformas de *streaming* para comemorar seus 25 anos de carreira. Na gravação de Cris Braun, o verso "E tanto tempo eu tento" é cantado de forma diferente do poema: "Há tanto tempo eu tento".

Gravação original: Cris Braun, *Cuidado com pessoas como eu* (1997/2022)

Regravação: Cris Braun, *Codinome Cazuza* (2004)

Modernidade

Quando fui, quando éramos
Intactos imaturos
Fomos modernos
E nos couberam ternos,
Gravata e moldura
Cultura e inferno

Fôssemos eternos...

Quando era primeiro
Primeiro certeiro amor
Era indolor querer tudo
A cada fama
A grama era verde...
O nosso vale
E os nossos mil metros de medo

(Cazuza, 1983/Rodrigo Pitta/Daniel Ribeiro, 2000)
(Cazuza, 1983/Graça Motta/Nelson Angelo, 2006)

Os versos de Cazuza foram musicados por Rodrigo Pitta, diretor do musical *Cazas de Cazuza*, e Daniel Ribeiro para o álbum de estreia do cantor e ator Lulo Scroback, *Modernidade*, com título homônimo do poema, na ocasião ainda inédito.

Gravação original: Lulo Scroback, *Modernidade* (2001)

Manhã sem sonho

Se eu durmo é que eu quero
Sonhar só com ela
E se acordei, foi por acaso
Porque no sonho ela me amava
E se acordei, foi por descuido
Foi por engano

Era clara a manhã sem sonho
Minha cara inchada de sono
Era clara a manhã sem sonho

Se eu saio é que eu quero
Me encontrar com ela
E um calmante até que ajuda
Se o meu coração, ele pula, pula
Se ela me abraça e vai embora
Vai embora, vai

Não é meu amor quem não me ama
Nem a noite azul que me engana
Não é meu amor quem não me ama

(Cazuza/Dé Palmeira, 1983)

A canção foi escrita por Cazuza a pedido de Dé, que, na época, desejava assinar uma parceria com o amigo, mas se ressentia da falta de espaço para compor no Barão Vermelho. Cazuza já havia consolidado parceria com Frejat. Dé relembra o surgimento da canção, que entrou no segundo disco do Barão: "Pedi uma letra ao Cazuza e ele me deu 'Manhã sem sonho'. Demorei bastante tempo pra pensar em algo. Um dia, eu estava num ônibus na frente da casa onde ele morava. Desci do ônibus e fui até a casa dele. Cazuza estava em seu quarto, escrevendo numa máquina e tomando uma cerveja. Ele me perguntou o que eu estava fazendo ali e, eu, meio constrangido, menti dizendo que havia terminado a música. Cazuza ficou superanimado, o que mais o animava era terminar uma canção. Ele me trouxe um violão e pediu que eu tocasse. Eu fiz a música de improviso, saiu instantaneamente. Cazuza adorou, ficamos tocando a tarde toda. Quando fomos gravar com o Barão, o produtor Andy Mills não gostou do arranjo que havíamos feito e transformou num 'técnico-funk' glacial e sem a graça e a energia que a música original continha. Um dia eu gravo como deveria ter sido feita".

Gravação original: *Barão Vermelho 2* (1983)

Regravação: *Barão Vermelho – Edição especial, 30 anos* (2012)

Carne de pescoço

Andava tão calmo
Dava pra desconfiar
Levando a minha vida
Sem me preocupar
Você pintou
Eu tava quieto no meu canto
Curtiu com a minha cara
Foi me provocando
Pensando que eu fosse
Entrar no teu jogo
Brincar de apaixonar
O coração de um bobo
Depois tirar o corpo fora
Pra variar
Achando otário todo cara

Que quer te amar
Baby, você marcou touca
Porque eu sou carne de pescoço
Você topou com um louco
Pra se livrar de mim
Vai ser fogo!
Vai ser fogo!

(Cazuza/Roberto Frejat, 1983)

Cazuza escreveu os versos para o ator Sergio Dias Maciel, o Serginho, seu namorado na época. A canção faz parte de um primeiro momento da parceria, como "Ponto fraco", apesar de ter sido criada depois do disco de estreia do Barão Vermelho. "É uma parceria que se encontra na leva do primeiro e do segundo disco, foi feita lá em casa. Me lembro de fazer o *riff* dela no estúdio. Pô, brother tá faltando um *riff*!, pensei. Então, fui com a guitarra e criei o *riff* na hora da gravação. Usamos uns aplausos para dar uma onda de ao vivo. 'Carne de pescoço' ficou no repertório, tocamos em quase todas as turnês do Barão que eu participei. É um rock bem na onda da Rita [Lee] em *Tutti Frutti*, que tanto eu quanto Cazuza adorávamos", conta Frejat.

Gravação original: *Barão Vermelho 2* (1983)

Regravações: Barão Vermelho, *Barão ao vivo* (1989) e *Barão Vermelho – Edição especial, 30 anos* (2012)

Vem comigo

Bebe a saideira
Que agora é brincadeira
E ninguém vai reparar
Já que é festa
Que tal uma em particular?
Há dias que eu planejo impressionar você
Mas eu fiquei sem assunto

Vem comigo
No caminho eu explico
Vem comigo
Vai ser divertido
Vem comigo

Vem junto comigo
Eu quero te contaminar
De loucura
Até a febre acabar
Há dias que eu sonho beijos ao luar
Em ilhas de fantasia

Há dias com azia
O remédio é o teu mel
Eu sinto tanto frio
No calor do Rio
Já mandei olhares prometendo o céu
Agora eu quero é no grito!
Vem!

(Cazuza/Guto Goffi/Dé Palmeira, 1983)

A canção, presente no segundo disco do Barão Vermelho, é a primeira parceria de Cazuza com Guto Goffi e Dé Palmeira. "Nós nos procuramos para fazer essa canção juntos: 'Vamos fazer uma música?'. Eu e Dé fizemos a melodia e Cazuza colocou os versos. É uma música que gosto muito. Caju chegou no Barão com uma poesia grandiosa, era algo que a gente ainda não tinha", relembra Guto Goffi.

Gravação original: *Barão Vermelho 2* (1983)

Regravações: Zélia Duncan, *Tributo a Cazuza* (1999 e 2008); *Barão Vermelho – Edição especial, 30 anos* (2012); Mombojó, *Agenor – Canções de Cazuza* (2013)

Largado no mundo

O que você quer com esse papo
Eu não sei
Me paga um trago
Que eu dichavo o meu
Tudo o que eu falo
É piração, é bobagem
Porque pra mim
Qualquer viagem é viagem
Largado no mundo
Eu vivo largado no mundo
Largado no mundo
Eu vivo largado no mundo

Na minha cabeça
Toca "Free Again"
De esquina em esquina
De vintém em vintém
Mando mensagens
Quase sempre em vão
Palavra que eu sou bom
Ah, eu sou tão...
Largado no mundo
Eu vivo largado no mundo
Largado no mundo
E nessa trip eu vou fundo

Mas Deus protege
Quem vive sem casa
Pro bem dos homens
Fez a cobra sem asa
Sem teto hoje
Amanhã no Sheraton
Eu entro em todas
Sem sair do tom
Chiquita Bacana
Aurora em Copacabana
Largado no mundo
Eu vivo largado no mundo

(Cazuza/Roberto Frejat, 1983)

Os amigos poetas Tavinho Paes e Torquato de Mendonça foram a inspiração para Cazuza escrever o poema, musicado em parceria com Frejat: "[...] Sem teto hoje/ Amanhã no Sheraton/ Eu entro em todas/ Sem sair do tom/ Chiquita Bacana/ Aurora em Copacabana/ Largado no mundo/ Eu vivo largado no mundo". Frejat considera que a canção tem relação com "Filosofia de calçada" e as poesias das esquinas – um tema recorrente na obra cazuziana. Em 1982, a canção foi vetada pelo Departamento de Censura Federal do Estado do Rio de Janeiro, junto com "Carente profissional", "Blues do Iniciante" e "Medieval", com a justificativa de conter vocabulário de usuários de drogas, por causa dos versos "É piração, é bobagem", "Qualquer viagem é viagem" e "E nessa 'trip' eu vou fundo".

Gravação original: *Barão Vermelho 2* (1983)

Regravações: Cazuza, *Preciso dizer que te amo – Toda a paixão do poeta* (2001); Catarina Dee Jah, *Agenor – Canções de Cazuza* (2013)

Carente profissional

Tudo azul
No céu desbotado
E a alma lavada
Sem ter onde secar
Eu corro
Eu berro
Nem dopante me dopa
A vida me endoida

Eu mereço um lugar ao sol
Mereço
Ganhar pra ser
Carente profissional

Se eu vou pra casa
Vai faltando um pedaço
Se eu fico, eu venço
Eu ganho pelo cansaço
Dois olhos verdes
Da cor da fumaça
E o veneno da raça

Eu mereço um lugar ao sol
Mereço
Ganhar pra ser
Carente profissional
Levando em frente
Um coração dependente
Viciado em amar errado

(Cazuza/Roberto Frejat, 1983)

Marina convidou Cazuza para ir à sua casa, a fim de mostrar uma canção; ele foi acompanhado do parceiro Frejat, que relembra o episódio: "Cazuza ficou louco! Marina estava no auge. Mostramos as músicas e ela escolheu 'Carente profissional', mas acabou não entrando no disco que ela estava lançando, *Fullgás*, em 1984. Se não me engano, no lugar entrou 'Veneno', do Nelson Motta. Só bem mais tarde, em 1993, Marina gravou o poema em *O chamado*". Marina Lima conta que não era da turma de Cazuza, mas que se admiravam: "Conheci Cazuza quando voltei dos EUA e nos encontrávamos na zona sul do Rio, na adolescência. Havia certa cerimônia entre nós, eu era mais próxima do Lobão. Nos conhecemos no Baixo Leblon, na Pizzaria Guanabara. Eu não era muito ligada na sonoridade do Barão, não me atraía tanto. Mas achava as letras dele muito interessantes. Me lembro que Cazuza e Frejat foram na minha casa mostrar umas canções. Quando ouvi 'Carente profissional' achei um absurdo! Os versos sobre nossa profissão mostravam as vísceras. Incluí a canção num disco que fiz no 'osso', quando meu pai morreu. Abri o disco com ela". Em 1982, a canção foi vetada pelo Departamento de Censura Federal do Estado do Rio de Janeiro, junto com "Medieval", "Blues do Iniciante" e "Largado no mundo", com a justificativa de conter vocabulário de usuários de drogas, por causa do verso "nem dopante me acalma".

Gravação original: *Barão Vermelho 2* (1983)

Regravações: Marina Lima, *O chamado* (1993) e *Codinome Cazuza* (2004); *Barão Vermelho – Edição especial, 30 anos* (2012)

Paixão sem sentido

Pernas de fora
olhar prometido
pelo mundo afora
pra qualquer conhecido

Vestida de quem tem
em cada esquina um marido
vermelho até vai bem sedução
primitiva

Ilusão de abrigo
sou teu poeta escondido
na dança, no umbigo
paixão sem sentido

Veneno até vai bem
se a gente não tem um amigo
a noite até cai bem
pra quem quer viver comigo

Língua de fora olhar
perdido
a tua vida agora
me dói feito mordida

Ilusão de abrigo
sou teu poeta escondido na
dança, no umbigo paixão sem
sentido

Quando eu te vi
frente a frente
esqueci da raiva
te convidei pra tomar sorvete
porque te olhar
e ser teu inimigo
pode não ter
o menor sentido
quando eu
       lembrei
do que foi ruim
o que não deu
pra rir junto

Quando eu te vi
com armas nas mãos
me assustei
porque era poder
te quero assim
e é muito difícil.

(Cazuza, 1983)

Publicado pela primeira vez no livro *Preciso dizer que te amo: Todas as letras do poeta* (2001).

Não amo ninguém

Eu ontem fui dormir todo encolhido
Agarrando uns quatro travesseiros
Chorando bem baixinho, bem baixinho, baby
Pra nem eu nem Deus ouvir
Fazendo festinha em mim mesmo
Como um neném, até dormir

Sonhei que eu caía do vigésimo andar
E não morria
Ganhava três milhões e meio de dólares
Na loteria
E você me dizia com a voz terna, cheia de malícia
Que me queria pra toda a vida

Mal acordei, já dei de cara
Com a tua cara no porta-retrato
Não sei por que que de manhã
Toda manhã parece um parto
Quem sabe depois de um tapa
Eu hoje vou matar essa charada

Se todo alguém que ama
Ama pra ser correspondido
Se todo alguém que eu amo
É como amar a lua inacessível
É que eu não amo ninguém
Não amo ninguém
Eu não amo ninguém, parece incrível

Não amo ninguém
E é só amor que eu respiro

(Cazuza/Roberto Frejat/Ezequiel Neves, 1983)

Cazuza escreveu os versos num quarto de hotel durante uma turnê do Barão Vermelho, em Porto Alegre. Frejat lembra o encontro: "Era uma noite fria, num hotelzinho em Porto Alegre, no início da nossa carreira. Cazuza entrou no meu quarto e colocou o papel com os versos na minha frente, e eu musiquei na hora, naquele instante, na frente dele. O título é uma frase que Ezequiel Neves repetia com frequência: 'Não amo ninguém', por isso entrou na parceria". Em 1984, a canção foi vetada pelo Departamento de Censura Federal do Estado do Rio de Janeiro com a justificativa de conter "vocabulário de usuários de drogas", por causa do verso "Quem sabe depois de um tapa".

Gravação original: Barão Vermelho, *Maior abandonado* (1984)

Regravações: Barão Vermelho, *Barão ao vivo* (1989); *Cássia Eller ao vivo* (1996); Letuce, *Agenor – Canções de Cazuza* (2013); Barão Vermelho, *Barão 40* (2022)

Seda

Agora que a seda
Transformada em trapos
Já não me atrapalha movimentos

E não me apertam sapatos
Luvas ou cuecas
E que o grito agudo já não encontra eco
Misturado à luz de outros
No universo
Agora que o vento me seca as lágrimas
Água que é mar no meu corpo
Sobra sal.
(Bob Dylan "você está invisível agora, sem segredos...")
saudade é felicidade abafada
futura...

(Cazuza, 1983/Lobão, 2005)

Publicado pela primeira vez no livro *Preciso dizer que te amo: Todas as letras do poeta* (2001). Esse poema contém estrofes, com ligeiras modificações, do poema "Filosofia de calçada", escrito em 1979 pelo próprio Cazuza. A canção foi musicada por Lobão, que eliminou o verso "Luvas ou cuecas" do poema: "Lucinha, mãe de Cazuza, me apresentou os inéditos dele, fiquei maluco e fiz a parceria. Antes perguntei se podia tirar os versos das 'cuecas' do Cazuza. Ela permitiu, e assim a canção ficou pronta. Com essa parceria com Cazuza, e outras com Júlio Barroso e Cássia Eller, voltei a dialogar com meus amigos fantasmas; eles passeiam sempre pelo Leblon. Cazuza faz muita falta, a morte dele é um buraco irreparável", conta Lobão.

Noite em ti

Mais uma noite vai embora
e a insônia me chega cega
junto com o silêncio lá fora
tua ausência aqui bem dentro
vai cortando, vai doendo
vai aos poucos corroendo
a expectativa de outro sol.

Se esta noite já vai embora
e ficaste fazendo hora
com teu olhar frio e superior
me diga agora o que eu faço com a dor
não me venha com desculpas de computador.

Eu perdi o teu código, por favor
passa no Achados e Perdidos do amor.

Mais uma noite vai embora
vai cinzenta, sem chuva nem vento
e os bares já apagaram seus letreiros
consolo de poetas passageiros
de uma condução chamada agora.
Só quero se passar pelo teu beco
no fim do colo, esquina do segredo.
Se outra noite já se despede
e te fazes dura e misteriosa
és só uma noite, de carne e pele.
Eu que sabia tua mímica de cor
reação de cheiros, fórmula química ansiosa
minha saliva não ativa mais o teu suor.

Já não te adivinho, noite fria, sem dó.
Agora, meu amor, sou um corpo... e só

Falaste algo, mas não entendi.

(Cazuza, 1983)

Inédito, encontrado durante a pesquisa para a organização deste livro.

Maior abandonado

Eu tô perdido
Sem pai nem mãe
Bem na porta da tua casa
Eu tô pedindo
A tua mão
E um pouquinho do braço

Migalhas dormidas do teu pão
Raspas e restos
Me interessam
Pequenas porções de ilusão
Mentiras sinceras me interessam
Me interessam

Eu tô pedindo
A tua mão
Me leve para qualquer lado
Só um pouquinho
De proteção
Ao maior abandonado

Teu corpo com amor ou não
Raspas e restos me interessam
Me ame como a um irmão

Mentiras sinceras me interessam
Me interessam

(Cazuza/Roberto Frejat, 1984)

Frejat conta como essa canção gerou uma discussão entre os parceiros: "Havia o verso 'Estou baixando o calção por qualquer trocado'... Eu fiquei incomodado e falei: 'Pô, Cazuza, não precisa disso'. Ele reagiu: 'Você está careta! Só porque o verso é agressivo?'. Respondi: 'Não estou nem aí, mas você vai limitar a quantidade de pessoas que podem se identificar com essa música. O verso está estranho...'. Ele cedeu: 'É, você está certo!'. Ficou com ódio, mas concordou. Esse foi o único momento em que tivemos um desentendimento por causa de um verso". Em 30 de setembro de 1984, o Barão Vermelho apresentou o videoclipe da canção no *Fantástico* (TV Globo), com a participação da atriz Julia Lemmertz.

Gravação original: Barão Vermelho, *Maior abandonado* (1984)

Regravações: *Melhores momentos: Cazuza & Barão Vermelho* (1989/2015); *Barão Vermelho ao vivo* (1992); Barão Vermelho, *Viva Cazuza* (1992); Barão Vermelho, *Som Brasil Cazuza* (1995); *Cazuza* (1997); Caetano Veloso, *Tributo a Cazuza* (1999); elenco do musical *Cazas de Cazuza* (2000); Cazuza, *O poeta está vivo – Show no Teatro Ipanema 1987* (2005); Barão Vermelho, *MTV ao vivo* (2005); *Ao vivo no Rock in Rio I, 1985* (2007) e *Tributo a Cazuza* (2008); Wilson Sideral, *Tropical Blues, vol.2.* (2019); *Tudo é amor – Almério canta Cazuza* (2021); *Cazuza: O poeta vive* (2023)

Baby, suporte

Amor escravo de nenhuma palavra
Não era isso que você procurava
Não viu no fundo da retina a mágoa
A luz confusa onde o tudo é nada

A esperança está grudada na carne
Que diferença há entre o amor e o escárnio?
Cada carinho é o fio de uma navalha

Oh, baby, não chore
Foi apenas um corte
A vida é bem mais perigosa que a morte
Suporte, oh, baby, suporte
Suporte, baby, baby, suporte

(Cazuza/Pequinho/Maurício Barros/Ezequiel Neves, 1984)

Cazuza refez a canção a partir dos versos de Pequinho, irmão de Maurício Barros, e incluiu Ezequiel Neves na parceria ao ler em sua agenda a frase: "Há diferença entre o amor e o escárnio?". Cazuza e Ezequiel eram verdadeiros amigos, compartilhavam o interesse por rock e literatura, além de uma visão de vida libertária. Considerado o mentor intelectual de Cazuza, Ezequiel, em diversos momentos de sua trajetória, ao expressar sua admiração e afeto pelo amigo, e pela capacidade do poeta de expor suas ideias e sentimentos nas canções, recorria a um texto de Jack Kerouac, um dos autores preferidos de Cazuza: "As únicas pessoas que são significativas para mim são as loucas: loucas por viver, loucas por falar, loucas por salvarem-se. Elas desejam tudo ao mesmo tempo, com a maior sinceridade, bocejam diante do lugar-comum, da mesmice. Elas ardem como fabulosos fogos de risadas inconformistas. Cospem e explodem em zilhões de centelhas, desafiando galáxias e cometas".

Gravação original: Barão Vermelho, *Maior abandonado* (1984)

Regravações: *Barão Vermelho ao vivo* (1992) e *Barão Vermelho ao vivo no Rock in Rio I, 1985* (2007); *Cazuza: O poeta vive* (2023)

Você se parece com todo mundo

Relógios e flores
Todo tipo de presentes
Eu te dei todas as coisas
Mas te perdi

Você se parece com todo mundo
Eu investi demais
Sem pôr no seguro

Você empresta e cobra
Mais tarde com juros
Você chora e fede
Como todo mundo

Você mente e esconde
No teu cofre escuro
Mas vacila e entrega
Um mistério sujo

Você se parece com todo mundo
É, eu te amei demais
Eu sofri pra burro

Beijinhos e tapas
Todo tipo de carinhos
Eu te mostrei vários amores
Mas eu te perdi

Ameaças, trapaças
Todo tipo de chantagem
Eu usei todos os truques
Mas me esqueci

Que todo mundo ama
Exagera tudo
Mas depois disfarça
Foge pelos fundos

Você se parece com todo mundo
É, meu bem, eu te amei demais
Eu sofri pra burro

Você se parece com todo mundo
Eu sonhei demais
Eu fiquei maluco
Eu fiquei maluco por você

(Cazuza/Roberto Frejat, 1984)

Frejat regravou a canção em seu primeiro disco solo porque julgava que ela merecia um trabalho mais cuidadoso: "Na época da gravação de *Maior abandonado*, nós fizemos uma gravação às pressas porque precisávamos fechar o disco. Então, em 2002, quando decidi seguir minha carreira solo, resolvi ir para o estúdio gravar uma nova versão, mais elaborada, como ela deveria ter sido feita".

Gravação original: Barão Vermelho, *Maior abandonado* (1984)

Regravações: Cazuza, *Preciso dizer que te amo – Toda a paixão do poeta* (2001); Roberto Frejat, *Amor pra recomeçar* (2002)

Narciso

Você que se cuide
E pare de me dar respostas prontas
Que você tem problemas, eu sei
São coisas da idade
São coisas da idade

Por isso é que você me imita
Desliga a razão da tomada
Desfila por toda a cidade
Antecipando o fim
Quem você quer não diz nada
Vara a madrugada
Procurando por mim

Eu tenho tudo o que você precisa
E mais um pouco
Nós somos iguais
Na alma e no corpo

Você que se cuide
E pare de sair pela tangente
As drogas e os assuntos acabam sempre
Nesse frente a frente
Agora me enfrente
Como uma imagem no espelho
Nenhum bicho ou planta
Pode ousar assim

A verdade nua em pelo:
Todo humano é santo
E pode amar, sim
E pode amar, sim

Eu tenho tudo o que você precisa
E mais um pouco
Nós somos iguais
Na alma e no corpo

(Cazuza/Roberto Frejat, 1984)

Segundo Frejat, a canção é uma das mais autobiográficas de Cazuza: "Ele falava muito de suas experiências, transformávamos em música: 'Eu tenho tudo o que você precisa/ E mais um pouco/ Nós somos iguais'. Ela é muito maluca, com várias ideias. Talvez por isso não funcionasse tão bem ao vivo, nos shows".

Gravação original: Barão Vermelho, *Maior abandonado* (1984)

Regravações: Barão Vermelho, *Barão Vermelho ao vivo* (1992) e *Barão Vermelho ao vivo no Rock in Rio I, 1985* (2007)

Bete Balanço

Pode seguir a tua estrela
O teu brinquedo de star
Fantasiando em segredo
O ponto aonde quer chegar

O teu futuro é duvidoso
Eu vejo grana, eu vejo dor
No paraíso perigoso
Que a palma da tua mão mostrou

Quem vem com tudo não cansa
Bete, balança, meu amor
Me avise quando for a hora

Não ligue pra essas caras tristes
Fingindo que a gente não existe
Sentadas, são tão engraçadas
Donas das suas salas

Quem vem com tudo não cansa
Bete Balanço, meu amor
Me avise quando for a hora

Quem tem um sonho não dança
Bete Balanço, por favor
Me avise quando for embora

(Cazuza/Roberto Frejat, 1984)

A banda foi convidada para compor a trilha sonora do filme *Bete Balanço*, dirigido por Lael Rodrigues e protagonizado pela jovem Debora Bloch. Cazuza compôs o tema e interpretou Tininho, personagem inspirado em sua própria imagem. No elenco também estavam Hugo Carvana, Diogo Vilela, Maria Zilda Bethlem e Lauro Corona, além dos integrantes do Barão Vermelho. Frejat conta que, na época da pré-produção do filme, Cazuza demonstrou desânimo com a carreira: "Nós fomos para a reunião sobre a trilha de *Bete Balanço* e na saída Cazuza falou: 'Não sei, já era para ter acontecido alguma coisa, lançamos dois discos...'. Foi a primeira vez que o vi daquela forma. Respondi: 'Você não acredita no que estamos fazendo?'. Ele: 'Sim!'. Eu disse: 'Então, vamos seguir em frente, fazendo o que sabemos fazer!'". E, assim, fizeram "Bete Balanço", canção que projetou definitivamente o Barão Vermelho para o estrelato. O filme foi lançado em 1984, mesmo ano em que saiu o terceiro disco da banda, *Maior abandonado* – a vendagem ultrapassou 100 mil cópias em apenas seis meses. Na festa de lançamento, no Circo Voador, a atriz Debora Bloch se dirigiu ao palco com o Barão Vermelho e fez uma brincadeira com o público: "Vou revelar um segredo. Vocês sabem quem é a verdadeira 'Bete Balanço'? Ah, o Cazuza!". Depois, Cazuza se aproximou do microfone e disse: "Não! A 'Bete Balanço' é a Debora Bloch! Que é loura e tem sardas...".

Gravações originais: Barão Vermelho, compacto *Amor, amor* (1984) e *Maior abandonado* (1984)

Regravações: *Tarcio* (1984); *Delirium* (1984); *Lucia Dumonth* (1988); Barão Vermelho, *Barão ao vivo* (1989), *Melhores momentos: Cazuza & Barão Vermelho* (1989/2015) e *Barão Vermelho ao vivo* (1992); Lulu Santos, *Viva Cazuza* (1992); *Roleta Russa* (1994); Cazuza, *Esse cara* (1995); *Som Brasil Cazuza* (1995); Grupo Pop Musical, *Karaokê, vol.2* (1995); Paulo Ricardo, *Rock Popular Brasileiro* (1996/2002); *Cazuza* (1997); Cássia Eller, *Veneno antimonotonia* (1997); Barão Vermelho e Kid Abelha, *Tributo a Cazuza* (1999); Vanessa Gerbelli, *Cazas de Cazuza* (2000); Barão Vermelho, *Pedra, flor e espinho* (2002); Zé Ramalho, *Estação Brasil* (2003); Cazuza, *O poeta está vivo – Show no Teatro Ipanema, 1987* (2005); *Barão Vermelho – MTV ao vivo* (2005) e *Barão Vermelho ao vivo no Rock in Rio I, 1985* (2007); *Blitz, Ao vivo e a cores* (2007); *Biquini Cavadão* (2008); Gabriel Thomaz, Liah e Rodrigo Santos, *Tributo a Cazuza* (2008); Roberto Frejat, *Ao vivo no Rock in Rio* (2012); *Yahoo 25* (2013); Wilson Sideral, *Tropical Blues, vol. 2* (2019); *Tudo é amor – Almério canta Cazuza* (2021); *Cazuza: O poeta vive* (2023)

Amor, amor

Madrugada
Azul, sem luz
Dias de brinquedo
Linda assim me veio
E eu me entreguei
Inocentemente
Como um selvagem
Como o brilho esperto
Dos olhos de um cão

Amor, amor
Diz que pode, depois morde
Pelas costas sem querer
Amor, amor
Assim como um leão caçando o medo

Meu caminho neste mundo, eu sei
Vai ter um brilho incerto e louco
Dos que nunca perdem pouco
levam pouco
Mas se um dia eu me der bem
Vai ser sem jogo

Amor, amor
Fiel me trai, me azeda
Me adoça e me faz viver
Amor, amor
Eu quero só paixão
Fogo e segredo

(Cazuza/Roberto Frejat/George Israel, 1984)

Primeira parceria de Cazuza com George Israel, por convite de Frejat. "George é meu amigo de longa data, do tempo em que comecei a tocar, aos 16/17 anos, na companhia dele. Convidei o George para a parceria para dar um ar mais pop para a canção, tendo em vista que o Kid Abelha sempre teve uma pegada mais pop que o Barão". George expressa a alegria em iniciar a parceria com Cazuza por convite do amigo: "Essa canção foi um presente que o Frejat me deu, entrei na parceria com ele e Cazuza. Tenho um enorme carinho por essa canção, que marca um início de trocas musicais marcantes na minha trajetória". No filme *Bete Balanço* (1984), de Lael Rodrigues, há uma cena em que os personagens de Cazuza (Tininho) e Debora Bloch (Bete) fumam um baseado e cantam descontraídos "Amor, amor", enquanto Lauro Corona (Rodrigo) se aproxima e admira a performance. Em 2015, a canção foi lançada em formato digital na coletânea *Cazuza e Barão Vermelho – Melhores momentos* (1989/2015); no registro raro é possível ouvir Cazuza cantando de forma mais despojada.

Gravação original: Barão Vermelho, lado B do compacto *Amor, amor* (1984)

Regravações: Leila Pinheiro, *Viva Cazuza* (1992); George Israel, *13 parcerias com Cazuza* (2010); Tono, *Agenor – Canções de Cazuza* (2013); *Tudo é amor – Almério canta Cazuza* (2021); *Cazuza: O poeta vive* (2023)

Sem conexão com o mundo exterior

Você pensa cada frase
Quando fala
É na hora errada
Que linha cruzada
Querendo, eu te levo até em casa
Usa o corpo como refúgio
Pra gente se sentir o intruso
Um teatrinho de amor
Se achando a grande atração

Sem direção
Você pirou de verdade
Sem amor, sem razão
Baby, que barra-pesada
Você tá sem condução
Sem conexão
Com o mundo exterior
Meu amor

(Cazuza/Roberto Frejat, 1984)

Sandra de Sá era chamada por Cazuza de "a nossa Billie Holiday", por causa da interpretação dessa canção. A parceria com Sandra de Sá se estendeu para além da música: em 1987, Cazuza se tornou padrinho de Jorge de Sá, filho da Sandra com Tom Saga. "Gravei Cazuza porque tínhamos afinidade musical. Vivemos muitas aventuras juntos. O lance dele ser padrinho do meu filho é a expressão do amor que ele tinha, uma amizade sincera. Tenho muito orgulho de ter sido sua amiga e ainda hoje cantar suas canções. A pessoa mais verdadeira que conheci, um ser humano incrível." Em 24 de março de 1985, Sandra de Sá apresentou o videoclipe da canção no *Fantástico* (TV Globo).

Gravação original: Sandra de Sá, *Batikum* (1984)

Mulher vermelha

Mulher vermelha
O tom do seu batom é assim
Como um som do Tom Jobim
Esse vermelho sangue
Mancha o branco do dente
Mulher vermelha

Tiro no coração
Hum, hum
Tem cheiro bom
Discreta droga
De um perfume que não há
Essa impressão que nunca some
Some daqui
Mulher vermelha
Tiro no coração
Hum, hum

(Cazuza/Graça Motta, 1984)

Poema dedicado à atriz Denise Dummont, com quem Cazuza teve um romance, foi musicado por Graça Motta, mas a gravação permanece inédita. Publicado pela primeira vez no livro *Preciso dizer que te amo: Todas as letras do poeta* (2001). "Cazuza me chamava de 'mulher vermelha' porque eu tinha a pele muito branca e usava sempre batom vermelho. Os versos surgiram na época em que nos relacionamos", revela Denise.

o amor é uma mentira
é prazer de quem sonha
é poesia de cego

por exemplo agora que já
posso ver
você mudou de mundo
no céu que eu te via já não tem mais cor
o azul que o teu olho um
dia abrigou fugiu, ficou de
noite

de noite sem lua de
dança sem par de café
sem açúcar

o amor é uma ilusão que a
vida inventa só pra
distrair
só pra distrair só

(Cazuza, 1984)

Primeira versão de "O nosso amor a gente inventa". Inédito, sem título (identificado pelo primeiro verso), encontrado durante a pesquisa para a organização deste livro.

Eu queria ter uma bomba
[1ª versão]

solidão a dois, de dia
faz calor, depois faz frio
você diz "já foi"
e eu concordo contigo
você sai de perto
eu penso em suicídio
mas no fundo eu nem ligo

você sempre volta
com as mesmas notícias

eu queria ter uma bomba
um flit paralisante qualquer
pra poder te negar
bem no último instante
meu mundo que você não vê
meu mundo que você não crê

solidão a dois na cama
você vai na frente, eu fico
você diz "pois é"
e eu respondo "tá limpo"
você sai de perto
eu penso em homicídio
mas no fundo eu nem ligo

você sempre volta
e completa o serviço

eu queria ter uma bomba
um flit paralisante qualquer
pra poder me livrar
do prático efeito
das tuas frases feitas
das tuas noites perfeitas

(Cazuza, 1984)

Inédito, encontrado durante a pesquisa para a organização deste livro.

Eu queria ter uma bomba
[2ª versão]

Solidão a dois, de dia
Faz calor, depois faz frio
Você diz "já foi" e eu concordo contigo
Você sai de perto, eu penso em suicídio
Mas no fundo eu nem ligo
Você sempre volta com as mesmas notícias

Eu queria ter uma bomba
Um flit paralisante qualquer
Pra poder me livrar
Do prático efeito
Das tuas frases feitas
Das tuas noites perfeitas

Solidão a dois, de dia
Faz calor, depois faz frio
Você diz "já foi" e eu concordo contigo
Você sai de perto, eu penso em homicídio
Mas no fundo eu nem ligo
Você sempre volta com as mesmas notícias

Eu queria ter uma bomba
Um flit paralisante qualquer
Pra poder te negar
Bem no último instante

Meu mundo que você não vê
Meu sonho que você não crê

Eu queria ter uma bomba
Um flit paralisante qualquer
Pra poder te negar
Bem no último instante

(Cazuza, 1984)

Os versos nasceram de uma encomenda de Luiz Fernando Goulart a Cazuza para seu filme *Tropclip*, de 1985, estrelado por Jonas Bloch, Marcos Frota, Boninho, Luiza Tomé, Ezequiel Neves, entre outros. No mesmo ano, em 24 de julho, o Barão Vermelho apresentou o videoclipe da canção no *Fantástico* (TV Globo).

Regravações: *Melhores momentos: Cazuza & Barão Vermelho* (1989/2015); Barão Vermelho, *Balada MTV* (1999); Arthur Nogueira, *Coragem de poeta* (2019); *Tudo é amor – Almério canta Cazuza* (2021)

Milagres

Nossas armas estão na rua
É um milagre
Elas não matam ninguém

A fome está em toda parte
Mas a gente come
Levando a vida na arte

Todos choram
Mas só há alegria
Me perguntam
O que é que eu faço
E eu respondo:
"Milagres, milagres"

As crianças brincam
Com a violência
Nesse cinema sem tela
Que passa na cidade

Que tempo mais vagabundo
Este agora
Que escolheram pra gente viver

Todos choram
Mas só há alegria
Me perguntam
O que é que eu faço
E eu respondo:
"Milagres, milagres"

(Cazuza/Roberto Frejat/Denise Barroso, 1984)

Gravada no último álbum de Cazuza com o Barão Vermelho, a canção aborda as mazelas sociais, como a situação de crianças abandonadas nas ruas. "Tenho um orgulho enorme da Elza Soares ter gravado nossa parceria, uma canção que expressa a insatisfação com o Brasil desigual, um verdadeiro grito de protesto", afirma Frejat. Em 2 de março de 1986, Cazuza e Elza Soares apresentaram um dueto no videoclipe de "Milagres" com direção de Paulo Trevisan, no *Fantástico* (TV Globo). Em 2018, aos 81 nos, Elza Soares gravou outra canção de Cazuza, "O tempo não para", para a trilha da novela da TV Globo homônima. Na ocasião, relembrou o amigo com afeto: "Cazuza sempre foi amor na vida de todo mundo, tive a honra de estar perto dele. Amo Cazuza. Nós cantamos juntos 'Milagres', nos anos 1980, foi lindo. Cazuza é rock and roll. Ele continua vivo, mostrando sua capacidade de ver as coisas lá na frente. Ele viu o futuro repetir o passado. Em dias sombrios como hoje, é uma mensagem muito forte, como se ele estivesse escrevendo agora".

Gravação original: Barão Vermelho, *Maior abandonado* (1984)

Regravações: Elza Soares, *Somos todos iguais* (1985); *Barão Vermelho ao vivo* (1992); Adriana Calcanhotto, *Senhas* (1992); *Barão Vermelho ao vivo no Rock in Rio I, 1985* (2007)

Obsessão

O ar
tua respiração
me indica um suspiro maior
o claro
óbvio que é chão.

Abscesso: obsessão quantas
marcas feridas sangrando no
meu ouvido eu não quero
escutar
mais nada.

(Cazuza, 1984)

Publicado pela primeira vez no livro *Preciso dizer que te amo: Todas as letras do poeta* (2001).

Problema moral

Tem coisas na vida
Que a gente não pode explicar
tratando de amor
A vida não dá o bê-á-bá

Foi mais forte que eu
Você provocou sem ter pena
Um problema moral
Em dois amigos do peito

Mas pintou
Eu bem que tentei evitar
Já rolou
Agora não dá mais pra parar
Deixa a bola rolar

Mulher de amigo meu
Pra mim é homem
Eu transo no breu
Nem pro padre eu conto
E pronto
Deixa a bola rolar
Deixa a bola rolar

(Cazuza/Roberto Frejat/Dé Palmeira, 1984)

"O Paulette era um companheiro, o encontrávamos muito no Baixo Leblon, fizemos essa parceria para ele cantar. A canção conta a história de alguém que se encanta com a namorada do amigo, por isso o 'problema moral': 'Mulher de amigo meu/ Pra mim é homem/ Eu transo no breu'", conta Frejat, recordando o amigo. Paulette foi um bailarino, ator e cantor que ficou famoso como um dos integrantes do irreverente grupo Dzi Croquettes.

Gravação original: *Paulette* (1984)

Gatinha de rua

Por todos os lugares
Mofados da cidade
Te levei pela coleira
Acariciando seu pelo
Gatinha de rua
Sem nenhuma estimação
Gatinha de rua

Brincar de amar foi tão bom
Brincar de amar foi tão bom
Gatinha de rua
Gatinha de rua

E te dei leite
Nas horas certas
Pra você parar em casa
Tranquei todas as janelas
Pra te prender mas já era
Agora já trocou de dono
Abandonou o meu sonho
Pelos bares do Leblon
Fez um estrago em minha vida
Viciada e colorida

Mas brincar de amar foi bom
Mas brincar de amar foi tão bom
Gatinha de rua
Gatinha de rua

(Cazuza/Roberto Frejat, 1984)

A gravação original foi realizada por Marcelo (Costa Santos) em dueto com Cazuza, mas a canção não foi incluída nos discos do poeta. "Fizemos uma canção para ser um *hit* para o Marcelo, mas não aconteceu. Era outra época. Se fosse hoje, seríamos acusados de misoginia: 'Por todos os lugares/ Mofados da cidade/ Te levei pela coleira/ Acariciando seu pelo/ Gatinha de rua [...]// E te dei leite/ Nas horas certas/ Pra você parar em casa'. Mas esse era o espírito daquele momento", reflete Frejat.

Gravação original: Marcelo, *Estrela do meu clip* (1984)

Regravação: Do Amor, *Agenor – Canções de Cazuza* (2013)

Sem vergonha

Eu sei que esses encontros
Por acaso
São coincidências demais
Eu sento na mesa
Eu viro a cabeça
E você vem atrás

E tantos elogios
Por acaso
São coincidências demais
O olho aceso
Café, sobremesa
E você vem atrás

Eu armo o picadeiro
Mas no fim, no fim
Você tropeça e cai
E perde a canastra e ri
E diz: "Até mais!"

Pra me provocar
Me deixar maluco
E eu vou atrás
Sem vergonha e sem culpa
Na paz

Sem vergonha e sem culpa
Na paz

(Cazuza/Roberto Frejat, 1984)

Os versos foram ditados por Cazuza a Frejat por telefone: "Pra me provocar/ Me deixar maluco/ E eu vou atrás/ Sem vergonha e sem culpa/ Na paz". Cazuza declarou, em 1984, na época da promoção do álbum *Maior abandonado*, que "a canção foi feita para todo mundo que não tem vergonha na cara". Segundo Frejat: "É uma canção feita entre o segundo e o terceiro disco, marcando a fase do Cazuza da noite e boemia, dos amores desencontrados...".

Gravação original: Barão Vermelho, *Maior abandonado* (1984)

Regravações: *Barão Vermelho ao vivo* (1992) e *Barão Vermelho ao vivo no Rock in Rio I, 1985* (2007)

Malandragem

Quem sabe eu ainda sou uma garotinha
Esperando o ônibus da escola sozinha
Cansada com minhas meias três-quartos
Rezando baixo pelos cantos
Por ser uma menina má
Quem sabe o príncipe virou um chato
Que vive dando no meu saco
Quem sabe a vida é não sonhar

Eu só peço a Deus
Um pouco de malandragem
Pois sou criança e não conheço a verdade
Eu sou poeta e não aprendi a amar

Bobeira é não viver a realidade
E eu ainda tenho uma tarde inteira
Eu ando nas ruas, eu troco um cheque
Mudo uma planta de lugar
Dirijo meu carro
Tomo o meu pileque
E ainda tenho tempo pra cantar

(Cazuza, 1984/Roberto Frejat, 1994)

Escrita para a amiga Angela Ro Ro cantar no disco *Prova de amor* (1988), mas a artista não gostou dos versos e descartou a canção. Em 1994, Frejat a sugeriu para Cássia Eller, que a transformou num grande sucesso de sua carreira. Anos depois, Ro Ro reconheceu o seu valor e passou a cantá-la. Frejat lembra que ela e Cazuza conviveram muito, por causa dos relacionamentos: "Nessa época Cazuza e Angela praticamente moravam juntos; o namorado de Cazuza e a namorada de Angela, o Sergio Dias Maciel e a Cristina Ohana, dividiram casa. Angela deve ter falado ao Cazuza que não iria cantar 'Malandragem'. Mas eu não soube. O Cazuza morria de medo de encontrar Angela sozinha na cozinha de madrugada… Então, quando fui perguntar a Angela se ela gravaria a canção, ela me disse com sua sinceridade: 'Caju não te disse? Achei uma merda!'. Perguntei: 'Posso mandar para outra pessoa?'. Ela autorizou, enviei para Cássia e se tornou um sucesso. O bonito é que elas tiveram a oportunidade de cantar juntas, num show no Teatro Rival". Em 1997, em entrevista ao jornalista Marcos Bragatto, publicada no jornal *Nação Brasil*, Cássia Eller falou sobre seu álbum-tributo a Cazuza, *Veneno antimonotonia* (1997): "Eu gostava demais do Barão, era a maior fã. Todas as vezes que eles iam tocar lá em Brasília eu assistia aos shows. Eu cantava principalmente os blues do Cazuza: 'Não amo ninguém', 'Blues do iniciante'. Foi o jeito de cantar do Cazuza que me deu coragem. A primeira vez que eu o ouvi cantando 'Down em mim', falei: 'Pô, esse cara canta que nem eu, gritando. Se ele pode, eu vou parar de estudar e vou gritar também!'. [...] Quando eu conheci a Lucinha, uns quatro anos atrás, ela me deu a música 'Malandragem' e falou, de bobeira: 'Por que você não grava um disco só do Cazuza?'. Eu não levei aquilo muito a sério, era uma coisa que eu sempre quis fazer, mas achei que não ia dar certo. Aquilo ficou na minha cabeça, até que eu conheci o poeta Waly Salomão [diretor do projeto] no início do ano, e ele disse que tinha lido que eu queria gravar um disco só do Cazuza. Ele deu força e dali a poucos dias dessa conversa a gente já estava dentro do estúdio gravando; foi tudo muito rápido. [...] Eu achava que o meu jeito de cantar era parecido com o dele, e eu ainda procurava imitá-lo cantando. Também, eu achava divertida a forma como ele levava a vida, e o imitava até nisso. Ele era um cara que eu admirava pra caramba. Eu queria muito conhecê-lo. Teve uma vez que eu estava hospedada no mesmo hotel que ele, em Belo Horizonte. Fiquei andando pelo corredor, no andar do quarto dele, pra ver se ele passava, mas nada aconteceu. Teve um dia que, em um show da Angela Ro Ro no Morro da Urca, eu pedi para um cara me apresentar a ele. Mas não aconteceu nada. Falou: 'E aí, tudo bem?' e foi só".

Gravação original: *Cássia Eller* (1994)

Regravações: Barão Vermelho, *Pedra, flor e espinho* (2002); Lívia Leite, *Fama – Momentos de Lívia Leite* (2002); Cássia Eller, *Acústico MTV* (2001) e *Codinome Cazuza* (2004); Barão Vermelho, *MTV ao vivo* (2005); Angela Ro Ro, *Tributo a Cazuza* (2008); Roberto Frejat, *Ao vivo no Rock in Rio* (2012); Angela Ro Ro, *Feliz da vida* (2013)

Dolorosa

Fim
A noite acabou feito gim
Espuma branca lavando o meu pé
Os amigos de sempre já tão indo embora
E o garçom fecha o bar
Mal-humorado e cansado
Será que você não vê

Que o teu lugar é do meu lado?
Nós dois indo juntos pra casa
Ah, eu já tô vendo o meu fantasma
Guardando lugar pra amanhã
Guardando lugar pra amanhã

Mas se você por acaso voltasse pra mim
Por baixo da mesa chutando o meu pé
Me piscando o olho pra gente ir embora
Doce ar de chantagem pr'uma noite melhor
Nós dois e mais ninguém

Que o teu lugar é do meu lado
Nós dois indo juntos pra casa
Meu bem, eu vejo o meu fantasma
Guardando lugar pra amanhã
Guardando lugar pra amanhã
Cheios de desejos

(Cazuza/Roberto Frejat, 1984)

Os parceiros Cazuza e Frejat, assim como muitos amigos da geração musical dos anos 1980, tinham o Baixo Leblon como uma extensão da casa ou do estúdio. Frejat considera a canção um registro daquele momento de boemia com os amigos: "Era o lugar onde encontrávamos todo mundo. É um retrato da gente no Baixo Leblon, a turma à noite, com a azaração debaixo da mesa: 'Fim/ A noite acabou feito gim/ Espuma branca lavando o meu pé/ Os amigos de sempre já tão indo embora/ E o garçom fecha o bar/ Mal-humorado e cansado/ Será que você não vê'. Engraçado que nessa época eu nem bebia, meu barato era outro". No poema, publicado no livro *Preciso dizer que te amo: Todas as letras do poeta* (2001), consta o verso final "Cheios de desejos", excluído na gravação da canção registrada pelo Barão Vermelho.

Gravação original: Barão Vermelho, *Maior abandonado* (1984)

Regravação: *Barão Vermelho ao vivo no Rock in Rio I, 1985* (2007)

Por que a gente é assim?

Mais uma dose?
É claro que eu tô a fim
A noite nunca tem fim
Por que que a gente é assim?

Agora fica comigo
E vê se não desgruda de mim
Vê se ao menos me engole
Mas não me mastiga assim

Canibais de nós mesmos
Antes que a terra nos coma
Cem gramas, sem dramas
Por que que a gente é assim?

Mais uma dose?
É claro que eu tô a fim
A noite nunca tem fim
Baby, por que a gente é assim?

Você tem exatamente
Três mil horas pra parar de me beijar
Hum, meu bem, você tem tudo
Pra me conquistar

Você tem exatamente
Um segundo pra aprender a me amar
Você tem a vida inteira
Pra me devorar
Pra me devorar!
Mais uma dose?
É claro que eu tô a fim
A noite nunca tem fim
Por que a gente é assim?

(Cazuza/Roberto Frejat/Ezequiel Neves, 1984)

A canção de Cazuza, Ezequiel e Frejat nasceu na Pizzaria Guanabara, no Baixo Leblon, quando Ezequiel disse o bordão que se tornou refrão: "Mais uma dose? É claro que eu tô a fim". Para Frejat, Cazuza conseguiu articular muito o que seu mentor tinha a intenção de dizer, como se pusesse o rock na prática. "Zeca era um ótimo frasista, dava muitas sugestões ao Cazuza. Ele vivia repetindo, com todo seu deboche: 'Por que a gente é assim?', essa pergunta existencialista. Cazuza e Ezequiel tinham muita coisa em comum, principalmente gostar de viver intensamente, além de gostarem de literatura e música. Ezequiel foi fundamental na carreira de Cazuza, e também foi muito importante na minha vida. Eles viviam a vida deles com muita verdade e criatividade, e isso afetava a todos ao redor. Ninguém passou impune pelo Zeca, aprendemos muito com ele, com seu humor".

Gravação original: Barão Vermelho, *Maior abandonado* (1984)

Regravações: Barão Vermelho, *Barão ao vivo* (1989); *Barão Vermelho ao vivo* (1992); *Cazuza* (1997); Cássia Eller, *Veneno antimonotonia* (1997); Barão Vermelho, *Balada MTV* (1999); LS Jack, *Tributo a Cazuza* (1999); Barão Vermelho, *Pedra, flor e espinho* (2002); Ney Matogrosso, *Codinome Cazuza* (2004); Cazuza, *O poeta está vivo – Show no Teatro Ipanema, 1987* (2005); Barão Vermelho, *MTV ao vivo* (2005); *Barão Vermelho ao vivo no Rock in Rio I, 1985* (2007); Ney Matogrosso, *Inclassificáveis* (2008), *Tributo a Cazuza* (2008); Roberto Frejat, *Ao vivo no Rock in Rio* (2012); Marília Bessy e Ney Matogrosso, *Infernynho* (2012); Leila Pinheiro, Roberto Menescal e Rodrigo Santos, *Faz parte do meu show – Cazuza em bossa* (2020); Barão Vermelho, *Barão 40* (2022); *Cazuza: O poeta vive* (2023)

Subproduto do rock
(Geração do rock)

Mamãe, tá certo
Eu me dei mal na escola
Isso acontece
Mês que vem eu melhoro

Mamãe, tá certo
Eu pisei na bola
Quebrei vidraça
Fiz a maior pirraça

Mamãe, tá certo
Eu fui pro fundo e não pode
O mar tá bravo, que bode!

Pode cortar
Televisão e vitrola
Parar o jogo
Você é a dona da bola

Só não me xingue
Só não me xingue
De sub sub sub sub sub o quê?

Só não me xingue
Só não me xingue
De sub sub sub o quê?

Subproduto de rock
Será um tipo de nhoque?
Subproduto de rock
Alguém me dê um toque
O que é que quer dizer?

(Cazuza/Roberto Frejat, 1984)

Escrito quando o Barão Vermelho foi convidado a participar do programa infantil *Plunct Plact Zuuum* (TV Globo) em 1984. A canção também aparece com o subtítulo "Geração do rock" ao longo das edições do grupo. "Foi uma parceria que deu muito certo. Essa canção tinha o deboche do Cazuza, do garoto que desobedece à mãe e depois se toca que é meio perigoso o que fez, mas sem esconder o prazer de romper limites: 'Mamãe, tá certo/ Eu me dei mal na escola/ Isso acontece/ Mês que vem eu melhoro'. Foi a maneira do Cazuza entrar no universo infantil e falar de uma maneira muito própria", explica Frejat.

Regravações: *Melhores momentos: Cazuza & Barão Vermelho* (1989/2015); *Barão Vermelho ao vivo* (1992); Engenheiros do Hawaii, *Tributo a Cazuza* (1999); Barão Vermelho, *Pedra, flor e espinho* (2002) e *Barão Vermelho ao vivo no Rock in Rio I – 1985* (2007)

Trapaça

Quando a insônia me convence
Que essa solidão é o céu
Uma calma congelada
Paralisa a minha dor
E o dia nasce azul e feliz
O mundo acorda e eu vou dormir

Quando a noite me acostuma
A enxergar na escuridão
Você vem e acende tudo
E eu sou um cego a procurar
Alguém no mundo pra me dizer
Se o amor existe, serve pra quê?

(Cazuza, 1984)

Publicado pela primeira vez no livro *Preciso dizer que te amo: Todas as letras do poeta* (2001).

Mal nenhum [1ª versão]

Nunca viram ninguém triste?
Por que não me deixam em paz?
As guerras são tão tristes,
E não têm nada de mais...

Me deixem, bicho acuado por
um inimigo imaginário
correndo atrás dos carros
feito um cachorro otário.

Me deixem, ataque equivocado,
por um falso alarme
quebrando objetos inúteis,
como quem leva uma topada.

Me deixem amolar e esmurrar
A faca cega, cega da paixão
E dar tiros a esmo,
E ferir o mesmo
Cego coração...

Por isso não escondam
Suas crianças,
Nem chamem o síndico,
Nem chamem a polícia,
Nem chamem o hospício.
Eu não posso causar
Mal nenhum...
A não ser a mim mesmo.

(Cazuza, 1984)

O poema, redescoberto durante a pesquisa para a organização deste livro, foi publicado pela primeira vez no jornal *O Pasquim*, em dezembro de 1984, na matéria "O kamikaze do rock", entrevista com Cazuza realizada pelos poetas Tavinho Paes e Jorge Salomão, o artista visual Torquato de Mendonça (ex-editor do jornal *underground Flor do Mal*), o cantor Walter Queiroz e o jornalista Ricky Goodwin, com edição do cartunista Jaguar.

Mal nenhum [2ª versão]

Nunca viram ninguém triste?
Por que não me deixam em paz?
As guerras são tão tristes
E não têm nada de mais

Me deixem, bicho acuado
Por um inimigo imaginário
Correndo atrás dos carros
Feito um cachorro otário

Me deixem, ataque equivocado
Por um falso alarme
Quebrando objetos inúteis
Como quem leva uma topada

Me deixem amolar e esmurrar
A faca cega, cega da paixão
E dar tiros a esmo e ferir
O mesmo cego coração

Não escondam suas crianças
Nem chamem o síndico
Nem chamem a polícia
Nem chamem o hospício, não
Eu não posso causar mal nenhum
A não ser a mim mesmo

A não ser a mim mesmo
A não ser a mim

(Cazuza/Lobão, 1984)

Os jovens rebeldes Lobão e Cazuza criaram sua primeira parceria quando se encontraram no Baixo Leblon, reduto de noitadas carioca. A canção, que integra o primeiro álbum da carreira solo de Cazuza, foi apresentada pela primeira vez durante o histórico Rock in Rio, em 1985, e pode ser interpretada como referência às drogas ou até mesmo à vida agitada dos roqueiros nos anos 1980. Lobão relembra a amizade com o poeta: "Cazuza e eu nos encontrávamos no Leblon, nos bares. Mas lembro que conheci primeiro a música dele, quando eu estava num estúdio na Rua Assunção, em Botafogo, remixando *Cena de cinema*, no final de 1981. O Ezequiel me mostrou 'Blues da piedade' e 'Down em mim'. Fiquei impressionado com o potencial das canções. Ele me disse que o Barão Vermelho era o grupo do filho do João Araujo. Primeiro achei que era jabá, mas, quando acabei de ouvir as músicas, eu entendi que estava diante de um grande poeta. Era uma época de muita loucura e muita poesia também, nós vivemos intensamente a noite, a boemia. Cazuza era louco e provocador, uma doce criatura sem vergonha. Fazíamos poesias nos guardanapos dos bares. 'Mal nenhum' foi escrita assim, num pedaço de papel, Cazuza escreveu em minutos, mas disse que ia bater à máquina e me entregar depois. Ele tinha isso, tinha que passar o poema pra máquina. Quando me entregou, fiz a música no mesmo dia". Depois Lobão ficou amigo de Cazuza, com quem fez outras parcerias musicais. Em 1985, 'Mal nenhum' entrou para a trilha sonora do filme *Areias escaldantes*, de Francisco de Paula, estrelado por Regina Casé, Luiz Fernando Guimarães, Cristina Aché e Diogo Vilela. Lobão e os Ronaldos apresentam número musical que finaliza o filme.

Gravações originais: Cazuza, *Exagerado* (1985) e Lobão, *Decadence avec élegance* (1985)

Regravações: *Melhores momentos: Cazuza & Barão Vermelho* (1989/2015); *Barão Vermelho ao vivo* (1992); Lobão, *Som Brasil Cazuza* (1995); *Cazuza* (1997); Cássia Eller, *Veneno antimonotonia* (1997); *O essencial de Lobão* (1999); Arnaldo Antunes, *Tributo a Cazuza* (1999); Cazuza, *O poeta não morreu* (2000); Leoni, *Tributo a Cazuza* (2008); Cazuza, *O tempo não para – Show completo* (2022) e *Cazuza: O poeta vive* (2023)

Estranha palavra

Nada e ninguém
O tempo todo nada e ninguém
Quanto tempo mais será que dá
Pra gente levar essa dor?
Nunca e jamais
Palavra de peso
Chumbo
Nunca mais vou ter você

A vida é estranha
Com suas despedidas e desencontros
Cheia de gente escondida em desespero
Trastes, joias falsas
Cansada de não ser ouvida
De não ser respeitada

Nada e ninguém
O tempo todo nada e ninguém
Quanto tempo mais será que dá
Pra gente viver sem amor?
Vida e sonho
Palavras que voam
Pluma
Nunca mais vou ter você
Adeus.

(Cazuza,1984/Leoni, 2017)

Leoni recebeu este e outros poemas inéditos de Cazuza em 2017, por iniciativa de Lucinha Araujo e Rogério Flausino, para um projeto em homenagem ao poeta. Os versos foram musicados, mas a gravação permanece inédita.

A vizinha reclama

Quando eu te beijo
A vizinha reclama
A polícia me ganha
E o governo declara
Guerra

Eu te beijo
E entendo a fome e a guerra
Eu te toco aflito
E entendo o animal na terra
Que verdade ele espera
Defronte a nenhuma delas

Toda vez que eu te beijo
A vizinha reclama.

(Cazuza, 1984)

Publicado pela primeira vez no livro *Preciso dizer que te amo: Todas as letras do poeta* (2001).

Não reclamo

[*Ao Serginho*]

quando o teu engano apaga um novo dia te leva
embora da minha vida
só porque o sol nos denuncia
e você é um bom pai de família a vida
me ensinou
a entender tudo sem reclamar mas
fique mais
não vá embora agora que eu já quase era feliz não
me deixe só com o teu cheiro estampado no lençol
no rádio
tocando canções de amor...

(Cazuza, 1984/George Israel, 2004)
(Cazuza, 1984/Wilson Sideral, 2014)

Publicado pela primeira vez no livro *Preciso dizer que te amo: Todas as letras do poeta* (2001). Em 2004, os versos foram musicados pelo amigo e parceiro George Israel, em canção homônima, incluída em seu álbum *Quatro letras*. Em 2014, Wilson Sideral musicou o poema para o projeto batizado *Flausino e Sideral cantam Cazuza*, apresentado no palco do *Fantástico* (TV Globo). "Imagina dois irmãos, de Minas Gerais, apaixonados pela música do Cazuza. Somos nós. Apaixonados pelo Barão e pelo rock brasileiro. Quando adolescentes, eu e Flausino tivemos uma banda chamada Contacto Imediato, cantávamos Kid Abelha, Barão. Naturalmente, Cazuza se tornou nosso ídolo. Chegamos a fazer um show em tributo ao Cazuza, em 1987. Nunca poderíamos imaginar que tocaríamos suas canções junto com músicos e cantores que admiramos. Cada verso é uma explosão no coração, seja falando de amor ou política. Com esse show, tivemos a intenção de mostrar de onde vem nossa referência musical, que, sem dúvida, é atravessada pelo Cazuza, por sua poesia e pela força de seu canto", afirma Sideral. Em 2020, Lucinha Araujo, Rogério Flausino e Sideral criaram o projeto multimídia *Protegi teu nome por amor*, para celebrar os trinta anos da Sociedade Viva Cazuza; na ocasião lançaram "Essas canções de amor", composta a partir do poema "Não reclamo".

você tem tanta dobrinha
você parece um neném
se esfregando na manta
me batizando pro bem

cheio de manha assanhada
cheio de amores também
o amor que a gente precisa
que ninguém passa mais sem

se a minha vida inteira
numa jogada certeira
for de repente mudar
mudar pr'outra mamadeira
mudar pra quem mais me amar

é, hummm, moderno modelo
talvez, hummm dor de cotovelo
vudu, tststs, que que é!!!!

(Cazuza, 1984)

Inédito, sem título (identificado pelo primeiro verso), encontrado durante a pesquisa para a organização deste livro. Os versos foram escritos no caderno escolar de Serginho, o ator Sergio Dias Maciel, então namorado de Cazuza entre 1981 e 1986. Ao fim do poema Cazuza assina com o apelido que ganhou de Patrícia Casé, como era chamado pelos amigos mais íntimos: Caju.

1985 – – 1987

"Sou burguês, mas sou poeta."

Exagerado [1ª versão]

amor da minha vida
daqui até a eternidade
nossos destinos foram traçados
na maternidade

paixão feroz, desenfreada
em Portugal te chama fado
o nome certo talvez seja
exagerado

exagerado
cheio de amor exagerado
nas asas do ventilador
passarinhos estraçalhados
exagerados

eu venho com mil rosas roubadas
desculpar minhas mentiras
eu venho sozinho
num caminho de nunca mais

eu nunca mais vou respirar
se você não me notar
eu vou morrer de fome
se você não me amar
que por você eu largo tudo
carreira dinheiro canudo
e vou morar numa cabana
num quitinete em Copacabana
vou mendigar qualquer trocado
não leve a sério porque eu sou
exagerado

exagerado
jogado aos teus pés
eu sou mesmo exagerado
só gosto de amor inventado

(Cazuza, 1985)

Exagerado [2ª versão]

Amor da minha vida
Daqui até a eternidade
Nossos destinos foram traçados
Na maternidade

Paixão cruel, desenfreada
Te trago mil rosas roubadas
Pra desculpar minhas mentiras
Minhas mancadas

Exagerado
Jogado aos teus pés
Eu sou mesmo exagerado
Adoro um amor inventado

Eu nunca mais vou respirar
Se você não me notar
Eu posso até morrer de fome
Se você não me amar

Por você eu largo tudo
Vou mendigar, roubar, matar
Até nas coisas mais banais
Pra mim é tudo ou nunca mais

Exagerado
Jogado aos teus pés
Eu sou mesmo exagerado
Adoro um amor inventado

E por você eu largo tudo
Carreira, dinheiro, canudo
Até nas coisas mais banais
Pra mim é tudo ou nunca mais

(Cazuza/Ezequiel Neves/Leoni, 1985)

1ª Versão:

Inédito, encontrado durante a pesquisa para a organização deste livro.

2ª Versão:

Primeiro *single* de Cazuza, deu nome ao álbum inaugural da carreira solo do cantor. O poeta escreveu os versos pensando no seu mentor, Ezequiel Neves, embora posteriormente tenha reconhecido como sua canção mais autobiográfica, identificando a *persona* boêmia. Não por acaso, tornou-se um epíteto para o próprio poeta "exagerado", devido à sua preferência por temas como boemia, dor de cotovelo e amor em excesso. Cazuza reconhecia "Exagerado" como seu cartão de visitas, um de seus maiores sucessos. Leoni relembra o episódio de nascimento da parceria: "Eu e Cazuza tínhamos alguns amigos em comum, embora não fôssemos da mesma tribo. Sempre tive grande admiração pelo poeta. Lembro que Ezequiel Neves levou Cazuza na minha casa; ele queria que eu fizesse um bolero, mas acabei fazendo uma música pop rock porque era mais a cara dele. Fiz umas sugestões de corte nos versos, era um poema longo". Embora tenha adorado a melodia de Leoni, Cazuza resolveu, por incentivo de Frejat e Ezequiel, incluir de volta na canção alguns versos que haviam sido cortados pelo parceiro: "E por você eu largo tudo/ Carreira, dinheiro, canudo". Em 2015, na efeméride que marcou 25 anos da Sociedade Viva Cazuza e 30 anos da canção, foi lançado o projeto *Exagerado 3.0*, uma nova versão da canção – um *re-colour* com a voz original de Cazuza e produção musical de Liminha, bateria e pandeirola de João Barone (Paralamas do Sucesso), guitarras de Dado Villa-Lobos (Legião Urbana), teclado e programações de Kassin e mixagem de Liminha e Daniel Alcoforado. O projeto gerou a formação do grupo Todos Envolvidos, que se apresentou na lona do Circo Voador, montada no Arpoador em homenagem a Cazuza. No mesmo ano, para celebrar a efeméride da canção, o produtor cultural Rafael Braga criou o Bloco Exagerado para cantar a obra de Cazuza em ritmo de Carnaval.

Gravações originais: Cazuza, *Exagerado* (1985) e *O tempo não para* (1988)

Regravações: *Melhores momentos: Cazuza & Barão Vermelho* (1989/2015); Cazuza, *Esse cara* (1995); The Fevers, *Quero ser feliz* (1996); Ney Matogrosso, *Vinte cinco* (1996); *Cazuza* (1997); *Ney Matogrosso ao vivo* (1999); Leoni, *Tributo a Cazuza* (1999); Cazuza, *O poeta não morreu* (2000); Arnaldo Antunes, *Paradeiro* (2001); Barão Vermelho, *Pedra, flor e espinho* (2002); Leoni, *Áudio-retrato* (2003); *Nico Bennati* (2003); Roberto Frejat e Zélia Duncan, *Exagerado – single* (2004); Wilson Sideral, *Lançado ao mar* (2004); *Leoni ao vivo* (2005); Cazuza, *O poeta está vivo – Show no Teatro Ipanema, 1987* (2005); Ricky Vallen, *Homenagens* (2007); *Seu Cuca ao vivo* (2008); Biquíni Cavadão, *80* (2008); Wilson Sideral, *Dias claros* (2008); Paulo Ricardo, Preta Gil e Leoni, *Tributo a Cazuza* (2008); Leoni, *A noite perfeita* (2010); Som da Terra, *Te vira no frevo* (2011); Roberto Frejat, *Ao vivo no Rock in Rio* (2012); Alessandra Freire, *Rock virou bossa* (2013); Leila Pinheiro, Roberto Menescal e Rodrigo Santos, *Faz parte do meu show – Cazuza em bossa* (2020); Cazuza, *O tempo não para – Show completo* (2022); Barão Vermelho, *Barão 40* (2022); *Cazuza: O poeta vive* (2023); Gloria Groove, *Lady Leste ao vivo* (2023)

Codinome Beija-Flor

Pra que mentir
Fingir que perdoou
Tentar ficar amigos sem rancor
A emoção acabou
Que coincidência é o amor
A nossa música nunca mais tocou

Pra que usar de tanta educação
Pra destilar terceiras intenções
Desperdiçando o meu mel
 Devagarzinho, flor em flor
Entre os meus inimigos, Beija-Flor

Eu protegi teu nome por amor
Em um codinome, Beija-Flor
Não responda nunca, meu amor (nunca)
Pra qualquer um na rua, Beija-Flor

Que só eu que podia
Dentro da tua orelha fria
Dizer segredos de liquidificador

Você sonhava acordada
Um jeito de não sentir dor
Prendia o choro e aguava o bom do amor
Prendia o choro e aguava o bom do amor

(Cazuza/Ezequiel Neves/Reinaldo Arias, 1985)

Uma das canções mais conhecidas de Cazuza foi criada a partir de melodia enviada por Reinaldo Arias, por meio de Paulinho Soledade, amigo em comum dos parceiros. A inspiração para o poema foi a aparição de um beija-flor na janela do quarto onde o poeta estava internado no Hospital São Lucas, em Copacabana, no Rio de Janeiro, em julho de 1985. Na época, com 27 anos, Cazuza fez teste para hiv/aids e deu negativo, mesmo assim já havia na imprensa especulação sobre estar com a "maldita" – como Cazuza chamava a doença. Reinaldo relembra a gênese da canção: "Eu fiz a melodia e o Paulinho entregou a fita da gravação para o Cazuza, que em seguida ficou doente. A versão original era uma balada dançante, mas o Cazuza pediu uma melodia mais calma. Depois fui visitá-lo em casa e ele me mostrou os versos que estavam terminados. Quando Cazuza lançou a canção no seu primeiro disco solo, ela se tornou um sucesso". Lucinha Araujo considera a interpretação de Luiz Melodia a mais bela gravação já realizada: "Reconheço que superou a do Cazuza. Melodia cantando 'Codinome Beija-Flor' é inconfundível, belíssimo". Era a canção preferida da avó paterna de Cazuza, Maria José, ao lado de "Faz parte do meu show". Além de Melodia, nomes como Simone, Angela Maria e Cauby Peixoto (em dueto), Emílio Santiago e Wando fizeram suas releituras. Em 24 de outubro de 1988, com Christiaan Oyens na gaita, Cazuza fez um dueto emocionante com Simone no especial *Cazuza – Uma prova de amor*, exibido na TV Globo em 1º de janeiro de 1989.

Gravação original: Cazuza, *Exagerado* (1985)

Regravações: Cazuza, *O tempo não para* (1988); *Melhores momentos: Cazuza & Barão Vermelho* (1989/2015); Luiz Melodia, trilha sonora da novela *O dono do mundo* (1991) e *Pintando o Sete* (1991); Banda Papa Léguas, *Tempo de felicidade* (1991); Emílio Santiago, *Viva Cazuza* (1992); Coral AABB-SP, *15 anos* (1992); Babi Reis e Magoo, *Retrospectiva MPB, vol. 1* (1992); *Angela Maria e Cauby Peixoto ao vivo* (1992); *Nenéu Liberalquino* (1992); Cazuza, *Esse cara* (1995); Simone, *Som Brasil Cazuza* (1995); *Grupo Habistada* (1996); Richard Clayderman, *My brazilian collection* (1996); *Iessus* (1997); *Cláudio Goldman*

Cúmplice

"Soprannome Colibri" (1997); Terra Samba, *Liberar geral* (1997); *Delírio sensual* (1998); *A arte do som – Happy hour 4* (1999); *Gian e Giovani ao vivo* (1999); Baby do Brasil, *Tributo a Cazuza* (1999); Cazuza, *Preciso dizer que te amo – Toda a paixão do poeta* (2001); Paulo Kauffman "Soprannome Colibri" (2001); Renato Vargas, *O som do barzinho* (2001); Rafael Greyck, *Luau* (2001); Wando, *Acústico ao vivo* (2002); Luiz Melodia, *Codinome Cazuza* (2004); Cazuza, *O poeta está vivo – Show no Teatro Ipanema, 1987* (2005); Barão Vermelho, *MTV ao vivo* (2005); Luiz Melodia, *Acústico ao vivo* (2005); Roberto Frejat, *MTV ao vivo* (2005); Fábio Jr., *Minhas canções* (2006); Joanna, *Ao vivo em Portugal* (2006); Beth Ripoli, *Harmonia entre amigos* (2007); Caio Mesquita, *Jovem brazilidade 2* (2007); Rodrigo Santos, *Tributo a Cazuza* (2008); *Samba pop do Ivo Meirelles* (2013); Ana Cañas, *Coração inevitável* (2013); Fernando Büergel, *Fernando em Pessoa* (2013); *Bárbara Freire* (2013); Taís Guerino, *Voz do coração* (2013); Diogo Nogueira, *Alma brasileira* (2016); Marcelo Quintanilha, *Caju – Canções de Cazuza* (2018); Leila Pinheiro, Roberto Menescal e Rodrigo Santos, *Faz parte do meu show – Cazuza em bossa* (2020); Cazuza, *O tempo não para – Show completo* (2022); Carol Biazin, *Exagerados* (2023); Luiza Martins, *Cazuza: O poeta vive* (2023)

Hoje eu acordei querendo encrenca
Escrevi teu nome no ar
Bati três vezes na madeira
Senti você me chamar

Na verdade uma carta em braile
Me deu uma certeza cega
Você estava de volta ao bairro
Em alguma esquina à minha espera

Meu amor, meu cúmplice
Eu sempre vou te achar
Nos avisos da lua
Do outro lado da rua

Rodei todas as lanchonetes
Tive ideias perversas
Relembrei tantos golpes espertos
Você cada vez mais perto

Meu amor, meu cúmplice
Meu par na contramão
Você não mudou em nada (nada, nada, nada)
Eu também não, que bom!

(Cazuza/Zé Luis, 1985)

Primeira parceria de Cazuza com Zé Luis. A canção foi encomendada para ser trilha de uma peça de teatro de Luiz Fernando Guimarães e Regina Casé. A peça não aconteceu, mas Cazuza acabou a incluindo em seu primeiro trabalho solo. Zé Luis lembra como se tornaram parceiros na música e cúmplices na vida: "A música foi feita para a peça de teatro que acabou não rolando, mas se tornou um registro de nossa amizade. Entre 1964 e 1967, convivemos muito, pois eu passava a infância na casa do meu tio-avô, o cronista esportivo Sandro Moreyra, que era vizinho de porta dos pais de Cazuza".

Gravação original: Cazuza, *Exagerado* (1985)

Medieval II

Você me pede
Pra ser mais moderno
Que culpa que eu tenho?
É só você que eu quero

Às vezes eu amo
E construo castelos
Às vezes eu amo tanto
Que tiro férias
E embarco num tour pro inferno

Será que eu sou medieval?
Baby, eu me acho um cara tão atual
Na moda da nova Idade Média
Na mídia da novidade média

Olha pra mim, me dê a mão
Depois um beijo
Em homenagem a toda
Distância e desejo
Mora em mim
Que eu deixo as portas
sempre abertas
Onde ninguém vai te atirar
As mãos vazias nem pedras

Eu acredito nas besteiras
Que eu leio no jornal
Eu acredito no meu lado
Português, sentimental
Eu acredito em paixão e
moinhos lindos
Mas a minha vida sempre
brinca comigo
De porre em porre, vai me
desmentindo

Será que eu sou medieval?
Baby, eu me acho um cara tão
atual
Na moda da nova Idade
Média
Na mídia da novidade média

(Cazuza/Rogério Meanda, 1985)

Rogério Meanda tinha apenas 21 anos, em 1985, quando foi chamado para gravar *Exagerado* e iniciou uma série de parcerias com Cazuza: "Eu estava no canto do estúdio Retoque, em Botafogo, tocando uma música minha quando Cazuza escutou e disse: 'Vamos fazer uma música!'. E começou a cantarolar o que viriam a ser os versos de 'Medieval II'. Esse 'dois' era porque o poeta tinha outros versos com o mesmo nome. Depois me encontrei com ele em sua casa, na Gávea, para terminarmos a canção. Eu adoro essa parceria, acho que ela merece ser mais bem reconhecida". Em 1982, a canção foi vetada pelo Departamento de Censura Federal do Estado do Rio de Janeiro, junto com "Carente profissional", "Blues do Iniciante" e "Largado no mundo", com a justificativa de conter versos chulos que contrariavam "as normas censórias": "Em tesão sem carinho". Em 1985, Cazuza reapresentou uma nova versão com novo título, "Medieval II", e modificações nos versos, assim a canção foi aprovada pela censura. Em 1986, Cazuza apresentou a canção no *Globo de Ouro* (TV Globo). Em 1989, Leo Jaime gravou a canção para a trilha da novela *Que rei sou eu?* (TV Globo), de Cassiano Gabus Mendes.

Gravação original: Cazuza, *Exagerado* (1985)

Regravação: *Cazuza: O poeta vive* (2023)

Boa vida

Eu nunca mais quero outra vida
É, eu ando um bocado mudado
Eu nunca mais quero outra vida, eu não
Olha só como eu tô bem tratado
É que os tempos mudaram
E agora eu ando muito bem acompanhado
(É, eu ando, sim)

Eu nunca mais quero outra vida
Jogado na rua feito um vira-lata
O amor um dia chega, irmão
Mesmo prum cara pirado
Que só sabe ficar bebendo pinga
Cantando rock, contando vantagem

Agora a gente só vive grudado
Pela rua aos beijos e abraços
Todo mundo repara
E mesmo os meus amigos mais canalhas
Me dão razão quando eu falo

Que eu nunca mais quero outra vida
Me machucar pela pessoa errada
O amor tem cartas já marcadas
E eu nunca tive vocação pra otário
É, os tempos mudaram
E agora eu ando muito bem acompanhado

(Cazuza/Roberto Frejat, 1985)

A canção é da fase pós *Maior abandonado* (1984), quando Cazuza decidiu sair do Barão Vermelho para trilhar carreira solo. "Cazuza saiu e levou as músicas que queria gravar em seu primeiro disco solo, *Exagerado*. Que eu me lembre, 'Rock da descerebração' e 'Exagerado'. Depois o poeta Waly Salomão me pediu para liberar também 'Balada de um vagabundo', um poema que ele tinha escrito para Cazuza cantar e que 'gostaria que a música fosse gravada por ele'. Compreendi, claro", lembra Frejat.

Gravação original: Cazuza, *Exagerado* (1985)

Mulher sem razão

Saia desta vida de migalhas
Desses homens que te tratam
Como um vento que passou

Caia na realidade, fada
Olha bem na minha cara
Me confessa que gostou
Do meu papo bom
Do meu jeito são
Do meu sarro, do meu som
Dos meus toques pra você mudar

Mulher sem razão
Ouve o teu homem
Ouve o teu coração
No final da tarde
Ouve aquela canção
Que não toca no rádio

Para de fingir que não repara
Nas verdades que eu te falo
Dá um pouco de atenção

Parta, pegue um avião, reparta
Sonhar só não tá com nada
É uma festa na prisão

Nosso tempo é bom
Temos de montão
Deixa eu te levar então
Pra onde eu sei que a gente vai brilhar

Mulher sem razão
Ouve o teu homem
Ouve o teu coração
Batendo travado
Por ninguém e por nada
Na escuridão do quarto
Na escuridão do quarto

(Cazuza/Dé Palmeira/Bebel Gilberto, 1985)

Escrita para Gal Costa, que não realizou a gravação, a canção acabou sendo lançada por Bebel Gilberto e foi, posteriormente, incluída no álbum *Burguesia*, quinto e último trabalho da curta carreira solo de Cazuza. Mas foi na voz de Adriana Calcanhotto, em 2008, que "Mulher sem razão" se tornou mais conhecida, sendo escolhida para a trilha sonora da novela *A favorita*, de João Emanuel Carneiro, na TV Globo.

Gravações originais: *Bebel Gilberto* (1986); Cazuza, *Burguesia* (1989)

Regravações: Adriana Calcanhotto, *Maré* (2008); Ney Matogrosso, *Beijo bandido* (2009)

Desastre mental

Baby, eu lamento
Mas não tenho tempo
Pra sentir as tuas dores
As minhas eu já não aguento

Minha vista torta
Já não se importa
Não me conte um bando de mentiras
Quando eu for fechar a porta

Aqui ninguém entra
Daqui ninguém sai
Somos sobreviventes
De um desastre mental

Não é que eu não ligue
De correr o perigo
De nunca te achar direito

Eu quero de qualquer jeito
Eu tenho que me salvar
Não vá me convencer que está com medo
Que está tarde ou que está cedo

Aqui ninguém entra
Daqui ninguém sai
Nós somos sobreviventes
De um desastre mental

Prefiro te manter
Ao lado direito do meu peito
Por essa razão
Você não navega
É uma queda de avião
No meu coração
Não vá me provocar no fim da festa, não

Aqui ninguém tá morto
E daqui ninguém sai
Nós somos sobreviventes
De um desastre mental

(Cazuza/Renato Ladeira, 1985)

Primeira parceria de Cazuza com Renato Ladeira. Em entrevista ao *Jornal do Brasil*, em 2008, data em que Cazuza faria 50 anos, Renato Ladeira falou para o jornalista Leandro Souto Maior sobre o início da parceria: "Minha ex-mulher, Elizabeth, começou a trabalhar com o Cazuza e me sugeriu fazer uma música com ele, já que ele começava a carreira solo e não estava mais trabalhando exclusivamente com o Frejat. Daí surgiu 'Desastre mental', que ele gravou em seu primeiro disco solo. O Herva Doce também gravou a música, em nosso último LP [...]".

Gravação original: Cazuza, *Exagerado* (1985)

Regravação: Herva Doce, *Desastre Mental* (1986)

Eu quero o mel

Olha a toca
Que o meu negócio é cair logo de boca
Olho a olho
Que dessa fruta eu já chupei o caroço
Eu sou um cara bem sambado
Conheço tudo o que é escuro
E o que é cruel
O que é cruel no mundo
Eu já aprendi de dez
Agora eu quero mel
Todo o mel
Que eu puder sugar
Que eu puder jorrar
Pra te dar.

(Cazuza, 1985)

Publicado pela primeira vez no livro *Preciso dizer que te amo: Todas as letras do poeta* (2001).

Só as mães são felizes

Você nunca varou
A Duvivier às 5
Nem levou um susto
Saindo do Val Improviso
Era quase meio-dia
No lado escuro da vida

Nunca viu Lou Reed
"Walking on the wild side"
Nem Melodia transvirado
Rezando pelo Estácio
Nunca viu Allen Ginsberg
Pagando um michê na Alaska
Nem Rimbaud pelas tantas
Negociando escravas brancas

Você nunca ouviu falar em maldição
Nunca viu um milagre
Nunca chorou sozinha num banheiro sujo
Nem nunca quis ver a face de Deus

Já frequentei grandes festas
Nos endereços mais quentes
Tomei champanhe e cicuta
Com comentários inteligentes
Mais tristes que os de uma puta
No Barbarella às 15 pras 7

Reparou como os velhos
Vão perdendo a esperança
Com seus bichinhos de
estimação e plantas?
Já viveram tudo
E sabem que a vida é bela

Reparou na inocência
Cruel das criancinhas
Com seus comentários desconcertantes?
Adivinham tudo
E sabem que a vida é bela

Você nunca sonhou
Ser currada por animais
Nem transou com cadáveres?
Nunca traiu teu melhor amigo
Nem quis comer a tua mãe?

Só as mães são felizes...

(Cazuza/Roberto Frejat, 1985)

Inspirado pelo poema "149th Chorus", do escritor e poeta *beat* Jack Kerouac. O verso "Nem quis comer a tua mãe?" causou polêmica. Lucinha Araujo, ao assistir ao filho cantando a canção pela primeira vez num show, se sentiu constrangida, mas foi acalmada por Ney Matogrosso, que explicou se tratar de "licença poética". Segundo Cazuza, é uma homenagem aos poetas malditos, com referência direta a Allen Ginsberg e Arthur Rimbaud. Em 14 de março de 1986, Cazuza, declarou à *Folha de S.Paulo*: "Quando a Brasiliense começou a lançar obras de Kerouac, Ginsberg, Burroughs, eu quase pirei, porque eu fazia algo ligado a eles e não sabia. Penso que os anos 1950 têm muito a ver com os anos 1980. Era uma época de repressão que se soltou lá pela década de 1960, como agora". A canção foi proibida de tocar nas rádios pela Censura Federal por causa dos versos: "Nunca viu Allen Ginsberg/ Pagando um michê na Alaska/ Nem Rimbaud pelas tantas/ Negociando escravas brancas". A imprensa fez inúmeras matérias sobre o "complexo de Édipo", destacando a pergunta incestuosa do poema. "Essa canção causou polêmica. Me lembro de a gente estar gravando, ele me olhar e dizer: 'Acho engraçado você cantando as loucuras que eu escrevo!'", conta Frejat. O verso "Só as mães são felizes" aparece pela primeira vez na quinta estrofe do poema "Querido diário (Tópicos para uma semana utópica)", escrito por Cazuza aos 20 anos, em 1978: "Sexta-feira:/ Assunto de família:/ Meu lance é poesia/ Melhor fazer as malas/ E procurar uma nova/ (Só as mães são felizes)".

Gravações originais: Cazuza, *Exagerado* (1985) e *O tempo não para* (1988)

Regravações: *Cazuza & Barão Vermelho – Melhores momentos* (1989/2015); *Esse cara* (1995); Barão Vermelho, *Álbum* (1996); *Cazuza* (1997); *O tempo não para – Show completo* (2022) e *Cazuza: O poeta vive* (2023)

Rock da descerebração

Descerebrem-se, celebrem
Eu tô aqui pra animar
Desesperem-se, roubem
Quem sabe eu possa ajudar
Depois desculpem-se, esqueçam
Eu volto pra lembrar
E habituem-se, morram
Eu que não vou enterrar

E se a pior pessoa da cidade me ajudar
Viro operário-padrão
Eu e meu patrão
Que se esconde nos fundos
Gelado de felicidade

Caguetem-se, solidários
Antes do interrogatório
Engrandeçam a mentira
Deem sentido à vida
Tenham fé, tenham medo
Ou usem anestesias
Uniformes, fantasias
Vejam que liquidação!

Mas se as suas consciências
Bondosas dizem não
Já é um bom motivo
Pra gente comemorar o rock

O rock da descerebração
O rock da descerebração

(Cazuza/Roberto Frejat, 1985)

A canção foi feita por encomenda para a peça *Ubu Rei*, de Alfred Jarry, encenada por Luís Antônio Martinez Corrêa (irmão de Zé Celso). O espetáculo conta a história de Pai Ubu e Mãe Ubu, que usurpam o trono do rei da Polônia e instauram um governo de caos, normalizando a estupidez e a barbárie. Cazuza comentou a demanda para o teatro, em 1985: "*Ubu Rei* é uma peça muito louca, porque Jarry foi o primeiro punk, o primeiro *beatnik*. O Père Ubu diz: 'Abaixo a liberdade, viva a escravidão!'. [...] O 'Rock da descerebração' foi feito dentro desse espírito do Jarry. É uma grande brincadeira".

Gravação original: Cazuza, *Exagerado* (1985)

Regravação: Barão Vermelho, *Carnaval* (1988)

Fratura (não) exposta

Fratura exposta
À luz do dia
A posta em prática
No final da noite
Sorteio sul e norte
O desnorteio
Perigo à vista
Queima-roupa sem dor

Fratura exposta
Check-up sentimental
Fratura exposta
Striptease radical
Fratura exposta
Tirando a roupa devagar
Carne morta de amor

Fratura exposta
Na porta dos açougues
Pra quem não sabe
Tive vários amores
Esses anos todos
Guardei fotos a cores
Pra quem não sabe
Já parti corações
É a minha vez
De ser jogado aos leões
À arena, à sorte, à morte
Ao desnorteio
Perigo à vista
Queima-roupa sem dor

(Cazuza/Ezequiel Neves/Piska, 1985)

Cazuza criou os versos a partir da expressão "fratura exposta", que Ezequiel Neves adotou e repetia em diversas situações. Leo Jaime conta que Cazuza gostava de usar "fratura exposta" para definir a diferença entre bossa nova e samba-canção: "Eu e Cazuza sempre fomos muito fãs do Jamelão e de samba-canção em geral. Lembro dele definindo samba-canção como 'fratura exposta' em comparação com bossa nova, que considerava 'dor de cotovelo'".

Gravação original: Ney Matogrosso, *Bugre* (1986)

Maioridade

Agora eu sei quanto eu cresci
Já acredito no meu caminho
Se até agora eu tô vivo
É que deve ser verdade

Vejo a cidade de minha janela
Debruçado nos meus erros
Extravagantes e comuns

Me guio sem razão
À casa de um homem
Ao coração de uma mulher
Mas meu amor não é ficção
Agora eu sei, nem contramão

Agora eu sei
Que cresci
Junto com os meus pecados
E aprendi como eles são engraçados

Eu já vivi de tudo um pouco
Mas tô esperando um truque novo
Que me largue caindo
Do alto de um abismo

O tempo vai dizer
Se o que espero me interessa
Se eu levo a vida
Ou se é ela que me leva.

(Cazuza/Roberto Frejat/Denise Barroso/Guto Goffi, 1985)

A canção já tinha começado a ser ensaiada antes de Cazuza decidir sair do Barão Vermelho. Roberto Frejat conta que "Cazuza se enfiou, por ciúmes", na parceria dele com Denise Barroso. Guto Goffi explica que, após a saída de Cazuza, o grupo sentiu que faltava um pedaço, então complementou o trecho final: "Eu incluí os versos 'O tempo vai dizer/ Se o que espero me interessa/ Se eu levo a vida/ Ou se é ela que me leva'. Depois, mostrei para Cazuza e Denise. Eles curtiram e a música ficou assim".

Gravação original: Barão Vermelho, *Declare guerra* (1986)

Um dia na vida [1ª versão]

não existe nada vivo
dentro desse quarto
todo dia eu pego o medo
meço, mato e guardo
num cansaço calmo de sobreviver
cantar pra subir
descer e dar uma banda

um dia na vida vale
você vem, você quem?

um dia na vida vale pra comemorar
o nosso encontro em nenhum lugar
pra que escrever poesias
num papel higiênico depois se limpar
nas tristezas de sempre?

um dia na vida
outro fósforo, outro sol
"a vida é um piscar de olhos
e o amor, um alô e um tchau"
um dia na vida pinta
de carona na esquina

um dia na vida vale
qualquer tentativa

(Cazuza, 1985)

Inédito, encontrado durante a pesquisa para a organização deste livro.

Um dia na vida [2ª versão]

Não existe nada vivo
Dentro desse quarto
Todo dia eu pego o medo
Meço, mato e guardo
Num cansaço calmo de sobreviver
Cantar pra subir
Descer e dar uma banda

Um dia na vida vale
Você vem
Você tem

Um dia na vida vale pra comemorar
O nosso encontro em nenhum lugar
Pra que escrever poesias num papel higiênico
Depois se limpar com as tristezas de sempre?

Um dia na vida
Outro fósforo, outro sol
"A vida é um piscar de olhos
E o amor, um alô e um tchau"

Um dia na vida passa de carona na esquina
Um dia na vida vale qualquer tentativa

(Cazuza/Maurício Barros, 1985)

Primeira parceria de Cazuza com Maurício Barros. Até então os dois só haviam assinado parcerias com os outros integrantes do Barão Vermelho. Em depoimento para o *Projeto Cazuza* (1991), organizado por Arthur Mühlenberg, Maurício destacou a importância de Cazuza na música brasileira: "Cazuza é um dos grandes poetas do rock brasileiro, sem dúvida".

Gravação original: Barão Vermelho, *Declare guerra* (1986)

Regravação: *Barão Vermelho ao vivo* (1992)

Um dia na vida [3ª versão]

Não existe nada vivo
Dentro desse quarto
Todo dia eu pego o medo meço mato e guardo
Naquele cansaço calmo de não fazer nada
E tudo pensar
E de noite é sempre o mesmo bar
Todo homem que se preza sabe a dor do risco
Todo homem que se preza sabe a cor do sonho
Todo fim de ano é o mesmo engano
Flores boiam no mar
Iemanjá vai ter que me ajudar
Quando a noite desce a cortina de fome
E a tristeza aumenta eu sei teu telefone
Pra esquecer o podre dessa festa
E a gente tem que dançar
Samba Rock Tango Chá-chá-chá

(Cazuza, 1985)

Inédito, encontrado durante a pesquisa para a organização deste livro. O poema foi entregue por Cazuza ao parceiro Arnaldo Brandão, em 1985, junto com "Inútil II", "Bruma" e "Jovem". Em 2000, Arnaldo pediu à sua esposa, Kika Seixas, que avisasse Lucinha sobre os poemas, então inéditos.

Vingança boba

Ah, minha criança, minha vingança é boba
Passei a vida te esperando, entende?
Quando eu te escondo o jogo
Quando eu te trato mal
É tudo medo, é tudo medo do amor
Que me entristece, que me enlouquece sempre
Mas é de verdade, é liberdade, esquece
Tudo na vida volta
Tudo na vida vai
Tá tudo em cima, tá tudo lindo agora
A gente junto, o mundo que vá embora
Com suas juras falsas
Com seus anúncios falsos
Tá tudo ok, tá tudo na boa agora
A gente chora, a gente ri, tem hora
Hora pra tudo, hora pra ir embora
Hora pra ir embora

(Cazuza/Sérgio Serra, 1985)

Em 1987, a canção foi enviada para o Departamento de Censura Federal do Estado do Rio de Janeiro tendo a cantora Cida Moreira como intérprete. Os versos foram aprovados sem qualquer restrição. Sérgio Serra só tomou conhecimento da parceria com Cazuza em 1991, quando a cantora Lucia Dumonth ligou para o guitarrista informando que estava com uma fita da gravação. "Na fita, dá para ouvir eu tocando e Cazuza falando: 'Tá uma merda, Serginho!'. Era o ano de 1985, nós estávamos muito loucos. Estávamos no Baixo Leblon, depois fui para casa dele numa madrugada e comecei a tocar para ele, que entrou com os versos. Ele tinha uma capacidade inacreditável de criar em cima de uma estrutura harmônica. Conheci o Cazuza por meio do Dé Palmeira, depois nos aproximamos um dia na casa dos pais dele, Lucinha e João Araujo".

Gravação original: *Lucia Dumonth* (1991)

Regravações: Fafá de Belém, *Do fundo do meu coração* (1993); Domenico Lancellotti, *Agenor – Canções de Cazuza* (2013)

Quatro letras

Um dia, quando você menos esperar
Eu vou voltar sorrindo
Como se nada tivesse acontecido

Todo esse tempo de dor
Que eu passei andando por aí
Todo esse tempo que eu tentei gritar
A palavra amor bem alto
Para ver se me convencia de uma vez
Do significado implícito nessas quatro letras
Esfregando na cara das pessoas
As coisas boas que eu tinha
Mas não conseguia mostrar

Até que o tempo enfim foi me vencendo
Sob o olhar condescendente
Das pessoas que eu mais detestava

É duro reconhecer
Que todo esse sofrimento
Foi em vão
Porque não existe vida quando a gente está
triste e só
E ninguém quer saber de quem está por
baixo
Não vale a pena sofrer, meu amor
De tudo o que eu passei
Essa foi a única lição

Um dia, quando você menos esperar
Eu vou voltar cantando
Como se nada tivesse acontecido

(Cazuza, 1985/George Israel, 2004)

Os versos, inéditos até 2001, foram musicados e gravados pela primeira vez por George Israel em 2004. Em 2010, a regravação de George contou com a participação de Ney Matogrosso. "Cazuza foi um dos maiores poetas que o Brasil já teve. As coisas que ele dizia não eram datadas, continuam movimentando o tempo. Caju, como o chamávamos, era festeiro e debochado, ao mesmo tempo que era tímido e tranquilo. Cazuza conseguia somar a poesia com a personalidade cheia de coragem", afirma George.

Gravação original: George Israel, *Quatro letras* (2004)

Regravação: George Israel, *13 parcerias com Cazuza* (2010)

Que o Deus venha

Sou inquieto, áspero
E desesperançado
Embora amor dentro de mim eu tenha
Só que eu não sei usar amor
Às vezes arranha
Feito farpa

Se tanto amor dentro de mim
Eu tenho, mas no entanto
Continuo inquieto
É que eu preciso que o Deus venha
Antes que seja tarde demais

Corro perigo
Como toda pessoa que vive
E a única coisa que me espera
É o inesperado

Mas eu sei
Que vou ter paz antes da morte
Que vou experimentar um dia
O delicado da vida

Vou aprender
Como se come e vive
O gosto da comida

(Cazuza/Roberto Frejat/Clarice Lispector, 1986)

Escrito a partir de um trecho do livro *Água viva* (1973), de Clarice Lispector. O escritor Rafael Julião, em *Cazuza: Segredos de liquidificador* (2019), dedica um capítulo a analisar a relação do poeta com a obra da escritora, destacando a declaração que ele fez no show de Angela Ro Ro, no Morro da Urca, em 1988: "Eu queria anunciar aqui o seguinte: a pessoa que eu mais amo na minha vida chama-se Clarice Lispector". Em 1998, a canção, na voz de Cássia Eller, foi escolhida como música-tema do espetáculo *Clarice: Coração Selvagem*, com Aracy Balabanian (1940-2023) interpretando Clarice Lispector.

Gravação original: Barão Vermelho, *Declare guerra* (1986)

Regravações: Cássia Eller (1990); Ana Cristina, *Poemas Musicados ao Vivo* (2003)

Tapas na cara

Ah! Me perdoa estes tapas na cara
Me perdoa estes tapas na cara
Os meus olhos já não podem ver
Cega, estou cega de amor e de medo
De perder mais um dos teus segredos
Eu não quero mais nada ouvir
Seu corpo bailará
Nós dois vamos dançar
Que pena, o nosso amor morreu
Que pena, e quem dançou fui eu

(Cazuza, 1986)

Cazuza escreveu a canção para a cantora da era do rádio Angela Maria, uma rumba, gravada em álbum com seu nome, em 1987. Angela Maria também fez uma releitura de "Codinome Beija-Flor", em dueto com Cauby Peixoto.

Gravação original: *Angela Maria* (1987)

Regravação: Felipe Cordeiro, *Agenor – Canções de Cazuza* (2013)

Dia dos Namorados

Todo dia em qualquer lugar eu te encontro
Mesmo sem estar
O amor da gente é pra reparar

Os recados que quem ama dá
Hoje é o Dia dos Namorados
Dos perdidos
E dos achados

Se o planeta só quer rodar
Neste eixo que a gente está
O amor da gente é pra se guardar
Com cuidado pra ele não quebrar
Hoje é o Dia dos Namorados

Todo mundo planeja amar
Banho quente ou tempestade no ar
O amor da gente é pra temperar

As coisas que a natureza dá
Diz que a era é pra sonhar
Que na Terra é só simplificar
O amor da gente é pra continuar
E a nossa força não vai parar

O amor da gente é pra continuar
E a nossa fonte não vai secar
Porque o amor da gente vai continuar

(Cazuza/Perinho Santana, 1986)

A canção não entrou no repertório do segundo álbum solo, *Só se for a dois*, gravado em 1986 e lançado em 1987. Segundo Lucinha Araujo, originalmente Cazuza gravou-a em uma fita cassete entregue a Zezé Motta nos anos 1980. Em 2017, Ney Matogrosso fez um dueto romântico virtual com o poeta usando a gravação deixada por Cazuza; o produtor musical Nilo Romero foi responsável por finalizar a canção, lançada em junho, mês em que se comemora o Dia dos Namorados no Brasil.

Faz parte do meu show

Te pego na escola
E encho a tua bola
Com todo o meu amor
Te levo pra festa
E testo o teu sexo
Com ar de professor

Faço promessas malucas
Tão curtas quanto um sonho bom
Se eu te escondo a verdade, baby
É pra te proteger da solidão

Faz parte do meu show
Faz parte do meu show, meu amor

Confundo as tuas coxas
Com as de outras moças
Te mostro toda a dor
Te faço um filho
Te dou outra vida
Pra te mostrar quem sou

Vago na lua deserta
Das pedras do Arpoador
Digo alô ao inimigo
Encontro um abrigo
No peito do meu traidor

Faz parte do meu show
Faz parte do meu show, meu amor

Invento desculpas
Provoco uma briga
Digo que não estou
Vivo num clipe sem nexo
Um pierrô-retrocesso
Meio bossa nova e rock and roll

Faz parte do meu show
Faz parte do meu show, meu amor

(Cazuza/Renato Ladeira, 1986)

A canção foi gravada, em 1986, pelo Herva Doce, grupo do qual participava Renato Ladeira, parceiro de Cazuza. Renato comentou sobre a parceria de sucesso em entrevista ao jornalista Leandro Souto Maior, no *Jornal do Brasil*, em 2008: "Eu fiz uma balada e mandei para ele. Passou um tempo, eu estava em um bar no Leblon onde iam todos os doidos na época, de repente o Cazuza aparece gritando 'faz parte do meu show!' na minha direção. Ele disse: 'Vamos lá em casa para você ver a nossa música!'. Saímos do bar, já eram umas cinco da manhã, subimos até o Alto Leblon e ele me mostrou a letra, apagando no sofá em seguida. Ele não fez o refrão como eu tinha feito e não colocou letra na música inteira. Dois dias depois eu peguei a 'meia letra' e falei pro Cazuza: 'Você não fez aquela modulação no meio da música'. Ele argumentou que o tom tinha ficado muito alto para sua voz". A canção fez parte da trilha sonora da novela *Vale tudo*, tema do casal Afonso (Cássio Gabus Mendes) e Solange (Lídia Brondi), exibida pela TV Globo, em 1988, ganhando o Troféu Imprensa como melhor música. Em 1987, a canção foi vetada pelo Departamento de Censura Federal do Estado do Rio de Janeiro com a justificativa de conter versos com "conteúdo malicioso" que contrariavam "as normas censórias".

Gravações originais: Herva Doce, *Desastre mental* (1986) e Cazuza, *Ideologia* (1988)

Regravações: Cazuza, *O tempo não para* (1988); *Maria Creuza* (1989); Gilvan de Oliveira, *Cordas & coração* (1989); MPB4 (1989); Cauby Peixoto, *Grandes emoções* (1991); Eliana Pittman, *Sentimento de Brasil* (1992); *Legião Urbana* (1992); Babi Reis e Magoo, *Retrospectiva MPB, vol. 1* (1992); Grupo Força da Cor, *Uma nova roupagem* (1993); Cazuza, *Esse cara* (1995); *Companhia do Samba* (1995); Rogério Koury, *Brasil piano* (1996); *Cazuza* (1997); *Originais do pagode* (1997); Pery Ribeiro, *A vida é só pra cantar* (1997); *Coral AABB* (1997); Nelson Gonçalves, *Ainda é cedo* (1998); *A arte do som – Happy hour 4* (1999); Cazuza, *O poeta não morreu* (2000);

Quarta-feira

Cazuza, *Preciso dizer que te amo – Toda a paixão do poeta* (2001); Angela Maria, *Disco de Ouro* (2003); *Alexandre Pires, espanhol* (2004); Toquinho e MPB4, *40 anos de música* (2008); Renato Vargas, *O som do barzinho* (2015); Leila Pinheiro, Roberto Menescal e Rodrigo Santos, *Faz parte do meu show – Cazuza em bossa* (2020); Cazuza, *O tempo não para – Show completo* (2022); Soligard, *Inside moods* (2003); Mahmundi, *Exagerados* (2023)

Livro depressivo
Na areia da praia
Eu banco o depressivo

Talvez você caia
Na minha rede um dia
Cheia de cacos de vidro
De cacos de vidro

E o galã não vê
Que é bombardeado
Com balas de hortelã
Com balas de hortelã

E a santa milagrosa vê
Que Deus não dá esmola
Subitamente assalta
Subitamente assalta

Quero que você
Me ame bastante
Daqui até a Constante Ramos
Vamos, vamos
Vamos lado a lado
Como dois gigantes
Enfrentando os ônibus

E o menino triste
Quer ser um herói
Mesmo um herói triste
Mesmo um herói triste

E a dama sem cara
Das bolsas vazias
Sente um amor aflito
Sente um amor aflito

Eu ando apaixonado
Por cachorros e bichas
Duques e xerifes

Porque eles sabem
Que amar é abanar o rabo
(É abanar o rabo)
Lamber e dar a pata

E as mulatas sonham
Que são raptadas
Por sheiks alemães
Por sheiks alemães

No escritório sonham
Que já é de tarde
Todas as manhãs
Todas as manhãs

(Cazuza/Zé Luis, 1986)

A canção foi feita para Luiz Melodia gravar, mas o cantor não apareceu no estúdio. Segundo Zé Luis, "Melodia faltou à primeira sessão de gravação, Cazuza marcou uma segunda... Na terceira vez, Cazuza decidiu ele mesmo gravar e incluir no seu segundo disco". Cazuza, antes de se tornar amigo, era fã de Luiz Melodia: "Eu era o maior tiete do Luiz Melodia, não perdia um show dele. Se fosse fazer show no interior da cova da retranca, eu ia. O disco dele saiu? Eu era o primeiro a ir para as lojas comprar. Eu sugava cada palavra que ele cantava...". Os versos da segunda estrofe do poema foram inspirados na amizade de Cazuza com a trapezista e acrobata Malu Morenah; os dois se conheceram em 1981, nos tempos do teatro no Parque Lage e Circo Voador, quando a amiga apresentava performances de acrobacia em cima de cacos de vidro: "Talvez você caia/ Na minha rede um dia/ Cheia de cacos de vidro/ De cacos de vidro". Também são dessa canção os famosos versos do poeta: "Eu ando apaixonado/ Por cachorros e bichas/ Duques e xerifes// Porque eles sabem/ Que amar é abanar o rabo/ (É abanar o rabo)/ Lamber e dar a pata".

Gravação original: Cazuza, *Só se for a dois* (1987)

Regravações: Cazuza, *Preciso dizer que te amo – Toda a paixão do poeta* (2001); Cazuza, *O poeta está vivo – Show no Teatro Ipanema, 1987* (2005)

[Amor de irmão]

Está chegando
Um novo tempo de paz
Junto com a chuva
Indo embora pro mar
E num improviso de jazz
Nossas manias se encontram
Está chegando
Um novo tempo de paz

Tanto faz
Com quem esteja a razão
Vamos ser amigos
Enfrentar os perigos
Não amargar nenhuma tensão
Sem paixão
Tanto faz
Amor de irmão
Tá valendo mais

O que antigamente era vida
ou morte
Foi ficando real, mais forte
E nossos corações já não
sofrem
Do mal da última palavra
E nossas conversas serão
Doces sobremesas calmas

Tá valendo mais
Que qualquer coisa na vida
Mais do que qualquer grilo
O tanto que a gente amou
Que ficou

(Cazuza/Roberto Frejat/Dé Palmeira, 1986)

Roberto Frejat e Dé Palmeira musicaram "Tempo de paz", de Cazuza; além do título, há diferenças entre os versos musicados e o poema original. Frejat acha que, quando Cazuza saiu do grupo, em 1985, e no ano seguinte o Barão lançou o álbum *Declare guerra*, de alguma forma o poeta entendeu como uma mensagem direcionada a ele. "Cazuza ficou achando que a canção foi escrita para ele, e isso não é verdade. 'Declare guerra' foi escrita para as pessoas falsas que estavam ao nosso redor. 'Tempo de paz' é a resposta dele. Resolvi musicar e intitular de 'Amor de irmão', que é exatamente o que sinto por ele", explica Frejat, chamado por Cazuza de "Brow", coruptela de *brother*, que significa mais que amigo, irmão. O poema está identificado com o título nomeado por Frejat, destacado entre colchetes. Em entrevista para O *Pasquim*, em dezembro de 1984, Cazuza fala de Frejat em resposta ao poeta Jorge Salomão, que havia perguntado sobre o Barão: "Frejat é paixão. Ele é a antítese de mim. Ele é careta como o meu pai. Aliás, é mais careta do que meu avô, meu bisavô, por isso que a nossa parceria é um sucesso. Ele é um Uri Geller".

Gravação original: Barão Vermelho, *Rock'n geral* (1987)

Tempo de paz

está chegando
um tempo novo de paz
junto com a chuva
indo embora pro mar
e num improviso de jazz
nossas manias se encontram
sem paixão, tanto faz
amor de irmão tá valendo mais

o que antigamente
era vida ou morte
foi ficando real
mais forte
e nossos corações já não sofrem
do mal da última palavra
e nossas conversas serão doces
sobremesas calmas
está chegando
um novo tempo de paz

tanto faz
com quem esteja a razão
vamos ser amigos
enfrentar os perigos
não amargar
nenhuma tensão
sem paixão, tanto faz
amor de irmão tá valendo mais
tempo novo de paz

pra nós pelo menos
pra nós que queremos
ir pro mesmo lugar
tanto faz
vamos ser amigos
enfrentar perigos
não amargar
nenhuma tensão
sem paixão, tanto faz
amor de irmão tá valendo mais

(Cazuza, 1986)

O poema foi musicado por Roberto Frejat e Dé Palmeira com o título "Amor de irmão": "está chegando/ um novo tempo de paz// tanto faz/ com quem esteja a razão/ vamos ser amigos/ [...]/ sem paixão, tanto faz/ amor de irmão tá valendo mais". Segundo Frejat, Cazuza teria criado os versos como uma resposta à canção "Declare guerra", do Barão Vermelho, considerando erroneamente que os versos eram direcionados a ele: "Os falsos amigos chegam/ E pra piorar/ Quem te governa não presta// Declare guerra a quem finge te amar".

Babylonest

Babylonest
Ninfa do asfalto
Todo o ocidente nos ombros
Que a noite defloram dentes
E depois adormecem

A vida de alôs e beijos
Os sábados na cidade
De Telerj em Telerj
O amor te deixa em cacos

Metade da mesada em fichas
E os corações ocupados

Não chore, honey, não chore
Oh, honey, não chore

Amanhã tem Babylonest
Amanhã tem
Amanhã tem Babylonest
Amanhã tem

Babylonest
Olhos injetados
Nas pernas daquela avenida
Babylonest
Sonho de amor suicida
Babylonest
E os olhos de sangue

Nas pernas daquela menina
Nas pernas daquela avenida

Amanhã tem Babylonest
Amanhã tem
Amanhã tem Babylonest
Amanhã tem

(Cazuza/Ledusha/Lobão, 1986)

Adaptação do poema "Brilho no sangue", de Ledusha, por Cazuza e Lobão. Nas versões gravadas por Cazuza e por Lobão há variações nos versos, no ritmo e na melodia. Sobre a amizade e parceria com Cazuza, Ledusha nos conta: "Nos conhecemos por volta de 1976, Cazuza tinha 18 anos. Seu nome soava-me doce e forte, tanto pelo som quanto pelo personagem do livro infantil. Logo nos tornamos amigos – frequentávamos a mesma praia, literal e metaforicamente. À noite, no Baixo [Leblon], nossa festa prosseguia. Nossa parceria começou quando Cazuza leu um poema meu que está no livro *Finesse e fissura* (1984) e adorou. Depois de um tempo me contou que o havia musicado 'tipo bossa nova' e mostrado ao Lobão, mas que o rei da irreverência rock and roll inteligente na época reagiu: 'Essa letra é legal, mas merece um rockão!'". Lobão recorda que, na época em que a canção foi feita, ele e Cazuza já tinham virado atração turística no Leblon: "A dupla Cazuza e Lobão virou referência turística no *Guia Michelin*, porque vivíamos no Baixo fazendo loucuras. Um dia ele apareceu por lá com o poema da Ledusha, essa poeta que é uma partícula de Deus. Cazuza apareceu todo feliz com seu carro rosa, eu fiquei zoando. Ele era muito engraçado. Estávamos em grupo, nove pessoas, seguimos para minha casa no Jardim Botânico, mas acabamos assaltados por dois moleques com um 'três-oitão'. Por fim, tive que negociar uma guitarra minha e o Escort rosa do Cazuza; os moleques levaram. Nós ficamos lá em casa a noite toda, bebendo, cheirando e fazendo música. No mesmo dia fizemos 'Glória, junkie bacana'".

Gravações originais: Lobão, *O rock errou* (1986) e Cazuza, *Burguesia* (1989)

Regravação: Lobão, *Vivo* (1990)

Só se for a dois

Aos gurus da Índia
Aos judeus da Palestina
Aos índios da América Latina
E aos brancos da África do Sul
O mundo é azul
Qual é a cor do amor?
O meu sangue é negro, branco
Amarelo e vermelho

Aos pernambucanos
E aos cubanos de Miami
Aos americanos russos
Armando seus planos

Ao povo da China
E ao que a história ensina
Aos jogos, aos dados
Que inventaram a humanidade

As possibilidades de felicidade
São egoístas, meu amor
Viver a liberdade, amar de verdade
Só se for a dois
(Só a dois)

Aos filhos de Gandhi
Morrendo de fome
Aos filhos de Cristo
Cada vez mais ricos

O beijo do soldado em sua namorada
Seja pra onde for
Depois da grande noite
Vai esconder a cor das flores
E mostrar a dor
(A dor)

(Cazuza/Rogério Meanda, 1986)

Cazuza e Rogério Meanda estavam gravando o segundo disco, em 1986, que trazia como novidade o poeta mais romântico: "Eu estava tocando a música 'Só se for a dois' quando Cazuza apareceu como um repentista, falando os versos: 'Aos gurus da Índia/ Aos judeus da Palestina/ Aos índios da América Latina/ E aos brancos da África do Sul'. Lembro, como se fosse hoje, da sua empolgação; era contagiante. Ele gostou tanto que levou o nome da canção para o disco, mas depois ficamos alguns dias lapidando a canção". Em entrevista ao jornalista Apoenan Rodrigues, para a revista *IstoÉ*, em 1º de abril de 1987, Cazuza comenta a canção dando como exemplo a relação dos pais, João e Lucinha Araujo: "Um grande amor é o outro lado da moeda, é uma pessoa que te complete totalmente. Isso é impossível. Tem aquelas até que conseguem – meu pai e minha mãe estão fazendo trinta anos de casados e, aos trancos e barrancos, estão bem, estão ali um do lado do outro para o que der e vier. Acho isso muito bonito. 'Só se for a dois' fala muito disso, um relacionamento que deu certo, uma relação a dois, mesmo – por mais guerra conjugal que haja, por maior que seja a solidão a dois, é uma coisa que deu certo".

Gravação original: Cazuza, *Só se for a dois* (1987)

Regravações: Elba Ramalho, *Remexer* (1986); *Cazuza* (1997); Orlando Morais, *Sete vidas* (1999); Cazuza, *O poeta não morreu* (2000); Cássia Eller, *Dez de dezembro* (2002); Cazuza, *O poeta está vivo – Show no Teatro Ipanema, 1987* (2005)

Glória, junkie bacana

Meu caro vizinho
Eu sou um cara legal
Meu telefone é 477 etc. e tal
Ontem à noite
Exagerei no barulho
Eu peço que me desculpe
Eu sei que é demais
Mijar na janela
Chamando por Deus
E gritando o nome dela
Todo grande amor incomoda
E o mundo todo, todo, tem que saber
Que ela errou, e eu errei
Então eu declarei guerra

Paz na Terra
É só pra quem tem coragem
Quem perde no amor
Sempre faz papel de covarde
Faz bobagens, faz bobagens
Ho! ho!

Meu caro vizinho
Não me leve a mal
Depois que eu fiquei sozinho
Dei pra beber bem além do normal
E a fazer coisas meio sem sentido

E é desse jeito
Que eu tenho vivido
Não leve a mal

Um cara assim tão a perigo
E no mais…
Um grande abraço
Meu prezado amigo

(Cazuza/Lobão, 1986)

Escrita por Cazuza em parceria com Lobão, que lançou a canção no seu terceiro álbum. Segundo Lobão, a Glória é sua meia-irmã, para quem Cazuza escreveu os versos. "Glória, a *junkie* bacana do título, é minha irmã. Cazuza adorava minha irmã, fez o poema para homenageá-la. Nessa época eu detestava a minha irmã porque ela tinha a patologia de acordar com uma vela e, morando na minha casa, bebeu e jogou álcool no cobertor. A gente era muito louco, era uma vida de excessos, vestia o personagem Bukowski. Nós éramos educados com a educação 'mimada' da mesma classe social, então a gente tinha uma obrigação de romper com isso e nos autoafirmar os transgressores. Essa postura acabou matando muita gente, o Júlio, o Cazuza…" Sobre o comportamento *junkie* vivido ao lado de Cazuza, Lobão comentou com os humoristas Marcos Chiesa (Bola) e Márvio Lúcio (Carioca), no podcast *Ticaracaticast*, em junho de 2023: "Lembro que, quando o Júlio Barroso morreu em 1984 após despencar do 11º andar de seu apartamento […] eu e Cazuza nos despedimos do nosso amigo cheirando uma carreira de pó no caixão dele".

Gravação original: Lobão, *O rock errou* (1986)

Rio de Janeiro love blues

foi qualquer hora
qualquer gole, um trago
alguém na rua gritou gol!
eu vi um balé estranho que passava
de automóveis e naves a brilhar
rio de janeiro love blues
rio de janeiro love blues

e eu mendigando
o teu amor na calçada
por entre cochichos, gargalhadas
vendo estrelas e anúncios luminosos
por baixo da mesa eu te escolhi
rio de janeiro love blues
rio de janeiro love blues

com o know-how de uma dona de casa
escolhendo as frutas com o freguês
com a burrice de um peixe
que morde a isca
você vai me seguir pra onde eu quiser
rio de janeiro love blues
rio de janeiro love blues

(Cazuza, 1986)

Publicado pela primeira vez no livro *Preciso dizer que te amo: Todas as letras do poeta* (2001).

Mais feliz

O nosso amor não vai parar de rolar
De seguir e fugir como um rio
Como uma pedra que divide o rio
Me diga coisas bonitas

O nosso amor não vai olhar para trás
Desencantar nem ser tema de livro
A vida inteira eu quis um verso simples
Pra transformar o que eu digo

Rimas fáceis, calafrios
Fura o dedo, faz um pacto comigo
Por um segundo teu no meu
Por um segundo mais feliz

(Cazuza/Dé Palmeira/Bebel Gilberto, 1986)

Primeiro Dé fez a melodia, depois Cazuza escreveu os versos. A parceria surgiu quando os três amigos – Dé, Bebel Gilberto e Cazuza – estavam numa noite, na casa de João e Lucinha, tocando a música e Bebel sugeriu uma mudança na métrica. Então Cazuza e Dé a incluíram na parceria. A canção foi gravada em 1986 por Bebel num EP que não teve sucesso comercial. Em 1998, para a surpresa de Dé e Bebel, Adriana Calcanhotto a regravou no álbum *Maritmo* e a transformou num *hit* nacional.

Gravação original: *Bebel Gilberto* (1986)

Regravações: Leila Pinheiro, *Viva Cazuza* (1992); Adriana Calcanhotto, *Maritmo* (1998) e *Público* (2000); Bebel Gilberto, *Tanto tempo* (2000), *Codinome Cazuza* (2004) e *Chill n' Bossa* (2009); Anna Gué, *Gatas extraordinárias* (2009); *Bebel Gilberto in Rio* (2013); Silva, *Agenor – Canções de Cazuza* (2013)

Amigos de bar

Amigos de bar
Papos desconexos
Eu procuro um par
De novo o velho sexo
Fedendo a vexames
Procuro alguém para amar
Na rua deserta
Como as Casas Sendas
Não me repreendas
São sempre os mesmos problemas
Não temas
O meu tema sem vida, minha amiga
Só porque eu perdi a vida
O presente mais lindo, um verso, um amor
Paciência comigo
São sonhos tão novos
E amigos antigos
Pra temperar vodca
Gargalhadas gostosas
Acrescentar pequenos
momentos de silêncio
Conferir a sério
E esperar o troco
É louco viver!
Boa noite, amiga
Prazer em te ver!
Boa noite, amiga
Prazer em te ver

(Cazuza/Dé Palmeira/Bebel Gilberto, 1986)

A canção foi lançada por Bebel Gilberto em 1986, mas o blues acabou não fazendo sucesso. É uma das parcerias de Cazuza, Dé e Bebel menos conhecidas. Os encontros com amigos no Baixo Leblon, zona sul do Rio de Janeiro, serviram de inspiração para os versos de Cazuza. Em entrevista à jornalista Mônica Bergamo, da *Folha de S.Paulo*, em agosto de 2014, Bebel Gilberto comentou a amizade e parceria com Cazuza: "Você chegava na casa dele e o Cazuza tava lendo Nietzsche, já tinha ido à praia, ele comia camarão com chuchu, sabe? Era extremamente bem informado, viajado, intelectual mesmo. É triste só ligarem ele à coisa de ser porra-louca. A doença [aids] criou esse rótulo doidão. Não tem nada a ver com a qualidade da música dele, do grande amigo que ele era, o grande protetor, irmão, que na madrugada ia te levar de carro em casa. [...] A gente passava na padaria, em Ipanema, pegava um pão que tava saindo, ia pra casa. Sim, ficávamos acordados a noite inteira. Mas a gente tomava café da manhã, dormia três horas e ia pra praia de novo. Ressaca. [...] Se não tivesse tido um Cazuza na minha vida, eu provavelmente teria sido um pouco mais catita, como dizem".

Gravação original: *Bebel Gilberto* (1986)

Mina

Mina, como vai?
Como você cresceu
(A minha garotinha)
Seus olhos de bebê
Ficaram tão famintos
(Dois aquários de morfina)
Já se vira na rua sozinha
Com coragem e comprimidos
Rindo um riso indefinido
Que eu ainda não conhecia

Íntima de uns caras
Que eu te escondia
(A minha garotinha)
Na barra-pesada
Como uma rainha
(Já não sou eu mais quem te ensina)
Eu só não quero é ser aquele cara chato
Mas esses caras do teu lado
Eles não estão com nada

Brincava de boneca
Ainda noutro dia
(A minha garotinha)
Tem os peitos retos
De uma menina
(Rodada como uma de trinta)

Eu só não quero é ser aquele cara chato
Mas esses caras do teu lado
Eles não estão com nada

A tua carona foi embora
Onde cê vai dormir?
Aquela garota, a que sobra
Você podia me ouvir, mina

(Cazuza/Nilo Romero/George Israel, 1986)

A gravação original da canção foi realizada por Cazuza para o álbum *Só se for a dois*, de 1987, mas acabou excluída na seleção final do repertório. Em 2021, essa gravação foi lançada como single digital pela Universal. Foi inspirada em diferentes situações vividas por Cazuza: uma confusão de bar em que se envolveu na cidade mineira de Araxá, em Minas Gerais, e as noites de boemia com os amigos no Baixo Leblon, no Rio de Janeiro, onde circulava uma "mina" chamada Flavinha – a personagem da história. Para George Israel, a canção tem a marca da originalidade que Cazuza trouxe para a música brasileira: "o olhar de cronista das noites viscerais". "Tem algo da crônica do Mick Jagger, do Bob Dylan, do Lou Reed... Cazuza tinha uma visão da vida que desnudava as pessoas".

Gravação original: Leo Jaime, *Sexo, drops & rock 'n'roll* (1990)

Regravações: Leo Jaime, *E-collection* (2001) e *Rock estrela* (2004); George Israel, *Distorções do meu jardim* (2007) e *13 parcerias com Cazuza* (2010)

Completamente blue

Tudo azul
Completamente blue
Vou sorrindo, vou vivendo
Logo mais vou no cinema
No escuro eu choro
E adoro a cena

Sou feliz em Ipanema
Encho a cara no Leblon
Tento ver na tua cara linda
O lado bom

Como é triste a tua beleza
Que é beleza em mim também
Vem do teu sol que é noturno
Não machuca e nem faz bem

Você chega e sai e some
E eu te amo assim tão só
Tão somente o teu segredo
E mais uns cem, mais uns cem

Tudo azul, tudo azul, tudo azul
Completamente blue
Tudo azul

Como é estranha a natureza
Morta dos que não têm dor

Como é estéril a certeza
De quem vive sem amor, sem amor

Mas tudo azul, tudo azul, tudo azul
Completamente blue
Tudo azul

(Cazuza/Rogério Meanda/Nilo Romero/George Israel, 1986)

Rogério Meanda estava na casa de Nilo Romero, acompanhado de George Israel, quando apresentou aos amigos uma nova música que havia criado: "Meus *brothers* Nilo e George ouviram a música e começaram a desenvolvê-la. Então, o George criou um *riff* que transformou o trabalho. Depois, entregamos uma demo para o Cazuza ouvir. Ele escreveu a canção a partir do som que fizemos e incluiu nos versos um hábito que tinha: ir ao cinema sozinho. Ele era um poeta genial". Nilo Romero considera a canção um verdadeiro retrato da geração 80, atravessada por uma "solidão cheia de amigos": "Cazuza tinha o poder de capturar o espírito da época. Ele ouvia a música e criava seus versos livremente, escolhendo as palavras que seriam cantadas. Nesta canção, primeiro criamos a música e, depois, Cazuza escreveu os versos; também foi desta forma que nasceram 'Mina', 'Androide sem par', 'Brasil' e 'Solidão, que nada', parcerias que me enchem de orgulho".

Gravação original: Cazuza, *Só se for a dois* (1987)

Regravações: Fagner, *Viva Cazuza* (1995); Cazuza (1997); Fernando Prata, *Cazas de Cazuza* (2000); Cazuza, *O poeta está vivo – Show no Teatro Ipanema, 1987* (2005); George Israel, *13 parcerias com Cazuza* (2010); Cazuza, *O tempo não para – Show completo* (2022)

Nem Sansão nem Dalila

Dalila:
Eu nunca fui Sansão
Nem Rambo – telecatch – bobão
A minha pátria é a vida!

Dalila:
Você me dá um trabalho
Não sou Hércules, nem nada
Facilite a parada!

Nem Sansão nem Dalila
Apenas dúvidas, feridas
Você me corta, trai e atrai
Mas é a vida, querida

Cante o seu canto de Iemanjá matreira
Que eu quero ser que nem marinheiro é
Amarrado na sereia, não vou ser o primeiro
Minha Mata Hari, me mata (sem pena, mas vale)

Dalila:
Eu nunca fui herói
Eu tento bancar o machão
Mas o coração dói

Dalila:
Quando eu te mando embora
Berro o amor e um palavrão
Mas é da boca pra fora

Nem Sansão nem Dalila
Apenas dúvidas, feridas
Você me corta, trai e atrai
Mas é a vida, querida

Cante o seu canto de Iemanjá matreira
Que eu quero ser que nem marinheiro é
Amarrado na sereia, não vou ser o primeiro
Minha Mata Hari, me mata (sem pena, mas vale)

(Cazuza/Arnaldo Brandão/Torquato de Mendonça, 1986)

Primeira parceria de Cazuza com Arnaldo Brandão, que incluiu o artista visual Torquato de Mendonça. "Nos aproximamos num evento idealizado por Scarlet Moon de Chevalier, na Lagoa, zona sul do Rio, em 1982. Resolvi pedir que ele colocasse seus versos numa melodia que eu tinha. Cazuza escreveu 'Nem Sansão nem Dalila' e, por sugestão de Torquato de Mendonça, deu [à canção] o nome de um filme de Carlos Manga, uma paródia estrelada por Oscarito nos anos 1950. Torquato assinou essa parceria, por essa sugestão feita ao Cazuza", explica Arnaldo.

Gravação original: *Hanói-Hanói* (1986)

O nosso amor a gente inventa
(Estória romântica)

O teu amor é uma mentira
Que a minha vaidade quer
E o meu, poesia de cego
Você não pode ver

Não pode ver que no meu mundo
Um troço qualquer morreu
Num corte lento e profundo
Entre você e eu

O nosso amor a gente inventa
Pra se distrair
E quando acaba, a gente pensa
Que ele nunca existiu

O nosso amor a gente inventa, inventa
O nosso amor a gente inventa, inventa

Te ver não é mais tão bacana
Quanto a semana passada
Você nem arrumou a cama
Parece que fugiu de casa

Mas ficou tudo fora do lugar
Café sem açúcar, dança sem par
Você podia ao menos me contar
Uma estória romântica

O nosso amor a gente inventa
Pra se distrair
E quando acaba, a gente pensa
Que ele nunca existiu

(Cazuza/Rogério Meanda/João Rebouças, 1986)

Os versos de Cazuza são inspirados na história de amor do amigo Rogério Meanda, que vivia o luto pelo fim de um romance: "Eu e Cazuza éramos muito amigos, mas acabamos brigando. Eu vivia um momento difícil. Após o término de uma relação, caí em depressão e mergulhei nas drogas. Até que o Cazuza me expulsou da banda, por eu vacilar com os ensaios. Ele soube que eu estava mal e tentou me ajudar. Com sua sensibilidade escreveu os versos da canção, que acabou se tornando um sucesso: 'O teu amor é uma mentira/ Que a minha vaidade quer/ E o meu, poesia de cego/ Você não pode ver'. Não por acaso, ele incluiu o subtítulo 'Estória romântica': eu vivi uma fantasia que desencadeou muitas coisas na minha vida". Segundo João Rebouças, a gravação foi realizada em apenas um dia, com ele e Meanda ao piano, no estúdio da PolyGram, na Barra da Tijuca, no Rio de Janeiro: "Nessa fase, Cazuza não queria muita gente por perto, vivia um momento delicado de saúde. Ele se amarrava em compor, estava sempre disposto, uma pessoa extremamente generosa com os amigos. Ele não trabalhava só os versos; era musical, além de estar aberto ao diálogo. Essa canção faz parte desse período, que eu guardo com muito carinho". Em 3 de maio de 1987, o videoclipe da canção foi exibido no *Fantástico* (TV Globo). No mesmo programa, o escritor Gilberto Braga falou sobre Cazuza e a parceria no roteiro do videoclipe: "Eu conheço o Cazuza desde garotinho, porque sou amigo da família dele. Acompanhei todo o início da carreira, até ele ser o sucesso que é hoje: esse bom cantor, esse excelente letrista. Por isso, foi com muito prazer que aceitei escrever o roteiro do clipe com a canção 'O nosso amor a gente inventa'. A direção é de Boninho".

Gravação original: Cazuza, *Só se for a dois* (1987)

Regravações: Cazuza, *Esse cara* (1995); Marcell, *Coisas do coração* (1995); Terra Samba, *Liberar geral* (1997); *Marciano* (1998); Harmadilha, *Tributo a Cazuza* (1999); Cazuza, *O poeta não morreu* (2000); Juliano Cortuah, *Fama, vol. 1* (2002); Cazuza, *O poeta está vivo – Show no Teatro Ipanema, 1987* (2005); Camila Titinger, *Atitude* (2006); Ellen Cristine, *Sucessos nacionais* (2006); Emerson & Jeziel, *Cai na real* (2008); Preta Gil, *Tributo a Cazuza* (2008); *Twiggy* (2009); Netinho, *Zuêra* (2015); *Tudo é amor – Almério canta Cazuza* (2021); Cazuza, *O tempo não para – Show completo* (2022)

Ritual

Pra que sonhar
A vida é tão desconhecida e mágica
Que dorme às vezes do teu lado
Calada
Calada

Pra que buscar o paraíso
Se até o poeta fecha o livro
Sente o perfume de uma flor no lixo
E fuxica
Fuxica

Tantas histórias de um grande amor perdido
Terras perdidas, precipícios
Faz sacrifícios, imola mil virgens
Uma por uma, milhares de dias

Ao mesmo Deus que ensina a prazo
Ao mais esperto e ao mais otário
Que o amor na prática é sempre ao contrário
Que o amor na prática é sempre ao contrário

Ah, pra que chorar
A vida é bela e cruel, despida
Tão desprevenida e exata
Que um dia acaba

(Cazuza/Roberto Frejat, 1986)

Segundo Frejat, Cazuza sabia quais versos funcionavam na parceria com ele e, portanto, era muito cuidadoso na escolha do repertório a ser musicado. "Cazuza só me convidava para fazer canções que sabia que iriam funcionar comigo: 'Pra que sonhar/ A vida é tão desconhecida e mágica [...]// Pra que buscar o paraíso/ Se até o poeta fecha o livro [...]// Ao mais esperto e ao mais otário/ Que o amor na prática é sempre ao contrário'. É uma canção linda. Tem um sobe e desce de arranjo muito adequado aos versos. 'Ritual' é uma música muito especial, tem a delicadeza da grande poesia".

Gravação original: Cazuza, *Só se for a dois* (1987)

Regravações: Cazuza, *Preciso dizer que te amo – Toda a paixão do poeta* (2001) e *O poeta está vivo – Show no Teatro Ipanema, 1987* (2005); Botika, *Agenor – Canções de Cazuza* (2013)

O lobo mau da Ucrânia

Meus olhos são bem grandes pra te secar
Minha boca é um bueiro que vai te sugar
E a minha narigona
Te cheira bonitona
Sou o lobo mau que veio da Ucrânia

Cheguei no Brasil
Na terra azul de anil
Back, back from Chernobyl
O lobo mau de Chernobyl

Quando você deitar, eu já vou estar na cama
O medo do futuro que não te abandona
Pra você o perigo mora em terras distantes
Em livros pendurados na estante

Cheguei no Brasil
Na terra azul de anil
Back, back from Chernobyl
O lobo mau de Chernobyl

Minha sede de viver é uma ameaça atômica
E os meios que eu uso, baby, eu nem te conto
Meus is não têm ponto
Nunca peço desculpa
E escrevo "deus" com letra minúscula

Cheguei no Brasil
Na terra azul de anil

Back, back from Chernobyl
O lobo mau de Chernobyl

(Cazuza/Rogério Meanda/Nilo Romero/João Rebouças/
Ezequiel Neves/Fernando Moraes, 1986)

A canção foi inspirada na notícia do acidente de Chernobyl, cidade localizada no norte da Ucrânia, em 26 de abril de 1986, quando o reator 4 da usina nuclear explodiu e lançou material radioativo na atmosfera. Segundo Nilo Romero, os versos foram criados de forma coletiva: "Cazuza estava com a banda no estúdio Retoque, espaço do Chico Batera, em Botafogo, no Rio de Janeiro, e tinha acabado de ler a notícia de Chernobyl. Ele teve a ideia e todos participaram; foi um momento bonito de união da banda".

Gravação original: Cazuza, *Só se for a dois* (1987)

Regravação: Cazuza, *O poeta está vivo – Show no Teatro Ipanema, 1987* (2005)

Culpa de estimação

Por onde eu ando
Levo ao meu lado
A minha namorada
Cheirosa e bem tratada

Não sei se o nome dela
É Eva ou Adão
É religiosa por formação
A minha culpa de estimação

Se alguém me ama
Ela diz que não
Se nem me notam
Ela diz: "Por que não?"

É a minha companheira inseparável
Sua fidelidade é incomparável
E me perdoa por não ter razão
A minha culpa de estimação

E me aceita o pior dos tarados
Um ser mesquinho tropeçando no nada
Guarda segredo e diz que não é chantagem
Que ninguém vai saber das minhas bobagens
Me dá um calmante e diz que é pra eu ser bom

A minha culpa de estimação
(Ela é de estimação)

(Cazuza/Roberto Frejat, 1986)

Os versos marcam o retorno da parceria de Frejat com Cazuza, após a saída traumática do poeta do Barão Vermelho, em 1985, seguida à apresentação no Rock in Rio. Brow e Caju, como chamavam um ao outro, fizeram as pazes ao se encontrar nos bastidores da gravação do *Globo de Ouro* (TV Globo). "Ele tinha garantido que continuaria no Barão Vermelho, depois mudou de ideia. Brigamos, mas nós mandávamos mensagens subliminares por amigos. Nos reencontramos em 1986, no *Globo de Ouro*, e fizemos as pazes com um abraço. Reatamos depois de seis meses, e já fazendo música: 'Culpa de estimação' foi a primeira parceria que fizemos após o rompimento. A canção fala da 'culpa' que o Cazuza sentia pela possibilidade de ter feito algo errado. É um rock bem safadinho, rasteiro. Com a saída de Cazuza do Barão, ele passou a escolher a dedo os escritos que combinavam com a gente. Fomos grandes parceiros na música e na vida".

Gravação original: Cazuza, *Só se for a dois* (1987)

Regravação: China, *Agenor – Canções de Cazuza* (2013)

Solidão, que nada

Cada aeroporto
É um nome num papel
Um novo rosto
Atrás do mesmo véu

Alguém me espera
E adivinha no céu
Que meu novo nome é
Um estranho que me quer

E eu quero tudo
No próximo hotel
Por mar, por terra
Ou via Embratel

Ela é um satélite
E só quer me amar
Mas não há promessas, não
É só um novo lugar

Viver é bom
Nas curvas da estrada
Solidão, que nada

Viver é bom
Partida e chegada
Solidão, que nada

(Cazuza/George Israel/Nilo Romero, 1986)

Os versos contam as aventuras amorosas do amigo Nilo Romero e marca a chegada de George Israel quando Cazuza iniciou a fase solo da carreira, se abrindo para novas parcerias. "Conheci Cazuza nas praias de Ipanema, no Posto 9, e, logo depois, fui apresentado a ele pelo Frejat, na época dos saraus do Colégio Andrews. Mas foi em 1985, durante a turnê de *Exagerado*, que o Rogério Meanda falou para Cazuza me chamar para tocar, assim nos tornamos parceiros. Tínhamos muita afinidade, ele era um cara muito solar. 'Solidão, que nada' marca o início dessa amizade", relembra Nilo. Em 2010, George Israel regravou a canção com participação de Sandra de Sá.

Gravação original: Cazuza, *Só se for a dois* (1987)

Regravações: Cazuza, *Esse cara* (1995); Kid Abelha, *Som Brasil Cazuza* (1995); Cazuza, *O poeta não morreu* (2000); Kid Abelha, *Codinome Cazuza* (2004); Cazuza, *O poeta está vivo – Show no Teatro Ipanema, 1987* (2005); George Israel, *Tributo a Cazuza* (2009) e *13 parcerias com Cazuza* (2010); Barão Vermelho, *Barão 40* (2022)

Vai à luta

Eu li teu nome num cartaz
Com letras de neon e tudo
Ano passado diriam
Que eu tava maluco

O pessoal gosta de escrachar
De ver a gente por baixo
Pra depois aconselhar
Dizer o que é certo e errado

Eu te avisei: "Vai à luta
Marca teu ponto na justa"
Eu te avisei: "Vai à luta
Marca teu ponto na justa"

O resto deixa pra lá
Deixa pra lá
Deixa pra lá

Você ouviu mas fingiu
Que não tinha ouvido nada
Armou de boca calada
E agora se deu bem

Passa toda deslumbrada
Sem um tostão pra me emprestar
Com um cordão de puxa-sacos
Pra te paparicar

Eu te avisei: "Vai à luta
Marca teu ponto na justa"
Eu te avisei: "Vai à luta
Marca teu ponto na justa"

O resto deixa pra lá
Deixa pra lá
Deixa pra lá

Te avisei: "Vai à luta"
"Porque os fãs de hoje
São os linchadores de amanhã"

(Cazuza/Rogério Meanda, 1986)

A canção foi feita na casa de Cazuza, na cobertura na Gávea, numa noite de boemia. De acordo com Rogério Meanda, Cazuza escreveu os versos imediatamente após ouvir a melodia: "Eu toquei a música e ele já foi logo sentar-se à máquina de escrever; em minutos começou a falar os versos: 'Eu te avisei: Vai à luta/ Marca teu ponto na justa'. A gente passava a noite fazendo música, fumando unzinho e produzindo muito. Para Cazuza não tinha tempo ruim, ele transformava tudo em poesia". Na gravação original, ao final da canção, Cazuza insere uma frase de Millôr Fernandes: "Os fãs de hoje são os linchadores de amanhã".

Gravação original: Cazuza, *Só se for a dois* (1987)

Regravações: Cazuza, *O poeta está vivo – Show no Teatro Ipanema, 1987* (2005); *Tudo é amor – Almério canta Cazuza* (2021)

Heavy love

Eu não sei se é dia ou noite
Por favor não conte
Tire o fone do gancho
E grite meu nome

Feche a cortina
Desligue o rádio
A televisão sem som
Já é um bonito quadro

Pro nosso amor descarado
Virado (virado)
O mundo lá fora
Não serve pra nada (pra nada)

Eu não sei se o nosso caso
Vai durar ou não
Se o que sinto por você
É doença ou paixão

Acenda as luzes todas
Perca a razão
Vem, me procura e encaixa (encaixa)
No escuro do meu coração

Pro nosso amor descarado
Virado (virado)
O mundo lá fora
Não serve pra nada (pra nada)

(Cazuza/Roberto Frejat, 1986)

Cazuza escreveu os versos para a atriz Yara Neiva, com quem manteve um relacionamento livre ao longo dos anos 1980. Cazuza e Frejat fizeram a parceria em 1986, mas Cazuza só lançou a gravação em 1987, no seu segundo disco solo, *Só se for a dois*. "Ela foi gravada com uma harmonia diferente pelo Cazuza, distinta da versão de quando criamos a parceria. Os versos com o tema da paixão circunstancial, das pessoas que se conhecem numa única noite, mas fica somente uma forte paixão – Cazuza tinha muito disso, do relacionamento sexual passageiro, da transa sem compromisso. *One-nigth stand*. Ele não gostava de dormir sozinho", explica Frejat.

Gravação original: Cazuza, *Só se for a dois* (1987)

Regravação: Karyme Hass, *Faces e fases* (2003)

Incapacidade de amar

Vai embora não
Fica mais
Homem nenhum no mundo
Vai te dar tanto carinho
Homem nenhum, nem mulher, nem pai, nem mãe
Homem nenhum
Vai aturar a tua loucura

A tua cabeça dura
Que só eu sei tem cura
Que só eu mesmo pra desculpar
Por tanta incapacidade de amar

A mim e a você
Pensa bem
Homem nenhum no mundo vai ter tanta paciência
Homem nenhum, nem pai, nem mãe
Nem a ciência
Vê se entende
Para e pensa

Outra pessoa pode
Tirar você do bode

Mas só eu mesmo pra desculpar
Por tanta incapacidade de amar

(Cazuza/Leoni, 1986)

Cazuza recitou seus versos no ouvido de Leoni, após um encontro no camarim de um show do Kid Abelha, no Canecão, no Rio de Janeiro, em 1986: "Gostei da dubiedade sexual do poema, da pegada política e comportamental: 'Homem nenhum no mundo/ Vai te dar tanto carinho/ Homem nenhum, nem mulher, nem pai, nem mãe/ Homem nenhum'. Ele queria dar a letra para a Simone cantar, mas, como eu tinha adorado, fizemos essa parceria. Então, resolvi incluir no álbum que estava lançando em 1986. Gosto dessa canção, pois revela como o amor não é perfeito, mas cheio de defeitos".

Gravação original: *Heróis da resistência* (1986)

Regravação: Mariano Marovatto, *Agenor – Canções de Cazuza* (2013)

Amor quente

Preto no branco
Amarelo, um pouco de azul
Noite estrelada
Peito feliz

Olho no olho
Pintura a quatro mãos
Tintas claras
O mesmo cigarro
Isso é amor
Amor quente

Água de coco pra dois
Porta do carro aberta
Vento morno da areia
Palavras mentirosas
Isso é amor
Amor quente

Cama de casal
Luz bem baixinha pra ver
Gemidos de dor e alegria
Sair de si por três minutos
Isso é amor
Amor quente

Supermercado, escolher iogurte
Fazer compras juntos
Brigar por besteira
Isso é amor
Amor quente

Tomar café, banho, brisa
Champanhe, tristeza, beleza
Cremes, músicas, sucos, água
Drogas, fumo, passar perfume
Isso é amor
Amor quente

(Cazuza, 1986/Renato Ladeira, 1991)
(Cazuza, 1986/Humberto Gessinger, 1993)

Parceria póstuma com Renato Ladeira, que musicou o poema a pedido de Lucinha Araujo para se tornar trilha da novela O dono do mundo (TV Globo, 1991), de Gilberto Braga. Humberto Gessinger, líder do grupo Engenheiros do Hawaii, aparece na parceria porque regravou a canção, em 1993, para a trilha da campanha de prevenção contra a aids "Isso é amor", criada por Ana Arantes e Bineco Marinho para a Sociedade Viva Cazuza; lançada em uma festa beneficente na boate Resumo da Ópera, em Ipanema, no Rio de Janeiro. Participaram da campanha produzida por Lucinha Araujo: Angela Ro Ro, Angela Maria, Alcione, Branco Mello, Cássia Eller, Chico Buarque, Elba Ramalho, Elymar Santos, Emílio Santiago, Leandro e Leonardo, Marina Lima, Martinho da Vila, Ney Matogrosso, Nelson Gonçalves, Roberto Frejat, Tom Jobim e Wanderléa.

Gravação original: Lela Badaró, trilha da novela O dono do mundo (1991)

Preciso dizer que te amo

Quando a gente conversa
Contando casos, besteiras
Tanta coisa em comum
Deixando escapar segredos
E eu não sei que hora dizer
Me dá um medo, que medo

Eu preciso dizer que eu te amo
Te ganhar ou perder sem engano
Eu preciso dizer que eu te amo, tanto

E até o tempo passa arrastado
Só pra eu ficar do teu lado
Você me chora dores de outro amor
Se abre e acaba comigo
E nessa novela eu não quero
Ser seu amigo

É que eu preciso dizer que eu te amo
Te ganhar ou perder sem engano
Eu preciso dizer que eu te amo, tanto

Eu já nem sei se eu tô misturando
Eu perco o sono
Lembrando cada gesto teu
Qualquer bandeira
Fechando e abrindo a geladeira
A noite inteira

Eu preciso dizer que eu te amo
Te ganhar ou perder sem engano
Eu preciso dizer que eu te amo, tanto

(Cazuza/Dé Palmeira/Bebel Gilberto, 1987)

Na época de criação da parceria, Bebel e Dé tinham respectivamente 20 e 21 anos, eram namorados, e Cazuza tinha 29. Bebel, em depoimento para o programa *Por trás da canção* (Canal BIS, 2018), relembrou o fluxo de criação da canção realizada na casa dos pais de Cazuza em Petrópolis (RJ), a Fazenda Inglesa: "O Dé começou a tocar os acordes, o Cazuza falou: 'Bel, por favor, faz aquelas melodias que só você sabe fazer [...]'. Foi um presente de Deus, do Cajuzinho. Tesouro. [...] Me lembro que a primeira vez que cantei foi na homenagem *Viva Cazuza*, na Praça da Apoteose (1990)". Após o momento criativo em trio, Cazuza voltou com um pequeno gravador para registrar a canção. A gravação original de "Preciso dizer que te amo" foi recuperada a partir de uma fita caseira, em 1996; é possível ouvir Cazuza falando: "Agora eu queria apresentar uma música de autoria de Dé, Bebel e Cazuza chamada 'Preciso dizer que te amo'... Bebel vai começar a cantar agora, por favor não façam barulho no ambiente! Muito obrigado. Maestro. Maestro Dé! Vai, vai... Sapo... Pato...". Esse registro foi lançado no icônico álbum *Red Hot + Rio*, destinado a promover a conscientização sobre o enfrentamento do hiv/aids. Antes disso, a música fez sucesso na voz de Marina Lima, no disco *Virgem* (1987). Dé conta que ele e Cazuza foram à casa de Marina para apresentar a canção: "Nós éramos moleques de vinte e poucos anos. Imagina, a Marina!? Na época ela estava muito popular, ela cantou no Hollywood Rock, para 80 mil pessoas, foi muito emocionante, a canção estourou na voz dela. Depois a Cássia Eller gravou, a Zizi também. É um clássico dos anos 1980". Marina conta que ficou impactada ao ouvir a fita da gravação, enviada por Cazuza: "Eu ouvi a fita e falei: 'Epa!'. Cazuza tinha feito uma balada diferente, com Dé e Bebel. Gravei a canção e chamou muito a atenção para Cazuza como compositor. Lembro que a música tinha o verso 'fechando e abrindo a geladeira', achei um excesso, cortei. Pensei em chamar ele para gravar um trecho, falando: 'Que medo'. Mas Cazuza não se continha, cantava tudo, com seu jeito 'exagerado'. Desisti. Gravei sozinha, um tiro. Ele ficou enlouquecido com a gravação, que acabou ganhando prêmios". O primeiro Prêmio Sharp de Música (Ano Vinicius de Moraes), em 1988, foi para Cazuza (melhor cantor pop

Festa de São João

rock) e para a canção "Preciso dizer que te amo" (Cazuza/Dé Palmeira/Bebel Gilberto), interpretada por Marina Lima.

Gravação original: Marina Lima, *Virgem* (1987)

Regravações: Bebel Gilberto, *Viva Cazuza* (1992); Leo Jaime, *Todo amor* (1995); Pedro Camargo Mariano, *Som Brasil Cazuza* (1995); *Red Hot + Rio* (1996); Cássia Eller, *Veneno antimonotonia* (1997); Emílio Santiago, *Preciso dizer que te amo* (1998); Jay Vaquer, *Cazas de Cazuza* (2000); Zizi Possi, *Bossa* (2001); Cazuza, *Preciso dizer que te amo – Toda a paixão do poeta* (2001); Leo Jaime, *E-collection* (2001); Pedro Mariano, *Intuição* (2002); Rafael Greyck, *Luau 2* (2002); Lívia Leite, *Fama – Momentos de Lívia Leite* (2002); Sandra Avila, *Bridges* (2003); Leo Jaime, *Rock Estrela* (2004); Marina Lima, *Codinome Cazuza* (2004); Selma Gillet, *Atitude suspeita* (2006); Sandra de Sá, *Tributo a Cazuza* (2008); Susana Vieira, *Brasil enCena* (2010); Rodrigo Braga, *Piano Bar* (2011); *Bebel Gilberto in Rio* (2013); Marcelo Quintanilha, *Caju – Canções de Cazuza* (2018); Leila Pinheiro, Roberto Menescal e Rodrigo Santos, *Faz parte do meu show – Cazuza em bossa* (2020); Cazuza, *O tempo não para – Show completo* (2022); Silva, *Cazuza: O poeta vive* (2023)

A noite é meu pé de vento
prática da solidão
a rua é fria e serena
seus faróis ao relento
estrelas de mercúrio e prata
um índio sem tribo vagava
em pleno coração da mata
brilha nas poças de água
o fogo que a chuva apagou
a noite é tão linda
a vida é tão bela
São João, acende a fogueira
do meu coração

(Cazuza, 1987/Carlinhos Brown/Alexandre Castilho, 2021)

Publicado pela primeira vez no livro *Preciso dizer que te amo: Todas as letras do poeta* (2001). A cantora Nanda Garcia, participante do *The Voice Brasil* (TV Globo, 2014), foi convidada a dar voz ao poema musicado por Carlinhos Brown e Alexandre Castilho. "Ao musicar 'Festa de São João', nossa intenção foi aproximar esse cara do brasileiro do Nordeste, aproximar Cazuza de outro poeta, Luiz Gonzaga", explica Brown. A canção ganhou um videoclipe de animação realizado por Thais Leal, com ilustrações de Clara Gavilan.

A inocência do prazer

Já passou, fomos perdoados
Por todos os deuses do amor
Acabou, podemos ser claros
Como era antes, seja lá como for

Alguém tentou desesperadamente
Sentir algo decente
Sou feliz pois já fui julgada
Daqui pra frente tudo é meu

Então fala baixo
Fala baixo e sente
Eu vou te dar um presente

Vento novo, flores e cores
Fim do verão tropical
Novos ares, novos amores
Tudo volta ao seu estado normal

Sou feliz e trago as provas
Nos meus olhos molhados
E vejo a vida tão diferente
Eu já posso entender

A inocência do prazer

Então fala baixo
Fala baixo e sente
Eu vou te dar um presente

A solidão vai ficar grudada
Nas coisas que você negar
Nesta tarde desanimada
Embalada em frontal
Telefone, hora marcada
Tudo é tão social
Quero alguém pra falar a verdade
E não pra me baixar o astral

Então fala baixo
Fala baixo e sente
Eu vou te dar um presente

(Cazuza/George Israel, 1987)

George Israel lembra quando Cazuza ligou e falou sobre a vontade de fazer uma música para a amiga cantora Dulce Quental. "Ele queria fazer uma canção para a Dulce, então fiz uma melodia num violão de náilon, mais para bossa nova do que para rock and roll. Logo o poeta chegou com os versos". Em depoimento ao jornal *O Povo*, em 7 de julho de 2010, Dulce Quental relembrou a relação e parceria com Cazuza: "Foi meu amigo. Uma inspiração. Com quem eu dialogava artisticamente. Quebrou minha cabeça e minhas resistências. Quando nos conhecemos, em 1982, eu acabara de voltar da França, ele da Califórnia. Eu mais existencialista, ele beatnik. Cantamos juntos no palco. Ele literalmente de joelhos, aos meus pés, e eu desconcertada". Cazuza revelou, em entrevista a Eduardo Logullo, na revista *Interview*, em 1988, ter sua visão do prazer parecida com os versos que escreveu em "A inocência do prazer": "Acho que só se consegue ter prazer quando você é completamente puro, ingênuo, inocente. Se você arma de lado e de outro, o prazer foge".

Gravação original: *Dulce Quental* (1988)

Regravações: *Para sempre – Dulce Quental* (2001); George Israel, *13 parcerias com Cazuza* (2010); Bruno Cosentino, *Agenor – Canções de Cazuza* (2013)

Companhia

Se você quiser
Prender o seu amor
Dê liberdade pra ele
Mas nunca lhe diga adeus
Que adeus é tempo demais

Espera
De repente ele chegar
Com tanta história pra contar
Quem sabe pra repetir
O que você quer ouvir de novo

É um desperdício comum
Dois viver vida de um
Querer viver cada emoção eternamente
Querer viver cada emoção eternamente, não

Eu não ligo para estar sozinha
Pois tenho por companhia
Mil corações onde sou rainha
Pois cada homem que amei
Em cada um eu deixei
Uma pista do meu caminho

É um desperdício comum
Dois viver vida de um
Querer viver cada emoção eternamente
Querer viver cada emoção eternamente, não

(Cazuza/Roberto Frejat/Ezequiel Neves, 1987)

"Cazuza fez a canção pensando em Zizi Possi cantando e me convidou para musicá-la. Em algum momento, pensei em gravar, mas a canção tem uma personagem feminina muito forte. Nos tempos atuais, se eu fosse gravar, seria questionado, imagino", comenta Frejat.

Gravação original: Zizi Possi, *Amor & música* (1987)

Regravações: Vera Negri, *Fascínio* (1997); Zizi Possi, *Codinome Cazuza* (2004); *Tudo é amor – Almério canta Cazuza* (2021)

Dúvidas

Dúvidas, dúvidas
Será que eu ainda te amo
Ou é mais um sinal
Da minha inclinação pro banal?

Será que você quer
Meu lado carnaval
Ou prefere ficar em casa?

Na dúvida, dúvidas
Tome o meu amor pela metade
Pra não machucar
Fuja um pouco da minha tristeza
Não há grandeza na dúvida
Pode ter certeza

Dúvidas, dúvidas
Será que eu acredito
Que tudo vai mudar
Ou é melhor virar a mesa?

Somos os reis da incerteza
Exploda um avião
Vá pra bem longe
Da minha confusão
Negue a sua ajuda
Fuja, fuja

Não há dúvida em nenhuma grandeza
Pode ter certeza

(Cazuza, 1987/Nilo Romero, 1989)

O próprio Cazuza entregou a canção ao amigo Nilo Romero, durante a produção do álbum *Ideologia* (1988). Na época, o parceiro perguntou a Cazuza se ele não queria incluí-la no repertório do disco, mas ele foi categórico: "No momento em que me encontro na vida não tenho mais dúvidas, somente certezas", referindo-se ao diagnóstico de hiv/aids. Nilo Romero musicou os versos do amigo, mas a gravação permanece inédita; será lançada no seu filme *Cazuza: Boas novas*, em que assina argumento e direção, documentário que revisita os últimos anos de vida do poeta, com foco no amadurecimento artístico e na luta contra a aids. Publicado pela primeira vez no livro *Preciso dizer que te amo: Todas as letras do poeta* (2001).

Aí você pintou...

Aí você pintou uma parte simpatia (hic!)
outra aquela garrafa de uísque que enxugamos juntos (eh!)
e vento, também, que a gente conhece um pouco a vida.

"Você parece um trator quando fica me chamando de
[amigão"
então zás-trás big boss vamos ver as borboletas
[vermelhas
atrás das persianas Columbia e dos Oceanos Atlânticos
assim eu não preciso ficar jogando pedras na lua sozinho
nem babando nos muros do vizinho que só sabe ficar
repetindo o que o Cid Moreira também já babou
naquela tela das oito (até as quinze pras nove).

(Cazuza, 1987)

Inédito, encontrado durante a pesquisa para a organização deste livro.

Fracasso

O fracasso parece nome de perfume
Daqueles ocres vagabundos
E ninguém está pronto a dizer:
"Sou um fracassado"
Aos 20 anos, estudante
O pior da sala, mas o mais aplicado
Depois os empregos vão mudando:
"O meu patrão não tá com nada"
"Esse trabalho não é pra mim"
Se chega aos 30
Ainda morando em casa
A criança grande do fracasso
Às vezes são pessoas inteligentes
Que não dão sorte
Às vezes pretensiosos e invejosos
Mas eu tenho a impressão
Que todos nós somos fracassados
Eu, por exemplo: não amo...

(Cazuza, 1987)

Publicado pela primeira vez no livro *Preciso dizer que te amo: Todas as letras do poeta* (2001).

Um trem para as estrelas

São 7 horas da manhã
Vejo Cristo da janela
O sol já apagou sua luz
E o povo lá embaixo espera
Nas filas dos pontos de ônibus
Procurando aonde ir
São todos seus cicerones
Correm pra não desistir
Dos seus salários de fome
É a esperança que eles têm
Neste filme como extras
Todos querem se dar bem

Num trem pras estrelas
Depois dos navios negreiros
Outras correntezas

Estranho o teu Cristo, Rio
Que olha tão longe, além
Com os braços sempre abertos
Mas sem proteger ninguém
Eu vou forrar as paredes
Do meu quarto de miséria
Com manchetes de jornal
Pra ver que não é nada sério
Eu vou dar o meu desprezo
Pra você que me ensinou
Que a tristeza é uma maneira
Da gente se salvar depois

Num trem pras estrelas
Depois dos navios negreiros
Outras correntezas

(Cazuza/Gilberto Gil, 1987)

Gilberto Gil convidou Cazuza a escrever os versos da canção para a trilha sonora do filme homônimo (1987), de Cacá Diegues. O poeta a interpretou com Gilberto Gil. Orgulhoso com a oportunidade de trabalhar com Gil, disse: "Fiquei me sentindo tão importante... Nunca pensei que o Gil fosse tão profissional. Ele te ensina sem falar nada. É um cara fantástico, sem estrelismo. Foi um encontro muito bonito". Cazuza chegou a mostrar a canção para Dé Palmeira, que ficou encantado com: "Num trem pras estrelas/ Depois dos navios negreiros/ Outras correntezas". Na ocasião, comentou sobre a beleza dos versos com Ezequiel Neves, ao telefone. Este respondeu a Dé que os desconhecia, desligando o telefone na cara do amigo. Um tempo depois, Ezequiel retornou a ligação de Dé, dizendo que Cazuza havia tirado os versos, mas que ele insistiu para que não os cortasse. Como relembra Dé: "Ezequiel pediu que Cazuza lesse para ele e exigiu que os versos voltassem para a letra porque eram ótimos! E assim a parceria com Gil ficou pronta".

Gravação original: Cazuza, *Ideologia* (1988)

Regravações: Cazuza, *O poeta não morreu* (2000); elenco do musical *Cazas de Cazuza* (2000); Cazuza, *Preciso dizer que te amo – Toda a paixão do poeta* (2001) e *O poeta está vivo – Show no Teatro Ipanema, 1987* (2005); Marcelo Quintanilha, *Caju – Canções de Cazuza* (2018); Gilberto Gil, *Duetos* (2007)

O tempo não para

Disparo contra o sol
Sou forte, sou por acaso
Minha metralhadora cheia de mágoas
Eu sou o cara
Cansado de correr
Na direção contrária
Sem pódio de chegada ou beijo de namorada
Eu sou mais um cara

Mas se você achar
Que eu tô derrotado
Saiba que ainda estão rolando os dados
Porque o tempo, o tempo não para

Dias sim, dias não
Eu vou sobrevivendo sem um arranhão
Da caridade de quem me detesta

A tua piscina tá cheia de ratos
Tuas ideias não correspondem aos fatos
O tempo não para

Eu vejo o futuro repetir o passado
Eu vejo um museu de grandes novidades
O tempo não para
Não para, não, não para

Eu não tenho data pra comemorar
Às vezes os meus dias são de par em par
Procurando agulha no palheiro

Nas noites de frio é melhor nem nascer
Nas de calor, se escolhe: é matar ou morrer
E assim nos tornamos brasileiros
Te chamam de ladrão, de bicha, maconheiro
Transformam o país inteiro num puteiro
Pois assim se ganha mais dinheiro

A tua piscina tá cheia de ratos
Tuas ideias não correspondem aos fatos
O tempo não para

Eu vejo o futuro repetir o passado
Eu vejo um museu de grandes novidades
O tempo não para
Não para, não, não para

(Cazuza/Arnaldo Brandão, 1987)

Escrito por incentivo de Arnaldo Brandão quando Cazuza estava às vésperas de viajar para se tratar num hospital em Boston, nos EUA. A canção, que deu título ao show e primeiro álbum ao vivo da carreira solo de Cazuza, foi realizada durante o período mais produtivo e sensível de sua trajetória, marcado pela coragem e delicadeza no enfrentamento da aids. A respeito da canção, Cazuza diz: "A música é sobre uma velharia que está aí e vai passar. Vão ficar as ideias de uma nova geração". Arnaldo lembra que foi ao apartamento do parceiro, na Lagoa, em 1987, quando Cazuza já apresentava um estado de saúde delicado: "Na época, só os amigos mais íntimos sabiam que ele estava com aids. Fui até a casa dele para entregar a melodia de 'O tempo não para', lhe dei um abraço apertado, mas ele reclamou que o corpo estava muito doído. Lembro exatamente das palavras após ele ouvir a melodia: 'Gostei, parece Bob Dylan, vou fazer uma canção de protesto!'. Eu entreguei a fita e ele colocou os versos. Mas logo precisou viajar para Boston para tratamento de saúde. Um dia o Ezequiel Neves me ligou para ditar a letra. Na primeira versão, gravada pelo meu grupo na época, o Hanói-Hanói, eu cantei: 'Nas de calor, se escolhe: é matar ou *correr*', pois foi como Ezequiel me passou. Depois, na gravação do Cazuza, em 1989, ele cantou: 'Nas de calor, se escolhe: é matar ou *morrer*'". Em 1992, "O tempo não para" se tornou hino dos caras-pintadas no impeachment do então presidente Fernando Collor. Em 2003, a música voltou a ser usada como canção de protesto – dessa vez na Argentina, pelo grupo Bersuit Vergarabat, surgido em 1988:

Inútil II

'El tiempo no para'. A versão em espanhol foi adotada pelos jovens do país vizinho como forma de reclamar da penúria da nação e contra Carlos Menem, que desejava retornar à presidência: "Nos tildan de ladrones, maricas, faloperos/ Y ellos sumergieron un país entero/ Pues así se roban más dinero". A canção deu título ao filme dirigido por Sandra Werneck e Walter Carvalho, com roteiro baseado na vida do cantor e compositor Cazuza, interpretado por Daniel Oliveira, em 2004; ao livro de Lucinha Araujo sobre a Sociedade Viva Cazuza, escrito em depoimento a Cristina Moreira da Costa, lançado em 2011; e à novela de Mario Teixeira, exibida na TV Globo em 2018.

Gravação original: Cazuza, *O tempo não para* (1988)

Regravações: Hanói-Hanói, *Fanzine* (1988); Simone, *Sedução* (1988); Cazuza, *Esse cara* (1995); Zélia Duncan, *Som Brasil Cazuza* (1995); *Cazuza* (1997); Terra Samba, *Liberar geral* (1997); Ney Matogrosso, *Tributo a Cazuza* (1999); Cazuza, *O poeta não morreu* (2000); Jay Vaquer, *Cazas de Cazuza* (2000); Barão Vermelho, *Pedra, flor e espinho* (2002); Barão Vermelho, *MTV ao vivo* (2005); Arnaldo Brandão, *Ao vivo* (2006); Cidade Negra, *Diversão – Ao vivo* (2007); Ney Matogrosso, *Inclassificáveis* (2008); Zélia Duncan e Arnaldo Brandão, *Tributo a Cazuza* (2008); Marcelo Quintanilha, *Quinto* (2008); Nasi, *Vivo na cena* (2010); Claudia Leite, *Negalora: Íntimo* (2012); Lobão, *Antologia politicamente incorreta dos anos 80 pelo rock* (2018); Leila Pinheiro, Roberto Menescal e Rodrigo Santos, *Faz parte do meu show – Cazuza em bossa* (2020); Cazuza, *O tempo não para – Show completo* (2022); Barão Vermelho, *Barão 40* (2022); Reddy Allor, *Cazuza: O poeta vive* (2023)

Inútil saber teus segredos
eles são teus, nem teus nem meus
são problemas necessários
à nossa formação lógico
que te amo
meu amor, meu plano futuro
te quero bem junto, bem longe de mim
tempo de dormir, o vento blowing
bonito
preciso de ti
meu amor intelectual
quer tudo; igual
ao café das três
sou um inútil, um ser perdido
um coração despedido do emprego
meu nego, te amo de verdade
estou aqui, eu e a realidade
devagar, benzinho
vamos devagar, vamos devagar
sou inútil, inútil e fútil
quero os brincos e as joias
paranoias, e o tempo mudou
está calor agora.

(Cazuza/Arnaldo Brandão, 1987)

Os versos foram musicados por Arnaldo Brandão, mas a gravação permanece inédita. "Com o sucesso de 'O tempo não para', falei com Cazuza que gostaria de fazer outras parcerias, então ele me deu quatro poemas para colocar música: 'Inútil II', 'Bruma', 'Jovem' e 'Um dia na vida'. Mas acabei musicando somente 'Jovem', a última canção gravada por Cazuza no início dos anos 1990", explica Arnaldo.

Onde todos estão

A vida não é feia
É breve e maneira
Pra gente se perder
Curar e procurar
Ir, voltar de novo
Like a Rolling Stone
Pro povo, like a Beatles song
De novo onde todos estão
Então me dê um alô
Planos de vida ou canos
A gente se engana
Já faz tantos anos
Anjos e demônios
Não vão adivinhar
O valor dos homens
Humor do mar
Melhor furar a onda
E não parar de contar
A vida é tão bonita
É a minha favorita
É bossa, é nova, é nossa
Não para de chegar
Rolando de novo
Like a Rolling Stone

Pro povo, like a Beatles song
De novo onde todos estão

(Cazuza/Mú Carvalho, 1987)

Cazuza e Mú Carvalho estudaram juntos, quando ainda eram adolescentes. "Conheci Cazuza quando tive de mudar de turma no Colégio Rio de Janeiro, em Ipanema, por ter repetido de ano. Caí na turma dele e do Pedro Bial. Me lembro muito deles nessa época, pois a professora de português, Vera, ficava muito atenta a eles por conta da qualidade dos textos que produziam. Em 1981, quando eu estava no A Cor do Som e ele no Barão Vermelho, nos reencontramos. Mas só fomos nos tornar parceiros em 1987; ele já era um sucesso. Cazuza sempre teve muito talento para a poesia, então eu quis fazer uma parceria com ele. Fiz uma bossa nova no violão e pensei no Cazuza na hora. Gravei a melodia numa fita e levei até a casa dele, na Gávea. O Ezequiel Neves estava presente. Logo depois ele enviou os versos, que achei maravilhosos", diz Mú Carvalho, que, em 2011, lançou a canção num álbum em parceria com sua esposa, Ana Zingoni.

Gravação original: A cor do som, *Gosto do prazer* (1987)

Regravações: A cor do som, *Ao vivo no Circo* (1996); Ana & Mú, *Voo silencioso* (2011)

Justiça

Porque não há justiça no mundo
Não acredito em justiça
Porque não há justiça no mundo
Não acredito em justiça

Deus é mau, Deus é mau
Mau e mau

Porque uns sofrem à beça
Sem ter feito nada a ninguém
Outros, como eu, são doentes e sentem dor
Outros voam de asa-delta
E nadam no mar

Porque não há justiça na Terra
Na Terra não há justiça
Porque não há justiça na Terra
Não acredito em justiça
Deus é mau, Deus é mau, Deus é mau

Uns encontram o amor
Outros, como eu
Não se encaixam em ninguém
Aceito a morte e a vida eterna
Mas é muito sofrimento
E já não estou aguentando mais

Porque não há justiça no mundo
Não há justiça no mundo
Não acredito em justiça
Deus é mau, Deus é mau, Deus é mau

Estou cansado de sonhar em vão
De lutar em vão
Só resta pedir a Deus mau
Compaixão
Se ajoelhar e pedir perdão
Perdão pelo mal que fizemos a outras pessoas
Em outras encarnações

Porque não há justiça na Terra
Na Terra não há justiça
Não há justiça na Terra
Na Terra não há justiça
Deus é mau, Deus é mau, Deus é mau

(Cazuza, 1987/João Rebouças, 1989)

Publicado no livro *Preciso dizer que te amo: Todas as letras do poeta* (2001). O poema foi musicado por João Rebouças, mas a gravação permanece inédita. O pai de Cazuza, João Araujo (1935-2013), ouviu a gravação junto com o parceiro do filho, mas decidiu que não deveria ser lançada. "Nós gravamos a canção, mas Cazuza não queria que se consertasse nada. Ele tinha pressa. Depois, João Araujo ouviu a gravação, mas não gostou da voz, além de ter achado a letra pesada. Compreendi, respeitei o momento pelo qual estavam passando", explica João Rebouças.

Guerra civil

Paro no meio da rua
Me atropelei demais
Alguém pergunta as horas
Ou então vai me matar
Freiras lésbicas assassinas
Fadas sensuais
Me assaltam na esquina
Onde você devia estar

Tem sempre um lugar
Onde você não está

Paro no meio da noite
Procuro a tua mão
Você está tão distante
Num sonho que eu nem sei
O pensamento é a guerra
A guerra civil do ser
Entro no teu corpo
Quero te conhecer
Mas você nunca está
Tem sempre um lugar
Onde você não está
Agradeço por tudo
Que eu tive e que eu não tive
Já me esqueci de tudo
De tudo o que eu te disse
Foram frases decoradas
Tristes e sagradas
Feito missas
Toda madrugada

(Cazuza/Ritchie, 1987)

Cazuza escreveu o poema e o entregou para Ritchie musicar, mas o cantor cortou o verso "freiras lésbicas assassinas". Segundo Nilo Romero, o verso fora incluído de propósito: Cazuza queria saber se Ritchie iria cantar, mas ele não teve coragem e censurou o trecho. A versão publicada neste livro é a original, anterior ao poema musicado.

Gravação original: Ritchie, *Loucura & mágica* (1987), e Cazuza, *Ideologia* (1988)

Blues do ano 2000

Se até 2000 o mundo não acabar
E eu estiver vivo na lua ou num bar
Eu sei que eu sempre vou chorar
Blues é assim, baby, assim

Mesmo que outras pessoas eu venha amar
E encontre com eles um pouco de paz
Eu vou pra sempre te esperar
Blues é assim, baby, assim

Quando eu for velho, tarado e gagá
Com um copinho de cana vou lembrar
Do teu gingado, e os meus olhos vão brilhar
Blues é assim, baby, assim

(Cazuza, 1987/George Israel/Nilo Romero, 1991)

Em 1999, a canção foi escolhida por Moska para o *Tributo a Cazuza*, no Metropolitan, Rio de Janeiro, que reuniu diversos artistas em homenagem ao poeta; o show foi gravado e, posteriormente, lançado em CD e DVD. A canção foi regravada por George Israel, em 2010. Em 2018, os versos de Cazuza foram cantados no encontro entre George Israel e Paulinho Moska. A versão cantada por George e Paulinho apresenta algumas diferenças, como a repetição do verso "Blues é assim, baby".

Gravações originais: Paulinho Moska, *Através do espelho* (1997) e *Tributo a Cazuza* (1999)

Regravações: George Israel, *13 parcerias com Cazuza* (2010) – com Roberto Frejat, Rafael Frejat, Fred Israel e Leo Israel; *Lu Vitti* (2016)

1988 – 1989

> "Não foi Neruda quem disse:
> 'feche os livros e vá viver?'
> Pois fui."

Tudo é amor

Um homem pode se afobar
E pegar o caminho errado
Homem que é homem volta atrás
Mas não se arrepende de nada
Sabe que a vida é pra lutar
Contra um dragão invisível
Que mata os sonhos mais banais
Que acha que é tudo impossível

Um homem que veio do pó
É o que transforma o pó em ouro
Um homem foi criado só
Mas vive em função do outro
Na natureza onde ele é rei
No universo onde não é nada
Na incerteza e no prazer
Na ilusão de ser amado

Tudo é amor
Mesmo se for por carma
Tudo é amor
Pretensão descarada

Um homem nasce pra cagar
Nas regras desse paraíso
Um homem deve procurar
A fruta que foi proibida
No meio dessa multidão
Na escuridão e na agonia
Poder chamar alguém de irmão
E ter um sono bem tranquilo

Tudo é amor
Mesmo se for por carma
Tudo é amor
Pretensão descarada

Um homem nasce pra brincar
E não pra esculhambar a vida
Um homem nasce pra curar

E cutucar a ferida
Mesmo se for pra transformar
Num inferno um céu
conformista
Mesmo se for pra guerrear
Escolha as armas mais bonitas

(Cazuza/Laura Finocchiaro, 1988)

A cantora e compositora Laura Finocchiaro incluiu a canção no álbum que leva seu nome, lançado em 1992. Em 2021, regravou-a em nova versão, com mixagem e masterização de Jorge Valladão, para o *single* que lançou no Dia Mundial da Luta Contra aids (1º de dezembro): "Decidi regravar esta canção porque considero sua mensagem sempre atual e necessária. Ao mesmo tempo, queria prestar uma homenagem a Cazuza e à minha irmã Lory F, vítimas de aids no início dos anos 1990". O cantor Almério batizou seu tributo a Cazuza com o título dessa canção, o álbum reúne um repertório selecionado por Marcus Preto, além de participações especiais de Ney Matogrosso e Céu.

Gravação original: Ney Matogrosso, *Quem não vive tem medo da morte* (1988)

Regravação: *Tudo é amor – Almério canta Cazuza* (2021)

O assassinato da flor

Toca o interfone
Eu mando subir
É alguém com flores e eu já fico a mil
Morro de dores
Da dor mais vil
Mas corro até o elevador pra ser gentil

É a fã sem nome
Explico: "As flores não se tocam
Vivem pra si
E pros passarinhos e pro vento"

Foi por amor
O assassinato da flor

Flores são flores
Vivas num jardim
Pessoas são boas
Já nascem assim
Flores são flores
Colhidas sem dó
Por alguém que ama
E não quer ficar só

De manhã cedinho o sangue escorre
Foi por amor
E o homem bom pratica o ato heroico

Foi por amor
O assassinato da flor

(Cazuza, 1988)

Em 1988, na fase de divulgação do álbum *Ideologia*, com o estado de saúde já bastante agravado, Cazuza falou sobre a canção: "Essa letra é fruto de uma fase de maior reclusão minha. Eu fiquei meio na janela, observando o mundo, escondido em minha casa, com menos amigos, apenas os mais chegados". Também chegou a declarar que o poema foi inspirado na história de uma fã que foi levar flores para ele e queria forçar uma intimidade.

Gravação original: Cazuza, *Ideologia* (1988)

A orelha de Eurídice

Você na multidão
Você é diferente
As suas mãos me acenam
Não parecem ter morrido
Cheias de presentes
Caixas coloridas

Trouxe uma orelha envolta
Num pano vermelho
É a prova, meu amor
Me espera sem uma orelha
Vou correndo, vou agora
Resgatar o meu amor

No asfalto quente
Do aeroporto
Como uma miragem
É a alma quem castiga o corpo
Esta é a mensagem
Na paisagem distorcida
Pelos aviões que sobem

Você voltou pra me ajudar
E eu fico mais feliz
Mas ainda não estamos salvos
O ar está pesado
Não é só a cicatriz
Que identifica o ser amado

Temos que ter ideias juntos
Temos que achar uma maneira

É que agora está chovendo
Uma chuva sem vento
E há meia hora ventava
Vamos fugir pra dentro
Há meia hora ventava
E tínhamos coragem
E eu já estou cansado
De não gostar de mim

(Cazuza, 1988)

A canção foi inspirada no mito grego de Orfeu (filho de Apolo e da musa Calíope) e Eurídice, que se apaixonaram perdidamente. Em sua canção, Cazuza transporta a poesia de Orfeu para uma paisagem urbana.

Gravação original: Cazuza, *Ideologia* (1988)

Regravações: Cássia Eller, *Veneno antimonotonia* (1997); Cazuza, *O tempo não para – Show completo* (2022)

Rita

[à Rita Matos]

Você seduziu
A chave da minha vida
E eu te vi inteira
Besteira é ciúme costumeiro
Pode levar o meu passado
Pode nadar na beira
Do escracho que eu esqueci
Querida Ceci
Índia na Esgueira
O teu maior amor
Foi a minha
Mais linda besteira
Te amo

(Cazuza, 1988)

Publicado pela primeira vez no livro *Preciso dizer que te amo: Todas as letras do poeta* (2001). Os versos de Cazuza fazem referência à relação amorosa de Rita Matos e Maria da Glória Pato Gonçalves, a Goga – com quem Cazuza teve um breve namoro na adolescência, que se transformou numa amizade de toda a vida.

Quando te vi frente a frente

esqueci a raiva
te convidei
pra tomar
sorvete
porque te olhar
e ser teu inimigo
pode não ter
o menor sentido
quando eu
lembrei
do que foi ruim
o que não deu
pra rir junto
quando me vi
com armas
nas mãos
me assustei
porque
era poder
te quero assim
e é muito difícil
você sabe
é muito difícil

(Cazuza, 1988)

Inédito, sem título (identificado pelo primeiro verso), encontrado durante a pesquisa para a organização deste livro. Poema escrito a partir de excerto do poema "Paixão sem sentido" (1983).

Obrigado (por ter se mandado)

Obrigado
Por ter se mandado
Ter me condenado a tanta liberdade
Pelas tardes nunca foi tão tarde
Teus abraços, tuas ameaças

Obrigado
Por eu ter te amado
Com a fidelidade de um bicho amestrado
Pelas vezes que eu chorei sem vontade
Pra te impressionar, causar piedade

Pelos dias de cão, muito obrigado
Pela frase feita
Por esculhambar meu coração
Antiquado e careta
Me trair, me dar inspiração
Pra eu ganhar dinheiro

Obrigado
Por ter se mandado
Ter me acordado pra realidade
Das pessoas que eu já nem lembrava
Pareciam todas ter a tua cara

Obrigado
Por não ter voltado
Pra buscar as coisas que se acabaram
E também por não ter dito obrigado
Ter levado a ingratidão bem guardada

(Cazuza/Zé Luis, 1988)

Cazuza convidou Zé Luis para tocar junto com o Barão no Rock in Rio, em 1985, e passaram a se encontrar mais. Depois, em 1988, quando preparava o disco *Ideologia*, Cazuza resolveu convocar o amigo para uma nova parceria. "Fizemos esse trabalho num momento delicado da vida do Cazuza. Ele dizia que essa canção só ele podia cantar, mas acabou que a Cássia Eller regravou. Em 1997, o Waly Salomão me ligou dizendo que estava trabalhando com ela em *Veneno antimonotonia*, tributo ao Cazuza feito pela Cássia. Mais um presente que Cazuza me deu; visitei o Brasil pela primeira vez após ter me mudado para Nova York, nos anos 1990", relembra Zé Luis. Em 1988, em entrevista à TVE/RS, Cazuza refletiu sobre como a música brasileira forjou seu estilo de escrever, dando como exemplo a canção "Obrigado (por ter se mandado)": "Meu básico é a música brasileira. Noel Rosa para cá. Muito Lupicínio Rodrigues, que talvez seja a minha maior influência. Não era muito comum um garoto de 12 anos ouvir o Lupicínio. Mas meu pai tinha muito em casa e ouvi muito. [...] A coragem dele de falar e tocar nas feridas. Ele usava palavras bregas no sentido de não ter vergonha dos sentimentos mais baixos, como vingança. A minha geração não era bem assim. Não existia a palavra 'ingratidão'. Eu uso isso. Tem que ser muito corajoso para falar esse tipo de coisa e por isso ele sempre me fascinou. Essa falta de pudor dele, de falar do lado escuro".

Gravação original: Cazuza, *Ideologia* (1988)

Regravações: Cássia Eller, *Veneno antimonotonia* (1997) e *Veneno vivo* (1998); Vanessa Gerbelli e Fernando Prata, *Cazas de Cazuza* (2000)

Minha flor, meu bebê

Dizem que tô louco
Por te querer assim
Por pedir tão pouco
E me dar por feliz
Em perder noites de sono
Só pra te ver dormir
E me fingir de burro
Pra você sobressair

Dizem que tô louco
Que você manda em mim
Mas não me convencem, não
Que seja tão ruim
Que prazer mais egoísta
O de cuidar de um outro ser
Mesmo se dando mais
Do que se tem pra receber
E é por isso que eu te chamo
Minha flor, meu bebê
Dizem que tô louco
E falam pro meu bem
Os meus amigos todos
Será que eles não entendem
Que quem ama nesta vida
Às vezes ama sem querer?
Que a dor no fundo esconde
Uma pontinha de prazer?
E é por isso que eu te chamo
Minha flor, meu bebê

(Cazuza/Dé Palmeira, 1988)

Os versos de Cazuza foram escritos para o casal Dé Palmeira e Bebel Gilberto, seus amigos. A inspiração do poeta foi a sua empresária Marcia Alvarez e a cantora Marina Lima, namoradas na época. A música, encomendada a Dé Palmeira, não ficava pronta. Lutando sempre contra o tempo, Cazuza pressionou o estúdio, e o seu guitarrista Ricardo Palmeira, irmão de Dé, teve que finalizar a música. Em depoimento para o livro *Preciso dizer que te amo: Todas as letras do poeta* (2001), Dé falou sobre sua dificuldade para conseguir concluir a canção: "[...] fiz a primeira parte e não conseguia terminar a segunda. Cazuza começou a gravar, e me cobrava e eu nada. Meu irmão, o Ricardinho, que é guitarrista, estava tocando com o Cazuza no disco e também me trazia os recados: 'Cadê a música?' [...] Ele estava no estúdio gravando, precisavam finalizar e, como eu não comparecia, terminou pra mim. Foi a música que me deu menos trabalho, porque eles fizeram para mim. E eu e o Cazuza, malandramente, resolvemos não dar parceria para ele. [...] Mas, enfim, o Ricardinho é meu irmão, *brother* mesmo, uma flor de pessoa e ficou tudo certo".

Gravação original: Cazuza, *Ideologia* (1988)

Regravações: *Renata Arruda* (1996); *Hannah* (1998); Cazuza, *Preciso dizer que te amo – Toda a paixão do poeta* (2001); Nadhya Faria, *Nosso lugar* (2009); Beatrice Mason, *12 Seconds* (2014); *Tudo é amor – Almério canta Cazuza* (2021)

Entre livros

Nunca mais hei de esquecer
aquela velha biblioteca onde,
entre livros, vi você
a estudante mais séria e bela.

Nunca mais hei de esquecer sob
aquele par de óculos
o ar responsável de seus
olhos
que me fez parar de ler.

Nunca mais hei de esquecer aquele livro
de Medicina
que você lia com olhos de saber
folheava com dedos de menina.

Nunca mais hei de esquecer meu
ciúme daquele livro tão cúmplice
de você
que em livro até me viro.

Nunca mais hei de esquecer quando do
livro despertou
o seu olhar me notou
você também parou de ler.

Nunca mais hei de esquecer de
estudar só com você
naquela velha biblioteca
onde, entre livros, você tão bela.

(Cazuza, 1988)

Inédito, encontrado durante a pesquisa para a organização deste livro.

Brazil TV

Aqui nesta esquina do Brasil
eu te peço um pouco de mingau
mingau de amendoim com nata eu sou
romântico nato
feito foda de gato
balanço de barco num mar
bem morno, um transtorno de par
te amei meloso demais

Aqui nesta quinta de loto
eu te peço um pouco de sonho
ficaremos milionários medonhos
por sorte um palácio, um canto
pra quem foi premiado
geladeira, fogão e impasse
teremos sorteios doces
te encontrei por acaso

Preciso rápido um caso
pra sempre por sinal um vaso
cheio de flores escolhidas
cheio de terra e de vida
sinais pra sempre, cicatriz
guerrilheiros de hortelã
na porta do meu carro
eu não tenho culpa.

(Cazuza, 1988)

Publicado pela primeira vez no livro *Preciso dizer que te amo: Todas as letras do poeta* (2001).

Jogo de vôlei

Estou na praia no jogo de vôlei
De homens alados que voam atrás de uma bola
E são felizes assim
Estou na Aníbal de Mendonça, Ipanema
O povo grita. O povo é lindo.
Foram criados com a melhor manteiga
Com as melhores frutas e agruras do destino
Quero enlouquecer, quero esquecer
Eu não estou cabendo no mundo
Em todo lugar eu sou um estranho. Me ajudem
Tomei uma vodca. Melhorei
Fumei um cigarro. Melhorei
Os médicos não entendem de magia
Iemanjá me repreendeu
Me deu um tapa na onda que eu mergulhei
Não foi surpresa nenhuma
Quebrei um copo com uma palavra

(Cazuza, 1988)

Publicado pela primeira vez no livro *Preciso dizer que te amo: Todas as letras do poeta* (2001).

Empada com birita

Mais uma topada
Um sonho em vão
E um fim de madrugada
Não vai mudar nada

É só uma paixão descontrolada
O vaivém pela calçada
Já foi, não é nada
Sou eu sozinho

E um bando de palavras
Falou, já tá tarde
Tarde, e o mundo
Inteiro arde

O caldo é quente
E agrada aos vampiros
E às fadas

Onde pôr o amor?
Que inveja do casal de namorados
Esfregando na minha cara
O meu medo, meu fracasso

Pois é, eu sobrei
Você também sobrava

Me espreguiço
E o bafo do bocejo me irrita:
Empada com birita

(Cazuza/Dé Palmeira, 1988)

O poema foi musicado por Dé Palmeira, mas a gravação permanece inédita. Dé chegou a gravar algumas fitas demo da canção para mostrar a Cazuza, mas elas se perderam com o tempo. Publicado pela primeira vez no livro *Preciso dizer que te amo: Todas as letras do poeta* (2001).

Ideologia [1ª versão]

meus heróis morreram de overdose
meus inimigos estão no poder
ideologia
eu quero uma pra viver

meu partido
é um coração partido
e as ilusões estão todas perdidas
os meus sonhos
saíram fora dos trilhos
tão de repente
que eu nem acredito
que aquele garoto que ia mudar o mundo
frequenta agora a festa grand monde

sr. presidente
me encara francamente
chega a levantar pra me receber
sra. dama da sociedade
manda um convite pro último baile

meus heróis etc.

meu prazer agora é risco de vida
meu sex and drugs não tem nenhum rock and roll
eu vou pagar a conta do analista
pra nunca mais saber quem eu sou
pois aquele garoto que ia mudar o mundo
hoje em dia morre de medo de ir fundo
assiste a tudo em cima do muro
sr. cardeal locutor
me observa sisudo

quer que eu chupe as balas com
papel e tudo
sr. empresário
me acende um cigarro me
alisa as costas
me achando um coitado

meus heróis etc.

(Cazuza, 1988)

Inédito, encontrado durante a pesquisa para a organização deste livro.

Ideologia [2ª versão]

Meu partido
É um coração partido
E as ilusões estão todas perdidas
Os meus sonhos foram todos vendidos
Tão barato que eu nem acredito
Eu nem acredito
Que aquele garoto que ia mudar o mundo
(Mudar o mundo)
Frequenta agora as festas do grand monde

Meus heróis morreram de overdose
Meus inimigos estão no poder
Ideologia
Eu quero uma pra viver
Ideologia
Eu quero uma pra viver

O meu prazer
Agora é risco de vida
Meu sex and drugs não tem nenhum rock and roll
Eu vou pagar a conta do analista
Pra nunca mais ter que saber quem eu sou
Pois aquele garoto que ia mudar o mundo
(Mudar o mundo)
Agora assiste a tudo em cima do muro

Meus heróis morreram de overdose
Meus inimigos estão no poder
Ideologia
Eu quero uma pra viver
Ideologia
Eu quero uma pra viver

(Cazuza/Roberto Frejat, 1988)

Escrito num dos momentos mais conturbados da vida do poeta, durante o tratamento de hiv/aids. Foi uma das primeiras canções de Cazuza compostas após ter descoberto estar soropositivo, o que se revela nos versos: "O meu prazer/ Agora é risco de vida". "Ideologia" é uma das canções mais conhecidas da carreira de Cazuza, que refletiu as mudanças políticas e sociais da redemocratização do país ao expressar os anseios de uma geração. As mudanças sociais e políticas passaram a se intensificar na obra do Cazuza a partir de 1985, quando ele se apresentou com o Barão Vermelho no Rock in Rio, e apareceu coberto com a bandeira do Brasil. O pesquisador Mario Luis Grangeia, doutor em Sociologia pela Universidade Federal do Rio de Janeiro (UFRJ), autor do livro *Brasil: Cazuza, Renato Russo e a transição democrática* (2016), defende que Cazuza criou uma "trilogia da esperança" com as canções "Brasil", "Ideologia" e "O tempo não para". Cazuza, em conversa com a jornalista Deborah Dumar, n'O *Globo*, em janeiro de 1988, comenta: "'Ideologia' fala da minha geração sem ideologia, compactada entre os anos 1960 e os dias de hoje. Eu fui criado em plena ditadura, quando não podia dizer isso ou aquilo, tudo era proibido. Uma geração muito desunida. Nos anos 1960 as pessoas se uniram pela ideologia. 'Eu sou de esquerda. Você é de esquerda? Então a gente é amigo.' A minha geração se uniu pela droga: ele é careta e ele é doidão. Droga não é ideologia, é uma opção pessoal. A garotada teve sorte de pegar a coisa pronta e aí decidir o que fazer pelo país, embora, do jeito que o Brasil está, haja muita desesperança". Em 1988, durante internação no New England Medical Center, em Boston, onde ficou por dois meses submetendo-se a tratamento com AZT, Cazuza tinha momentos de delírios, por causa do efeito da medicação, em que recitava trechos de "Ideologia" no leito do hospital. A cantora Marina Lima lembra de um episódio marcante dessa fase, em 1988. "Ele já estava doente. Certo dia ele pirou e me ligou: 'Marina, preciso que você venha aqui em casa, quero te mostra uma coisa'. Chegando lá, conversamos muito, foi muito forte o encontro. De repente, ele começou a recitar os versos de 'Ideologia'. Fiquei muito emocionada", revela Marina, que em outubro de 1990, no show *Viva Cazuza*, em homenagem ao poeta, na Praça da

[Mania de cantar]

Apoteose, no Rio de Janeiro, pediu para cantar os versos que ouviu recitados pelo próprio poeta. Em 24 de abril de 1988, Cazuza apresentou o videoclipe "Ideologia", com direção de Ana Arantes, no *Fantástico* (TV Globo). No mesmo ano, fez uma participação cantando "Ideologia" na novela *Fera radical* (TV Globo), escrita por Walther Negrão. Em 2017, Frejat colocou pela primeira vez "Ideologia" no seu repertório, mas encontrou dificuldades: "Eu não conseguia cantar 'meus heróis morreram de overdose'. Então, eu canto: 'seus heróis morreram de overdose'. Eu não tenho heróis, mas acredito que a canção continua fazendo sentido".

Gravação original: Cazuza, *Ideologia* (1988)

Regravações: Marina Lima, *Viva Cazuza* (1992); Cazuza, *Esse cara* (1995); Paulo Ricardo, *Som Brasil Cazuza* (1995) e *Rock Popular Brasileiro* (1996/2002); *Cazuza* (1997); Terra Samba, *Liberar geral* (1997); Sandra de Sá, *Tributo a Cazuza* (1999); Cazuza, *O poeta não morreu* (2000); Jay Vaquer, Rosana Pereira e Wagner Emmy, *Cazas de Cazuza* (2000); Andréa Montezuma e Jorjão Carvalho, *Cordas vocais* (2003); Paulo Ricardo, *Codinome Cazuza* (2004); *Fernando Büergel* (2006); Paulo Ricardo, *Tributo a Cazuza* (2008); *Samba pop do Ivo Meirelles* (2013); Marcelo Quintanilha, *Caju – Canções de Cazuza* (2018); *Paulo Ricardo canta Cazuza* (2019); Leila Pinheiro, Roberto Menescal e Rodrigo Santos, *Faz parte do meu show – Cazuza em bossa* (2020); Cazuza, *O tempo não para – Show completo* (2022)

Falar com você
Um lance banal
É igual
Abraçar
É igual chegar
É tão bom, é tão bom

Te contar da vida
Te dizer do sonho
É comer com fome
É beijar um homem
É tão bom...

Tocar teu cabelo
Olhar no teu olho
Te beijar a boca devagar
Toda essa alegria
É minha mania
De cantar

Cantar pra você
Um lance banal
É igual abraçar
É igual compor
É igual chegar
É tão bom, é tão bom!!!

(Cazuza, 1988/Wilson Sideral, 2016)

Poema originalmente sem título, publicado pela primeira vez no livro *Preciso dizer que te amo: Todas as letras do poeta* (2001), de Lucinha Araujo e Regina Echeverria, que assim o intitularam. Musicado por Wilson Sideral para o projeto *Protegi teu nome por amor*, mas ainda não gravado.

Vida fácil

Tim-tim!
A tua corte agradece
Um brinde!
O nosso astro merece
Ao teu fã-clube fiel
Dá autógrafo em talão de cheques

Big boss
Tua mão aberta enobrece
Dignifica
Nós que sonhamos em espécie
Classic vira Rolex
Sob o luar do teu deck

Só festa relax
Boca-livre na certa
Robin Hood gentil da galera
Protetor das artes práticas
Valorizando quem sabe
Levar vida fácil, fácil
Vida fácil

(Cazuza/Roberto Frejat, 1988)

De acordo com Frejat, a canção marca uma outra fase da parceria dos dois: "Cazuza escreveu para o pai dele, João Araujo, por conta do cordão de puxa-sacos – algo que o Cazuza experimentou no auge do sucesso. É de uma outra fase, de quando a gente não tinha o convívio diário e nossa relação ficou até melhor. Fizemos essa canção para o álbum *Ideologia*. Ele já estava doente, muito sensível, seus versos haviam mudado". O próprio Cazuza, em entrevista ao *Jornal Hoje* (TV Globo) em 1988, afirma o que mudou na sua forma de compor e cantar: "Eu acho que, antigamente, eu era um rebelde contra mim. Eu usava minha rebeldia meio autodestrutivamente. E agora estou usando minha rebeldia para ver se consigo, nem que seja um milímetro, mudar alguma coisa neste mundo. Acho que é por aí. Continuo com meu senso crítico bem aguçado. A gente não pode perder isso. O artista não pode perder o senso crítico dele nunca".

Gravação original: Cazuza, *Ideologia* (1988)

Regravações: Cazuza, *Esse cara* (1995); elenco do musical, *Cazas de Cazuza* (2000); Cazuza, *O tempo não para – Show completo* (2022)

Brasil

Não me convidaram
Pra essa festa pobre
Que os homens armaram pra me convencer
A pagar sem ver
Toda essa droga
Que já vem malhada antes de eu nascer

Não me ofereceram
Nem um cigarro
Fiquei na porta estacionando os carros
Não me elegeram
Chefe de nada
O meu cartão de crédito é uma navalha

Brasil
Mostra a tua cara
Quero ver quem paga
Pra gente ficar assim
Brasil
Qual é o teu negócio?
O nome do teu sócio?
Confia em mim

Não me convidaram
Pra essa festa pobre
Que os homens armaram pra me convencer
A pagar sem ver
Toda essa droga
Que já vem malhada antes de eu nascer

Não me sortearam
A garota do Fantástico
Não me subornaram
Será que é o meu fim?
Ver TV a cores
Na taba de um índio
Programada pra só dizer sim, sim

Brasil
Mostra a tua cara
Quero ver quem paga
Pra gente ficar assim
Brasil
Qual é o teu negócio?
O nome do teu sócio?
Confia em mim

Grande pátria desimportante
Em nenhum instante
Eu vou te trair
(Não vou te trair)

(Cazuza/George Israel/Nilo Romero, 1988)

Escrita sob encomenda para a trilha sonora do filme *Rádio Pirata* (1987), de Lael Rodrigues, "Brasil" retrata a revolta de uma geração com a política, as injustiças sociais e o comportamento corrupto dos políticos. Após o período marcado pela ditadura militar, o país estava, em 1985, diante da tão sonhada democracia. A canção foi tema da abertura da novela *Vale tudo*, de Gilberto Braga e Aguinaldo Silva, na TV Globo, tornando-se bastante conhecida na voz de Gal Costa, que a gravou em 1988 – o ano da nova Constituição Federal; seus versos de protesto ficaram marcados como um hino dos brasileiros indignados com a politicagem no país e permanecem atuais. Cazuza disse sobre a canção: "O problema do Brasil é a classe dominante, mais nada. Os políticos são desonestos. A mentalidade dos brasileiros é muito individualista, adora levar vantagem em tudo. Educação é a única saída que poderá mudar este quadro". Em entrevista ao *RJTV* (TV Globo), em 1988, Cazuza declamou a letra de "Brasil" e comentou a situação política do país. No mesmo ano, a atriz Maria Zilda Bethlem gravou o videoclipe da canção para o *Fantástico* (TV Globo), em homenagem ao amigo. Em 17 de julho de 1988, com o sucesso de *Vale tudo*, Gal Gosta apresentou a sua versão de "Brasil" no mesmo programa dominical. Em 24 de outubro, durante a temporada da turnê

Saudade [2]

de *O tempo não para*, Cazuza se juntou a Gal Costa para interpretar a música no especial *Cazuza – Uma prova de amor*, exibido na TV Globo no dia 1º de janeiro de 1989. Em 2010, George Israel regravou a canção com participações de Elza Soares e Marcelo D2.

Gravação original: Cazuza, *Ideologia* (1988)

Regravações: Margareth Menezes e Deborah Blando, tema do filme *Rádio Pirata* (1987); Gal Costa, trilha sonora da novela *Vale tudo* (1988); *Ed Maciel e sua orquestra* (1990); Sandra de Sá, *Som Brasil Cazuza* (1995); *Banda Sinfônica* (1995); Bateria da Mocidade, *Samba livre* (1996); *Cazuza* (1997); Cássia Eller, *Veneno antimonotonia* (1997) e *Veneno vivo* (1998); Gilberto Gil, *Tributo a Cazuza* (1999) – com Banda Beijo; Cazuza, *O poeta não morreu* (2000); *Barão Vermelho* (2000); Barão Vermelho, Paralamas do Sucesso, Titãs e Raimundos, *Brasil – 500 anos* (2000); elenco do musical *Cazas de Cazuza* (2000); Elymar Santos, *Elymar brasileiro* (2000); Kid Abelha, *Codinome Cazuza* (2004); Cazuza, *O poeta está vivo – Show no Teatro Ipanema, 1987* (2005); Kid Abelha, *Acústico MTV* (2005); Gabriel O Pensador e George Israel, *Tributo a Cazuza* (2008); George Israel, *13 parcerias com Cazuza* (2010) – com Elza Soares e Marcelo D2; Barão Vermelho, *#BarãoPraSempre* (2018); Marcelo Quintanilha, *Caju – Canções de Cazuza* (2018); *Tudo é amor – Almério canta Cazuza* (2021); Cazuza, *O tempo não para – Show completo* (2022)

Saudade
é uma palavra
saudade
só existe na língua portuguesa
saudade de Val vendendo pó na esquina
saudade do que nunca vai voltar

e dos amigos que se foram
eu hoje estou com saudade
na noite quente e no calor
que sobe do asfalto
saudade quente
saudade da roda de cerveja
dos amigos da madruga
e saudade de nadar no mar
e um dia ter sido mais puro
saudade da primeira namorada
e namorado também
saudade, principalmente
da irresponsabilidade
saudade, meus amigos
daqui a pouco vou estar com vocês.

(Cazuza, 1988/George Israel, 2018)

Publicado pela primeira vez no livro *Preciso dizer que te amo: Todas as letras do poeta* (2001). Foi musicado por George Israel, que acrescentou "palavra" ao seu título. O *single* da canção foi disponibilizado nas plataformas digitais em abril de 2018.

Gravação original: George Israel, *Palavra saudade* (2018)

Blues da piedade

Agora eu vou cantar pros miseráveis
Que vagam pelo mundo derrotados
Pra essas sementes mal plantadas
Que já nascem com cara de abortadas

Pras pessoas de alma bem pequena
Remoendo pequenos problemas
Querendo sempre aquilo que não têm

Pra quem vê a luz
Mas não ilumina suas minicertezas
Vive contando dinheiro
E não muda quando é lua cheia

Pra quem não sabe amar
Fica esperando
Alguém que caiba no seu sonho
Como varizes que vão aumentando
Como insetos em volta da lâmpada

Vamos pedir piedade
Senhor, piedade
Pra essa gente careta e covarde
Vamos pedir piedade
Senhor, piedade
Lhes dê grandeza e um pouco de coragem

Quero cantar só para as pessoas fracas
Que tão no mundo e perderam a viagem
Quero cantar o blues
Com o pastor e o bumbo na praça

(Cazuza/Roberto Frejat, 1988)

Cazuza foi levado para Boston após os médicos não terem mais como continuar o tratamento; no leito do hospital escreveu os versos de "Blues da piedade". De volta ao Brasil, Frejat foi visitá-lo e recebeu a letra da canção das mãos do amigo, mas ela foi musicada nos EUA. "Eu fui para Nova York acompanhando meu irmão, que estava indo fazer um transplante de córnea. Ficamos por lá uns quinze dias. Criei uma melodia em cima dos versos que Cazuza me entregou, mas achei tão familiar que tive que perguntar ao meu irmão se ele já tinha ouvido em algum lugar. Ele disse que não. Então, respirei fundo e continuei criando. Foi uma melodia que chegou completa, fui um 'cavalo' dessa melodia", conta Frejat. A canção expõe a mediocridade e a hipocrisia da sociedade: "Agora eu vou cantar pros miseráveis/ Que vagam pelo mundo derrotados/ Pra essas sementes mal plantadas/ Que já nascem com cara de abortadas". Cazuza pede: "Senhor, piedade/ Pra essa gente careta e covarde". A inspiração foi a canção mexicana "Oración Caribe", de Agustín Lara, que o poeta conheceu na voz de Elvira Ríos: "Piedad/ Piedad pa ken ta sufri/ Piedad/ Piedad pa ken ta yora". Segundo Lucinha Araujo, Cazuza achava o sentimento de piedade cafona, mas sua condição de saúde o fez rever essa visão, entendendo piedade como uma grandeza. Em 24 de outubro de 1988, Cazuza fez um trio com Frejat e Sandra de Sá para cantar "Blues da piedade" no especial *Cazuza – Uma prova de amor* (TV Globo), no Teatro Fênix, Jardim Botânico, no Rio de Janeiro; o programa foi ao ar no dia 1º de janeiro de 1989. Em 30 de outubro do mesmo ano, fez um dueto com Sandra de Sá cantando essa canção no videoclipe gravado para o *Fantástico* (TV Globo).

Gravação original: Cazuza, *Ideologia* (1988)

Regravações: Cristina Santos, *Oração ao tempo* (1989); Sandra de Sá, *Lucky!* (1991); Renato Russo, *Viva Cazuza* (1992); Legião Urbana, *Música p/ acampamentos* (1992); Cazuza, *Esse cara* (1995); Cássia Eller, *Som Brasil Cazuza* (1995) e *Veneno antimonotonia* (1997); Cazuza, *O poeta não morreu* (2000); Luiz Gayotto, *Viver e o amor na cidade grande* (2000); Sandra de Sá, *Tributo a Cazuza* (2008); Marcelo Quintanilha, *Caju – Canções de Cazuza* (2018); *Tudo é amor – Almério canta Cazuza* (2021); Cazuza, *O tempo não para – Show completo* (2022)

Nem tudo é verdade

Saca, a vida é má
Dá motos, mortes e postes
But Springsteen is on my mind
Ao sol, no mar, na cama que foi lar
Mas tem a luz vermelha no retrovisor
O Rio ri, samba, topou
Paulista riu das nossas sortes
Mas é verdade, tudo verdade
Mas nada é verde, tudo é verdade
Baby, tudo é verde, mas nada é verdade, verdade nada!
Sou feliz, sempre fui
Caí no berço que todo iupi quis
Tomando leite tipo AA
Que veio de fora pro bebê não cagar mole, é mole?

Estrelas e modelos não me deixam em paz
Vivo a minha vida como no tempo do petróleo
Num olho pro lado, nem pra ver o back side
Don't wanna see favelas, elas tiram seu sono
Vomito as minhas goelas e vou dormir
Nobody nesse bode can feel the pain
I feel
Pegando uma menina de doze anos
Tornando podres sua vida, seus sonhos
But it's all true, I do love you
Tudo é verde, mas nada é verdade
Mas é real, não leve a mal
O bicho, o luxo, o lixo
Eu e meus amigos cagamos pra isso
Cuspimos na bandeira, no pau do cu de Deus
Então pixem os muros
Os bancos e museus, e no ar arisco

Vejo o Brasil do avião
É tudo verde, é tudo em vão
Baby, nada é verde, mas é tudo verdade

(Cazuza, 1988/Supla, Conde, Paulo Cesar Padovan e Rogério Bidlovski, 1989)

Os roqueiros se conheceram numa sessão de fotos de Marcos Bonisson para a revista *Bizz*. Após esse encontro, Cazuza fez com Supla esse punk rock. O roqueiro paulistano relatou seu encontro com Cazuza em seu livro *Supla: Crônicas e fotos do Charada brasileiro* (2021): "Quem me apresentou ao Cazuza foi minha ex-namorada Fabiana Kherlakian, junto com sua mãe, a atriz Yara Neiva. Elas achavam que nós iríamos nos identificar e foi isso mesmo que aconteceu. [...] Creio que nos identificamos porque éramos roqueiros de mente musicalmente aberta. Eu achava engraçado o Cazuza cantando 'a burguesia fede'. Gostei imediatamente dele. Ele era rock and roll. Não tinha papas na língua, falava o que vinha na cabeça. [...] Ele não tinha vergonha de ser o que era".

Gravação original: *Supla* (1989)

Boas novas

Poetas e loucos aos poucos
Cantores do porvir
E mágicos das frases
Endiabradas sem mel
Trago boas-novas
Bobagens num papel
Balões incendiados
Coisas que caem do céu
Sem mais nem porquê

Queria um dia no mundo
Poder te mostrar o meu
Talento pra loucura
Procurar longe do peito
Eu sempre fui perfeito
Pra fazer discursos longos
Fazer discursos longos
Sobre o que não fazer
Que é que eu vou fazer?

Senhoras e senhores
Trago boas-novas
Eu vi a cara da morte
E ela estava viva
Eu vi a cara da morte
E ela estava viva – viva!

Direi milhares de metáforas rimadas
E farei
Das tripas coração

Do medo, minha oração
Pra não sei que Deus "H"
Da hora da partida
Na hora da partida
A tiros de vamos pra vida
Então, vamos pra vida

Senhoras e senhores
Trago boas-novas
Eu vi a cara da morte
E ela estava viva
Eu vi a cara da morte
E ela estava viva – viva!

(Cazuza, 1988)

Os versos registram a experiência de hospitalização nos EUA, quando Cazuza esteve próximo da morte: "Eu vi a cara da morte/ E ela estava viva – viva!". O poeta contrapõe-se à ideia da morte reafirmando a vida. Em entrevista ao programa *Cara a cara*, da jornalista Marília Gabriela, na TV Bandeirantes, em 6 de dezembro de 1988, Cazuza afirmou: "Eu vi a cara da morte e dizem que quem vê a cara da morte nunca sai igual. O meu básico continua, mas eu fiquei bem diferente... A morte é um triângulo de luz e uma paz enorme. É como se fosse um gozo, um shot de heroína. É o prazer total..." A canção intitula o documentário *Cazuza: Boas novas*, argumento e direção de Nilo Romero, que revisita os últimos anos de vida do poeta, com foco no amadurecimento artístico e na luta contra a aids.

Gravações originais: Cazuza, *Ideologia* (1988) e *O tempo não para* (1988)

Regravações: Cássia Eller, *Veneno antimonotonia* (1997) e *Veneno vivo* (1998); *Barão Vermelho – Edição especial, 30 anos* (2012); Cazuza, *O tempo não para – Show completo* (2022)

Fase

Depois que eu descobri que era triste
As tardes ficaram mais azuis
Eu descobri. Eu sou triste
Depois que eu levei porrada
Que os urubus se mostraram
Depois da ingenuidade
Entrei numa fase estranha
Não reviro cores
Não explodo a luz
Estou sentado esperando
Como os velhos palhaços do blues
O namorado que levou um bolo
Um garoto perdido dos pais

(Cazuza, 1988/Wilson Sideral, 2015)

Publicado pela primeira vez no livro *Preciso dizer que te amo: Todas as letras do poeta* (2001).

Pelo amor

Eu quero amar, amar em paz
num lugar de zero dimensão
nossos corpos nus, em volta de um gás
de físico a carne pura em fusão.

Entre paredes do meu quarto
paira a síndrome vedete do pecado
nos bancos reclinados do meu carro
um foco de luz, um crime consumado.

Eu quero amar, amar em paz
sem pôr à venda nossa intimidade
na vitrine desse prostíbulo vulgar
com fachada de pudor e virgindade.

EU QUERO TUDO PELO AMOR
ÁLIBI DO DESTINO CRUEL
SEJA DO JEITO QUE FOR
COM GOSTO DE MEL OU FEL.

Dentro de um foguete atômico
sem a gravidade dessas faces
de um oportunismo crônico
para vestirem seus disfarces.

Eu quero amar, amar em paz
preservar o prazer bem vivo
o castigo, se vier, tanto faz
amar é o meu preservativo.

Eu quero te amar, amar demais
no carro, na praia, na Praça da Paz
amor é vida, a morte é um vírus
na raiz quadrada dos seus mitos.

(Cazuza, 1988)

Inédito, encontrado durante a pesquisa para a organização deste livro.

Manhatã

Take it easy my brother
Take it easy my...
Pois a rosa é uma flor
A rosa é uma flor

É um nome de mulher
Pois a rosa é a flor da simpatia
A flor escolhida
Do primeiro encontro do nosso dia
Com a vida querida mais garrida

Take it easy my brother Charlie
Depois que o primeiro homem maravilhosamente
                                           [pisou-me
Eu me senti com direitos, com deveres e dignidade de
                                           [me libertar
Por isso sem preconceitos eu canto
              eu fantasio amor
              alegria
              fé paz
Na madrugada suggest take it easy,
My brother Charlie...

(Cazuza, 1988)

Inédito, sem título (identificado pelo primeiro verso), encontrado durante a pesquisa para a organização deste livro.

Cheguei aqui num pé de vento
Já tenho carro e apartamento
Sou brasileiro mandingueiro
Tô aqui pelo dinheiro
Virei chicano, índio americano
Blusão de couro, os States são meus

Agora eu vivo no dentista
Como um bom capitalista
Só tenho visto de turista
Mas sou tratado como artista
E até garçom me chama de sir
Oh! Baby, baby, só vendo pra crer

Eu andando pela neve
EM PLENO CENTRAL PARK
COM AS ESTRELAS DO CINEMA
FAÇO CENAS NO METRÔ
COM MEUS TÊNIS ALL STAR
Deixando as louras loucas
Com meu latin style
Não sou mais paraíba
Sou South American
Aqui em Manhatã
Aqui em Manhatã

E quando a saudade aumenta
Descolo um feijão com pimenta
E um Hollywood no chinês
Lá na rua 46

Virei chicano, índio americano
Blusão de couro, os States são meus

Eu fumando um baseado
Em frente a um policial
Aqui tudo é tão liberal
Vou xingando em português
Depois gasto o meu inglês
Deixando as louras loucas

Paz

Com meu baticulelê
Não sou mais paraíba
Sou South American
Aqui em Manhatã
Aqui em Manhatã

(Cazuza/Leoni, 1988)

O título "Manhatã" é uma corruptela de "Manhattan" – e referência ao "muiraquitã", amuleto de sorte feito pedra em forma de sapo pelos indígenas da Amazônia, mencionado no livro *Macunaíma* (1928), de Mário de Andrade. Cazuza dedicou o poema aos amigos que moraram muitos anos em Nova York, Marcos Bonisson e Francisca Botelho. Leoni estava nos EUA, em 1988, gravando o segundo disco de sua banda, Heróis da Resistência, quando entregou a música para Cazuza, mas o parceiro não pôde incluir no repertório porque os versos demoraram a chegar: "Era uma fase difícil para Cazuza, a sua saúde estava frágil, tudo funcionava num outro tempo. Quando eu pensava em Cazuza, eu pensava em blues, mas, quando fiz a melodia dessa canção, me inspirei na música pop que ouvia na época. Como estava preparando *Burguesia*, ele acabou incluindo a canção no disco. Só ficou um pouco diferente da versão que eu tinha feito".

Gravação original: Cazuza, *Burguesia* (1989)

Paz eu mereço paz
Na guerra de nervos
Que você faz
Paz eu quero paz
Meu bom rapaz paz
No apartamento apertado
Peço paz
No coração apertado
Peço paz
Peço paz na vida
Peço paz na morte
Paz

(Cazuza, 1988)

Publicado pela primeira vez no livro *Preciso dizer que te amo: Todas as letras do poeta* (2001).

Amigo Caco

Caco, eu tô cansado
Se lembra da gente no Rick
Vendendo trouxa de fumo na esquina?
Se lembra das nossas meninas
Da Ana Lúcia, da Vânia, da Maysa
E da portuguesa viciada em heroína
Que você namorava?

Caco, você agora joga tênis no Country
E nossas vidas são um desencontro
Mas eu te juro, baby
Que ainda te amo

São vinte anos, meu brother
Os primeiros baseados e também as picadas
A gente era mesmo da pesada

Caco, cadê você?
Meu melhor amigo
Vamos juntos tomar um traçado
Vamos voltar mas
O tempo não para
E volta, e vem
E nos leva pra casa

Caco, eu tô um caco
E tenho esperança
Mas às vezes cansa

(Cazuza/Dé Palmeira, 1988)

Musicado, mas ainda não gravado. De acordo com Dé, os versos autobiográficos, que falam do "amigo Caco" e de uma portuguesa usuária de heroína, foram gravados numa fita demo para a Warner, a pedido do diretor da gravadora, André Midani, mas o registro se perdeu. Publicado pela primeira vez no livro *Preciso dizer que te amo: Todas as letras do poeta* (2001).

Maldição [1ª versão]

Malditos os homens
Maldita a vida
Maldita a tua cara me olhando tão burra.

Uma maldição desabou sobre mim
Ninguém entende o que eu falo
Ninguém quer saber o que eu sinto.

Têm pena de mim, rezam missas
Apelam pra religiões, mas a minha vida é vida sagrada
Pira dos deuses, sacanagem grega
Vão tomar vergonha na cara
A minha vida é uma viagem.

Fizeram macumba pra mim
Disso eu tenho certeza mas eu sou muito amado
Pelo povo brasileiro
Desabou uma maldição sobre mim
Veio das trevas da maldade do homem
Eu tenho a dignidade das feras
E aceito ter nascido marcado.

(Cazuza, 1988)

Publicado pela primeira vez no livro *Preciso dizer que te amo: Todas as letras do poeta* (2001).

Maldição [2ª versão]

Malditos homens
Maldita tua cara
Me olhando tão burra
E me dar por feliz
Uma maldição caiu sobre mim
Ninguém entende o que eu falo
Ninguém quer saber o que sinto
Têm pena de mim, rezam missas
Apelam pra religião
A minha vida é sagrada
Pira de Cronos
A sacanagem
Vão tomar vergonha na cara
A minha vida é a viagem
O de cuidar de um outro ser
Fizeram macumba pra mim
Disso eu tenho certeza
Que eu sou muito amado
Pelo bloco popular
Dizem que tô louco
Caiu uma maldição sobre mim
Veio das trevas
Do pensamento do homem
Da dignidade das feras
Às vezes ama sem querer?
Eu já aceito ter nascido marcado
Uma pontinha de prazer?
E é por isso que eu te chamo
(Cazuza, 1989)

Publicado pela primeira vez no livro *Preciso dizer que te amo: Todas as letras do poeta* (2001).

Androide sem par

Passeando outro dia
Meus Ray-Ban escuros
Eu conheci um androide
Sem par nem futuro
Porque também não existe mais nenhum futuro
Não tem sonho nenhum
Ele nada espera
Por isso nem repara
A manha do poeta
Porque também não existe nenhuma saudade (não)
Não existe maldade
Na terra do androide sem par
Uns viram Messias
E andam no mar
Uns andam armados
Pra te matar
Fazem amor por esporte
Vivem a vida
Não pensam na morte

(Cazuza/George Israel/Nilo Romero, 1989)

A canção revela um determinado perfil de pessoas que se relacionam, sem envolvimento afetivo, mais sexual, que "Fazem amor por esporte/ Vivem a vida/ Não pensam na morte". Para o amigo e parceiro Nilo Romero, Cazuza era um visionário: "Quando Cazuza escreveu os versos, não se usava tanto a expressão 'androide' nem havia toda essa tecnologia, inclusive para nos relacionarmos. Cazuza sempre esteve à frente de seu tempo, com seu pensamento livre".

Gravação original: Cazuza, *Por aí* (1991)

Como já dizia Djavan
(Dois homens apaixonados)

Todo dia será um dia de paz
Pra quem vive a verdade
Todo fim de tarde será rapaz
Toda lua será moça

Todo dia será um dia a mais
Cheio de sol entre as trevas
Todo homem será rei na Terra
E não haverá mais Guerra

Pois só quem tem os sonhos mais básicos
Pode amar e dizer a verdade
Ipanema é uma sala de estar pro nosso barato
                                              [hipnótico
A ponte aérea, o barulho do mar

E as estrelas ainda vão nos mostrar
Que o amor não é inviável
Num mundo inacreditável
Dois homens apaixonados

(Cazuza/Roberto Frejat, 1989)

Cazuza escreveu o poema inspirado nos famosos versos da canção "Nobreza", de Djavan, lançada no álbum *Luz* (1982): "Uma grande amizade é assim/ Dois homens apaixonados". O poeta incluiu o nome do amigo e o segundo verso no título, além de usar este como frase final de sua canção: "E as estrelas ainda vão nos mostrar/ Que o amor não é inviável/ Num mundo inacreditável/ Dois homens apaixonados". Foi a última parceria de Frejat com Cazuza em vida: "Tenho muito carinho por essa canção, foi a parceria derradeira, ele já estava bastante doente. Os versos são lindos. É quando ele volta a falar do mar, que tinha desaparecido de suas canções na fase final. Cazuza tem um lado muito solar, apesar de amar a noite e a boemia. Fui na casa dele e ficamos horas cantando. E me lembro de, na época, ter encontrado a Bebel Gilberto numa ocasião social e ela chegar cantarolando 'Como já dizia Djavan' por ter encontrado o Cazuza dias antes".

Gravação original: Cazuza, *Burguesia* (1989)

Regravação: Reinaldo Simas, *Cazuza forever* (2015)

Filho único

Você me quer
Você cuida de mim
Mesmo que eu seja uma pessoa egoísta e ruim

Você me aceita
E me dá a receita
De como conviver com um monstro mesquinho e careta

Você me respeita
Não grita comigo
Mesmo que eu tente tudo pra te irritar

Você tem que entender
Que eu sou filho único
Que os filhos únicos são seres infelizes

Eu tento mudar
Eu tento provar que me importo com os outros
Mas é tudo mentira (tudo mentira)

Estou na mais completa solidão
Do ser que é amado e não ama
Me ajude a conhecer a verdade
A respeitar meus irmãos
E a amar quem me ama

(Cazuza/João Rebouças, 1989)

Apesar de os versos da canção reconhecerem a tristeza de viver sem irmãos ("Você tem que entender/ Que eu sou filho único/ Que os filhos únicos são seres infelizes"), Cazuza sempre afirmou o amor que recebia da família que tanto o mimava. Na infância, quando seus pais saíam à noite, Cazuza ficava na companhia da avó materna, Alice (1908-1975), para quem ele mostrou os primeiros poemas, em 1965. "Ser filho único, por um lado, é bom; por outro, não. Meu pai e minha mãe, por força da vida profissional, tinham de frequentar a vida boêmia – o que acabei herdando deles também – e me deixavam sempre com a minha avó materna. [...] Meu pai e minha mãe não eram repressores. Já aos treze anos tinha a chave de casa e o carro de meu pai para dirigir", declarou à revista *Amiga*, em 1985, na época do lançamento do primeiro álbum solo, *Exagerado*.

Gravação original: Cazuza, *Burguesia* (1989)

Paixão [1ª versão]

Olhinhos apertados, tristes
Por que vocês estão me olhando?
Sorrindo feito japoninha
Não pode ser só de maldade

Olhinhos azuis na flor da idade
Brilham discretos pela cidade
Escondidos em casa
Mas eu vejo na loja de doces
Mas eu vejo na praia da Barra
A minha magrela
A pele é tão branca
Que parece vela
E as mãos são grandes
E o sorriso, amarelo
E a boca é vermelha
É a bala mais bela

Olhinhos de bola de gude
Paixão impossível
Eu tenho esperança
Eu fiz o que eu pude
Ah, eu fiz o que eu pude
Olhinhos que esperam
E a gente fica louco
Sem saber o quê
Ah, olhinhos que querem
E a gente adivinha sem muita certeza
A beleza embriaga como vinho
A alma de um broto
A alma de um broto
É um susto terrível

Olhinhos de bola de gude
Paixão impossível
Eu tenho esperança
Eu fiz o que eu pude
Eu fiz o que eu pude

(Cazuza, 1989)

O período intenso de tratamento de saúde não impediu que Cazuza se apresentasse com alegria e força para gravar seus versos. João Rebouças recorda esse período de Cazuza com carinho: "As canções dessa fase, como 'Paixão', foram gravadas no momento em que Cazuza estava com a saúde debilitada. Ele chegava no estúdio carregado por seu motorista, Bené, um guardião. Eu ia para o estúdio de manhã cedo e ele já estava lá. É emocionante o amor de Cazuza pela música. Ele sentava numa cadeira, pedia um uísque e cantava com toda sua força. Eram versos enormes, ele gravava tudo e depois ouvia e cortava. Tínhamos que gravar o mais rápido possível, havia a consciência do pouco tempo...".

Gravação original: Cazuza, *Por aí* (1991)

Paixão [2ª versão]

Olhinhos apertados tristes
Por que vocês estão me olhando?
Sorrindo feito japoninha
Não pode ser só de maldade
Olhinhos azuis na flor da idade
Brilham discretos pela cidade
Escondidos em casa
Mas eu vejo na loja de doces
Mas eu vejo na praia da Barra
Esqueci de dizer que também é magrela
E a pele é tão branca
Que parece de vela
E as mãos são grandes
E o sorriso amarelo
E a boca é vermelha
É a bala mais bela
Olhinhos que esperam
E a gente adivinha
Sem muita certeza
A beleza embriaga como o vinho
É um susto terrível
Olhinhos de bola de gude
Paixão impossível e rude
Eu tenho esperança
Eu fiz o que pude...

(Cazuza/João Rebouças, 1989)

Publicado pela primeira vez no livro *Preciso dizer que te amo: Todas as letras do poeta* (2001).

Gravação original: Cazuza, *Por aí* (1991)

O homem belo

O homem belo anda na rua
E todo mundo olha
Homens, mulheres, velhos, crianças
E ele sabe que é belo
E tem um quê de maldade no olhar
Pode ser médico, advogado, engenheiro
Um homem sério, inteligente
Mas sabe que é belo e seduz de propósito
Homens e mulheres
Geralmente os mais narcisistas
Casam com mulheres feias
Os mais modernos com gatas e gatos
Os mais caretas com a mãe
Mas o homem belo é mau

(Cazuza, 1989)

Publicado pela primeira vez no livro *Preciso dizer que te amo: Todas as letras do poeta* (2001).

Doralinda

Eu queria te dar a lua
Só que pintada de verde
Eu queria te dar as estrelas
De uma árvore de Natal
E todo o dinheiro falso do mundo
Eu queria te dar
Um carro conversível
Forrado de branco
Uma viagem pelo mundo
Num navio branco
E um sapato com salto de brilhante
Pra você passear
Passear
Porque te amo, te adoro e venero
Eu sou louco por você
Porque te amo, te adoro e venero
Eu sou louco por você

Eu queria te dar
Eu queria te dar um vison
Pra você andar no inverno na praia
Em Santa Catarina
Eu queria te dar
Eu queria te dar um amor
Que talvez eu não tenha pra dar

Ah
Você não é bonita
Você não é nem charmosa
É tímida e envergonhada

Minha Olívia Palito
Mas singraria sete mares
À tua procura
E te daria uma vida bem segura

Às vezes te vejo
Lavando a sua roupa
Com aquele cheirinho de sabão
Eu queria te dar

Uma máquina de lavar
Secar, lavar prato
Te maquiar
Te ensinar a falar inglês
Porque você é uma rainha
Mas a vida é assim
O que tem que ser já é Bonito,
Doralinda

Doralinda Doralinda

(Cazuza/João Donato, 1989)

O poema foi entregue a João Donato após uma visita dele a Cazuza na clínica São Vicente, no Rio de Janeiro, onde estava internado.

Gravação original: João Donato, *Coisas tão simples* (1995)

Regravações: *Codinome Cazuza* (1998); Nana Caymmi – com Emílio Santigo, *Resposta ao tempo* (1998); Kassin, *Agenor – Canções de Cazuza* (2013); João Donato, *Songbook João Donato, vol. 2* (2016)

Nunca sofri por amor

É duro dizer
Mas nunca sofri mais de dez minutos por amor
Ninguém nunca mereceu o meu choro
Nem a falta de apetite
Vivo de músicas românticas
E não sou romântico

Deve ser a vida de artista
Deve ser assim mesmo
E se alguém me larga
Não sabe o que está perdendo

E se eu largo alguém
Não sinto a menor culpa
Será que eu nunca amei de verdade
Ou o verdadeiro amor
É assim?

Eu sofro por um cão
Mas não por um coração
Faz parte da minha natureza

No máximo o que eu sinto
É pena das pessoas
Mas nunca tenho pena de mim
Eu sei que é um egoísmo cruel
E vou por este mundo
Sem fé

Mas sei o que me importa
E quero ter comigo
O abraço certo
Dos meus amigos

(Cazuza/Joanna, 1989)

Joanna gravou a canção algum tempo depois de receber o poema das mãos de Cazuza em visita ao hospital onde ele estava internado no Rio de Janeiro. Amiga de longa data, o conheceu por meio de sua mãe, Lucinha Araujo, e acompanhou a sua carreira desde os primeiros shows do Barão Vermelho. "Cazuza era um poeta. Estivemos juntos muitas vezes, em festas, shows e, sobretudo, no Baixo Leblon. Quando ele adoeceu, eu ia visitá-lo em casa e no hospital. Nos conhecemos pela sua mãe, Lucinha, de quem sou muito amiga. Esta nossa parceria nasceu de nossa amizade. Antes de tudo, Cazuza e eu fomos amigos", lembra a cantora.

Gravação original: Joanna, *Primaveras e verões* (1989)

Regravação: Brunno Monteiro, *Agenor – Canções de Cazuza* (2013)

Bruma

Existe a bruma
Nas noites de sábado
E a correria
Dos casais que se encontram
Bruma é umidade
E sexo também
Então a bruma
É o que não se pode ver
Sem o requinte da tristeza

A vida sem bruma
Não é vida nenhuma
A tarde sem bruma, ao luar
Por exemplo, um casal de namorados no sol
A garganta seca na praia
A praia da bruma
A praia da bruma

Hoje é um dia
Um dia de bruma
Bruma, bruma, bruma, bruma
Brahma gelada

Cheirem a bruma
No melhor sentido
Bocejem a bruma
Comam a bruma
É a melhor coisa do mundo

(Cazuza/Arnaldo Brandão, 1989)

Segundo Arnaldo Brandão, Cazuza disse ter escrito os versos da canção inspirado na leitura de um texto de Clarice Lispector.

Gravação original: Cazuza, *Burguesia* (1989)

Regravação: Fernando Prata e Vanessa Gerbelli, *Cazas de Cazuza* (2000)

Vítima do amor

Eu sou e sempre fui vítima do amor
porque o amor demais prejudica
porque o amor de menos prejudica
porque o amor é feito bebida: tem que tomar
[a dose certa
minha mãe se pudesse casava comigo
meu pai me dá ordens para o meu bem
meus amigos me negam um baseado
achando que vai fazer mal
meus amantes querem dominar minha vida
as pessoas me param em todos os lugares
pra me beijar, pedir autógrafos, pedir conselhos
como se fossem donos da minha vida
as pessoas ou me ligam sem parar ou não ligam
achando que vão incomodar

sou mais uma vítima do amor
do amor que prejudica
sou mais uma vítima do amor
e acho que é até bonito

Eu sou um cara que gosta de zonas com amigos
eu sou um cara que precisa ficar sozinho
mas é difícil você ser a única pessoa numa família
eu sou um cara que só faz o que quer, e essa é a minha
[felicidade
sair pela cidade sem rumo de carro
não ligar avisando
ir embora à francesa
andar com todo tipo de gente
eu sou um cachorro vira-lata sofisticado
mas um vira-lata
eu sou uma criança desiludida
que pede sempre perdão
e sou um garoto obediente
que desobedece só de curtição

Portanto, meus amigos, me deem espaço para amar
[também

Qual é a cor do amor?

porque eu sei que vou ser sempre um menino
mas também sou um homem inteligente e decidido
e posso ensinar muita coisa
um professor descaralhado e sério
porque aprendi a ser sério e fútil
e a futilidade é o que nos salva nesta vida

Sou mais uma vítima do amor
do amor que prejudica
sou mais uma vítima do amor
e acho que é até bonito.

(Cazuza, 1989)

Publicado pela primeira vez no livro *Preciso dizer que te amo: Todas as letras do poeta* (2001).

Primeiro é o beijo
Quente, procurado
A língua procurando a outra
E vendo se a boca combina
Se combina o beijo
Meio caminho andado
Depois é a pele
Se a textura vale
O pelo com pelo
Ou o pelo com o seu pelo
Ou os pelos com meu pelo
Ou o medo
Depois o cheiro
Um procura no outro
Cheiro de colônia ou
Cheiro de prazer
E os dois se embriagam
Ou vão até o banheiro
Depois a cor
O amor tem cor?
Cada amor tem uma cor
Cada beijo tem uma cor
Cor de caramelo doce
Cor de madrugada fria

(Cazuza, 1989/Sérgio Bello, 2011)
(Cazuza, 1989/Wilson Sideral, 2014)

Publicado pela primeira vez no livro *Preciso dizer que te amo: Todas as letras do poeta* (2001), de Lucinha Araujo e Regina Echeverria, com o título "Qual a cor do amor?". No original o título aparece com a flexão do verbo ser: "Qual é a cor do amor?". Musicado por Wilson Sideral para o projeto *Protegi teu nome por amor*, para Ney Matogrosso cantar, ainda não gravado. O poema foi musicado por Sérgio Bello, com interpretação de Renata Pizzi, por meio do Prêmio Musique 2011 – *O Estado de S. Paulo*. O título do poema é um verso extraído de "Só se for a dois" (1986): "[...] O mundo é azul/ Qual é a cor do amor? [...]".

Garota de Bauru

Eu conheci uma garota em Bauru
Quinze anos de vida e cinco de rebu
Na lanchonete principal era a rainha
Com suas minissaias sem bainha
Os pais choravam
Os irmãos ameaçavam
E ela nem aí, maravilhosa
Gostosa em sua vulgaridade
Feliz com sua sinceridade

A garota de Bauru
Não é um sanduíche
A garota de Bauru
Não é um personagem triste

Gosta de ouvir Lulu Santos
E acha o Cazuza um anjo
Não perde um show do Paralamas
Depois no hotel ela entra numas
No dia seguinte chega em casa
Com a maquiagem toda borrada
Toma café e leva porrada
O pai chama de puta
A mãe, que ela é maluca
E a garota de Bauru
Vai dormir sem culpa
A garota de Bauru
A garota de Bauru

Quando as bandas vão embora
Volta ao tédio e à velha lanchonete

Fica um papel com um nome
Com um nome e a fama de tietê
A garota de Bauru só quer um futuro (futuro)
Quer ser feliz no mundo grande
E pra isso tem que ser medíocre
Tem que ser diferente de uma pizza

A putinha de Bauru
A Janis Joplin de Bauru
Como é linda assim de azul
Pois nunca vai vestir seu vestido de noiva
E o véu que esconde a grande guerra
Nunca, nunca vai casar ou ter filhos
Porque a garota de Bauru
Vai fugir e achar a sua família

(Cazuza/João Rebouças, 1989)

Na época em que foi lançada, a canção gerou polêmica: o vereador Edson Santos, da Câmara Municipal de Bauru (SP), solicitou a abertura de um processo contra o autor, por entender os versos de Cazuza como um atentado contra a honra das meninas da cidade, além de prejudiciais à imagem do município. Cazuza se inspirou nas histórias de suas fãs.

Gravação original: Cazuza, *Burguesia* (1989)

[Domingo II]

Andando e chorando na praia
Vestido de corredor
Chorando dentro do mar
As mesmas lágrimas salgadas

Porque a natureza me emociona
Porque estou feliz
E ao mesmo tempo
Com nostalgia, com saudade
Que não cabem na praia sem sol
De areia molhada

E o fog escondendo Ipanema
Porque não quero me perder no mundo
Porque eu já perdi você

Andando e chorando na praia
Ninguém na verdade repara
Choro grosso, no peito balançar
Uma velha viu, tenho certeza
Mas respeitou a minha dor
Vou na água, lavo a cara
Desincho a cara como um bêbado no banheiro

Porque não sei mais pra onde ir
Porque a minha vida virou uma roda-gigante depressão
Mas estou feliz
Ao menos tenho meus amigos
Que também choram em suas casas

Por tudo e por nada
Eu ainda tenho meus amigos

Andando e chorando na praia
Com meus problemas de garoto mimado
Mas muito, muito mais emocionado
Que o ator da novela das oito
E que o fingidor de porre na festa
Que a mãe preocupada com o filho
Grossas lágrimas de amor

Maysa e Judy Garland
De salto alto na areia
Eu sento, eu olho o mar
Eu choro, eu choro, eu choro

Porque hoje é domingo
Meus amigos estão dormindo
Ninguém me telefona
Porque domingo é o
Dia mais triste de
Todos os tempos

Porque não tem sol
Porque não tem sol

(Cazuza, 1989)

Poema sem título, publicado pela primeira vez no livro *Preciso dizer que te amo: Todas as letras do poeta* (2001), de Lucinha Araujo e Regina Echeverria, que assim o intitularam.

Eu quero alguém

Eu quero alguém
Na areia da praia
Eu quero alguém
Que use calça ou saia
Quero alguém
É melhor que nada
Quero alguém
Pra ter do meu lado

Pessoa rica
Pessoa pobre
Pessoa que ouve
Pessoa surda
Fria, bonita
Suja, cheirosa

Estou tão só
Meus pais não me conhecem
Meus amigos são chatos
Meu cachorro não me lambe
Mas eu quero alguém
Quero alguém

Eu quero alguém
Que me dê um cigarro
Quero alguém
Que puxe o meu saco
Quero alguém
Pra ir no cinema

Quero alguém
Não sou exigente

Quero alguém
Que seja gentil
Quero alguém
Que pareça com gente
Quero alguém
Na hora do jantar
Quero alguém
No shopping da Barra

Pessoa jovem
Pessoa velha
Pessoa estranha
Pessoa santa
Diabólica, matemática
Emocionada, despreparada

Estou tão só
Meus pais não me conhecem
Meus amigos são chatos
Meu cachorro não me lambe
Mas eu quero alguém
Quero alguém

Eu quero alguém
Eu quero alguém
Eu quero alguém
Eu quero alguém

(Cazuza/Renato Rocketh, 1989)

Fase

Cazuza conheceu o baixista Renato Rocketh durante a temporada do show *Todas*, de Marina Lima, no Rio de Janeiro, em 1987, no Estádio de Remo da Lagoa. "Cazuza gostou do nosso som com Marina e, algum tempo depois, falou para o João Rebouças nos convidar para gravar o álbum *Burguesia*. Era um momento muito delicado da vida do Cazuza. Eu aprendi muito com ele, nos tornamos parceiros depois de um episódio muito significativo: eu me lembro de o Cazuza chegar no Estúdio 69, no Jardim Botânico, me oferecer um baseado e eu negar por medo de transmissão da doença através da saliva... Havia muita desinformação sobre a aids no final dos anos 1980. Ele percebeu que eu estava agindo de forma ignorante, mas foi muito amoroso, me acolheu e ensinou. Depois dessa cena, Cazuza chegou com os versos de 'Eu quero alguém' e disse: 'Me inspirei em você e na sua 'Uma noite e 1/2'".

Gravação original: Cazuza, *Burguesia* (1989)
Regravação: Sandra de Sá, *Sandra!* (1990)

Alta ansiedade II

Se marco uma entrevista às 21:15
já fumei 10 cigarros
Se vou gravar uma faixa
A mesa do estúdio está quebrada
Não sei esperar, não sei esperar
E a minha vida é um engarrafamento

Se tenho uma festa às 10
8:30 já estou pronto
Fico balançando os pés
Sentado na beira da cama
O tempo não passa pra mim
Quero mais velocidade
Várias coisas ao mesmo tempo
Não quero esse bonde lento

(Cazuza 1989)

Publicado pela primeira vez no livro *Preciso dizer que te amo: Todas as letras do poeta* (2001).

Perto do fogo

Perto do fogo
Como faziam os hippies
Perto do fogo
Como na Idade Média
Quero queimar minha erva
Eu quero estar perto do fogo
Fogo fogo fogo fogo
Meu amor

Perto do fogo
Quando tudo explodir
É, mas não vai explodir nada
Vão ficar os homens se olhando
E dizendo: O momento está chegando
Perto do fogo, meu amor
Ai ai meu amor

Eu tava aqui pensando, pensando
Pensando, pensando
No ano 2020 eu vou ter o quê, 72, 73 anos?
Vai ser tudo igual
Tudo tudo igual

Perto do fogo
Eu queria ficar perto do fogo
No umbigo d'um furacão
E no peito um gavião
Gavião, gavião

Perto do fogo
Eu queria ficar perto do fogo
E no peito um gavião

No coração da cidade
Defendendo a liberdade
Eu quero ser uma flor
Nos teus cabelos de fogo
Quero estar perto do poder
Eu quero estar perto do fogo
Fogo fogo fogo fogo

(Cazuza/Rita Lee, 1989)

Rita Lee foi a inspiração para a escrita desses versos, quando Cazuza estava em frente à lareira da casa dos pais em Petrópolis (RJ), a Fazenda Inglesa. A cantora, referência fundamental da geração do rock brasileiro tão admirada pelo poeta, visitou Cazuza no leito do hospital, em 1989, no Rio de Janeiro. Na ocasião, o poeta pediu trégua na briga entre Ezequiel e Rita. Ela comentou o encontro com Cazuza no livro *Preciso dizer que te amo: Todas as letras do poeta*, de Lucinha Araujo e Regina Echeverria: "Depois do teatro da reconciliação fiquei um tempo sozinha com o menino no quarto, conversando sobre a letra de 'Perto do fogo', que havia mandado. Me disse que durante todo aquele tempo que ficamos longe pensava em mim de maneira bacana. [...] Voltei para o hotel, descolei uma fita cassete e em cinco minutos a música estava pronta, tamanha inspiração. Mandei uma cópia e Cazuza adorou. No dia seguinte a letra de 'Comprimidos' estava me esperando na portaria do hotel. [...] Cazuza disse ter lido em algum lugar que só em 2020 o Brasil iria sair do sufoco, e o que eu achava disso. 'Sei lá meu, deixa eu ver... em 2020 eu vou ter o que, 72, 73 anos?...'", relembrou a conversa que inspirou os versos do amigo. A versão de Rita Lee foi gravada no dia da morte de Cazuza, em 7 de julho, sem que ela soubesse que o poeta já havia partido. No mesmo período, Rita e Roberto gravaram o videoclipe da canção, no qual aparecem cantando e tocando em frente a uma lareira – imagem que Cazuza descreveu no momento em que se inspirou na cantora para criar a canção. Na ausência do manuscrito original, optamos por publicar a versão que foi gravada por Cazuza, em 1989, e por Rita Lee, em 1990, em seus respectivos álbuns.

Gravações originais: Cazuza, *Burguesia* (1989) e *Rita Lee e Roberto de Carvalho* (1990)

Regravações: Rita Lee, *Bossa'n Roll* (1991); Cazuza, *Preciso dizer que te amo – Toda a paixão do poeta* (2001); Rita Lee, *Codinome Cazuza* (2004); *Tudo é amor – Almério canta Cazuza* (2021)

Não há perdão para o chato

Respeito o cara que é padre
Porque não sente tesão
Respeito quem rouba com fome
Quem consegue dizer não

Tem o meu respeito quem pede esmola
Quem ganha a sua mesada
Mas tem que ser mão-aberta
Com a rapaziada

Só não há perdão para o chato
Perdão para o chato
Não há perdão
O reino dos céus é do chato

Do chato do chato
Do otário e do cagão

Respeito quem é radical
Respeito quem ama errado
Respeito o cara careta
E o cara exagerado

Quem não gosta de criança
E quer viver solitário
Quem odeia rock 'n' roll
Mas gosta de um rebolado

Só não há perdão para o chato
Perdão para o chato
Não há perdão
O reino dos céus é do chato
Do chato do chato
Do otário e do cagão

Respeito o cara de pau
Respeito o mal-humorado
Respeito quem só reclama
Por ser mal remunerado

Tem o meu respeito quem quebra tudo
Na noite dos desesperados
E também o cara burro
Que sabe ser engraçado

Só não há perdão para o chato
Perdão para o chato
Não há perdão
O reino dos céus é do chato

Do chato do chato
Do otário e do cagão

(Cazuza/Arnaldo Antunes/Zaba Moreau, 1989)

Cazuza enviou seus versos para Arnaldo Antunes depois de ler um artigo dele publicado em 1985: "Cazuza gostou de um texto que escrevi em que eu falava dos chatos que, inevitavelmente, ostentavam sua condição de burrice. Alguns anos depois, no final dos anos 1980, ele escreveu 'Não há perdão para o chato' e logo me enviou para musicar". Além de Arnaldo Antunes, Zaba Moreau, na época casada com o cantor, assinou a parceria: "Nós ficamos muito contentes em fazer essa canção. Cazuza estava produzindo muito, apesar de estar com a saúde debilitada. Ele modificou a melodia quando gravou. Ficou diferente da versão que apresentamos, mas ficamos felizes. É minha única parceria com Cazuza". A canção abre o álbum póstumo *Por aí*, produzido por Ezequiel Neves e João Rebouças, com gravações de estúdio que não entraram no disco *Burguesia* (1989).

Gravação original: Cazuza, *Por aí* (1991)

Hei, Rei!

Seus olhos são tristes
E fundos como os meus
E os meus cabelos já não têm mais caracóis

Você é um rei
E eu, um barão
Eternamente vermelho
Totalmente doidão

Nós dois cantamos o amor
E aprendemos a aceitar a dor
E a tua voz me acalma o coração

Nós dois fumamos tranquilos
O cigarro proibido
Prometemos o céu
Pra cada homem ou mulher
Somos seres delicados
Somos dois exagerados

Hei, Rei!
Eu também errei
Estamos na estrada certa
A trilha louca do poeta

Você tem uma ideologia
Eu tenho outra opinião

Você é o pierrô-retrocesso
Com a graça de Deus
Tamos fazendo sucesso

Hei, Rei!
Eu também errei
Estamos na estrada certa
A trilha louca do poeta

(Cazuza/Roberto Frejat, 1989)

Maldição [1ª versão]

Os versos surgiram de um encontro com Roberto Carlos: Cazuza o cumprimentou, "E aí, meu Rei?", e Roberto respondeu: "E aí, meu Barão?". Cazuza relatou o episódio a Frejat, e enviou o poema sobre o encontro com o Rei. "Ele estava muito feliz que o Roberto falou que ele era um barão. Mas eram versos enormes, muito grandes mesmo. Então eu cortei, falei para o Cazuza que não dava", revela o parceiro. Cazuza e Frejat enviaram a canção para Roberto Carlos, mas não tiveram retorno.
Gravação original: Cazuza, *Por aí* (1991)

Jornais

Como um jornal abro a janela
E vejo bancas, café da manhã
Jornais
As pessoas leem jornais
Futilidades de um lado
Filho que matou o pai do outro
Porque o pai não o amava
Grupo de jovens mineiros
Profana sepulturas
E curra senhoras recém-falecidas
Xuxa peida e se caga
Fulana de tal usa Ban sem cheiro

Jornais são perigosos
Porque você pode chorar
Eu choro, eu leio jornais

Jornais
Verdade, mentira
Jornais
Porrada na cara
Mickey Rourke
Almodóvar
Não vivo sem jornais
Cubro minha casa com jornais
E ainda servem pra embalar o lixo

(Cazuza, 1989)

Publicado pela primeira vez no livro *Preciso dizer que te amo: Todas as letras do poeta* (2001).

Brazilian prayer

I've been following you
Since I was born
Counting my fingers
Facing the fears
I've been so anxious
And sad
You must believe, it's serious
All my days are like
Cruel rainy days in the hot summer

And it hurts me, baby
Hurts like a knife in my eyes
Like a shot of sadness
I live in madness
I'm really crazy
Living without tenderness
Nobody even looks at me
I've been following you, baby
Since
I was born
In this fucking world
I come to know you
I'm here to love you
Understand me
Trust me
Protect me
Have pity on me

(Cazuza, 1989/Bebel Gilberto, 2020)

Poema em inglês, musicado em 2020 por Bebel Gilberto para o projeto *Protegi teu nome por amor*; foi publicado pela primeira vez no livro *Preciso dizer que te amo: Todas as letras do poeta* (2001).

Yara

Ganhei Yara
A maior gata
A namorada
Do Zé Ricardo
É meu super brother
Mas é burrinho
Só fala em mar
Eu avisei – Isso não
É gata pra você, Zé
Ela tem cara de quem
Quer muito da vida
Porque as pessoas burras
Quase sempre combinam
Com as inteligentes
E eu fiquei com medo
Daí, eu, mau-caráter, traí meu amigo
Mas tudo por amor
Amor da Yara

Yara, minha santa
Fica comigo pra sempre
E, meu amor, te encho de presentes
Te dou o último livro do Kundera Uiara,
meu amor
Não fique culpada

A cara da vida é descarada
Yara, Yara!!

(Cazuza/Miquinhos, 1989)

No Rio de Janeiro boêmio dos anos 1980, Cazuza e Miquinhos eram presenças marcantes no Baixo Leblon e nas areias da praia do Arpoador. Cazuza, Selvagem Big Abreu (Sérgio Ricardo Abreu), Bob Gallo (Marcelo Ferreira Knudsen) e Avellar Love (Luiz Carlos de Avellar Júnior), os fundadores do grupo João Penca e Seus Miquinhos Amestrados, se juntaram para musicar os versos de Cazuza. No entanto, a canção acabou não sendo gravada e se perdeu no tempo. Sérgio Ricardo Abreu lembra de Cazuza com amizade e afeto: "Cazuza era uma pessoa gentil e engraçada, mas à noite era um monstrinho. Existia um grande carinho dos Miquinhos com ele, além de uma vontade de fazer algo juntos. Ele chegou a cantar com os Miquinhos num show no Morro da Urca em 1981. Nessa época ele dava uns versos para a gente musicar, mas acabou que não rolou a canção. Ele fez carreira com Barão, depois dedicou-se ao trabalho solo. Lembro que o Frejat me chamou para cantar no Barão, mas eu indiquei o Leo Jaime, que era do Miquinhos, e ele indicou o Cazuza. Ainda bem que não aceitei!". Publicado pela primeira vez no livro *Preciso dizer que te amo: Todas as letras do poeta* (2001).

Aula

Era assim:
O homem que me ensinava a natureza
Eu ia em suas costas, menino
Sentia o suor quente em suas costas
E uma alegria sem sentido

Depois veio a mata grossa
Onde a morte brincava de perigo
Éramos nós dois e uma trilha no mato
E a tal floresta que não era
Me ensinou o nome dos pássaros
E o impossível do voo
Depois veio a praia sem segredos
E um poema que veio na hora

Era assim:
O homem me ensinava a natureza
Da mulher e do que ela espera:
Um homem que a proteja
E pague seu amor

Um homem que a maltrate
E viva do seu amor
Um homem simplesmente
Que lhe inche a barriga
E que a mulher é o demônio
Disfarçado de anjo
E que é preciso tomar muito cuidado
Porque são belas dissimuladas
Falou dos homens como são ingênuos
Com suas brincadeiras de guerra
De como são a massa crua
E a mulher a folheada

Era assim:
O homem me ensinava a natureza
E eu ia em suas costas, menino

(Cazuza, 1989/Luís Capucho, 2023)

Publicado pela primeira vez no livro *Preciso dizer que te amo: Todas as letras do poeta* (2001). Trata-se de uma versão do poema "Era assim", escrito em 1982. Em 2023, o poema foi musicado por Luís Capucho para o projeto do álbum *A questão é*; a canção foi gravada por Capucho e Bruno Cosentino.

Rica e famosa

Rica e famosa
Com um copo de champanhe nas mãos
Nas festas da sociedade
Maquiada, 35 anos, magra, com um
Séquito de homens apaixonados
Adora artistas e quadros
Nega que seja grã-fina
Diz que trabalha e tem seu dinheiro
(Na verdade é RP da firma de um amigo)
Simpática, inteligente
Não tenho nada contra a mulher elegante
Sua vida são festas e risos e Roma
E uva e queijos e vinhos e Baco
Não é pecado ser rico
Mas a mulher rica não é famosa
Apenas sai nas colunas de jornais
E o povo adora
"Vamos ser republicanos
Mas não mexam nas carruagens da monarquia!"

Rica e famosa
Não vê nunca os filhos
Herdeiros do pai rico e famoso
Que não paga a mesada
Você é engraçada, rica e famosa
Vive a solidão, as gargalhadas
Chora escondida no analista
E gosta de escola de samba
(Ou dos crioulos da escola)
Você é loura e cheirosa
Mas e quando o povo acordar?
Bem, você vai ser RP da Mangueira
Ou Pavãozinho
Você é legal, sophisticated lady
E quando ninguém vê, você ri

(Cazuza/Ezequiel Neves, 1989)

Publicado pela primeira vez no livro *Preciso dizer que te amo: Todas as letras do poeta* (2001).

Portuga

Eu sou um "portuga" burro
E tenho mil caravelas na cabeça
Juntou com preto e com índio
Mas no fundo é "portuga"
Com seus sonhos de mar
Seu destino de fado
A eterna espera na praia
E a coragem de enfrentar tormentas

Eu sou "portuga" com meu dinheirinho contado
E meu gosto pela desgraça
Pelo meu corpo peludo
Pelo meu amor pelo acaso
Vou ter um dia uma mulher valente
Que vai ser a leoa da casa
E Portugal, África e Brasil
Vão ser uma grande comunidade

Se fala mais português que japonês, sabiam?
Se fala mais português que japonês, sabiam?
E a gente vai se impor no mundo
O vinho, o fado, o Porto
Sou triste, quase um "portuga" triste
Mas às vezes bebo e danço
E sou doce como um toucinho do céu

Portugal, meu útero
Acorda com teus filhos
E vamos embarcar de novo
Nas novas caravelas
Vamos dominar o mundo

Só que de um modo mais belo
Só que de um modo mais belo

A liberdade já chegou em Angola
E vai chegar no Brasil
Mistura a culpa do teu fado
Com a alegria que veio da África
Mas, "portugas", esqueçam

Esse destino de fado
Mas, "portugas", esqueçam
Esse destino de fado

É preciso mudar e lutar
Eu acredito na força do português no mundo
Do português burro no mundo
Porque a grande piada é o Brasil
Porque a grande piada é o Brasil
Porque a grande piada é o Brasil
A grande piada é o Brasil

(Cazuza/Orlando Morais, 1989)

A canção marca a parceria de Orlando Morais com Cazuza, que entregou o poema ao amigo quando recebeu sua visita na Clínica São Vicente, onde estava internado. Entretanto, Orlando Morais conheceu Cazuza antes mesmo de ele tornar-se cantor. "Nos conhecemos na praia, no Posto 9, rindo, conversando, bebendo no Baixo Leblon. Cazuza era solar. Assisti a uma peça de teatro que ele fez com a Bebel Gilberto, no início dos anos 1980. Depois eu fui para Portugal. Quando voltei ele já estava no Barão Vermelho. Ele me chamou para assistir a um show do Barão no Circo Voador; eu fiquei impressionado com as letras, a voz, a atitude dele no palco. Ele foi uma das pessoas que me fizeram ficar no Brasil, nessa época eu morava em Paris. Cazuza falou que ia falar com o pai dele para eu gravar, então me levou até o João e fiz o disco. Ele me enviou 'Portugal', uma letra imensa, muito bem escrita, com pensamentos modernos, de quem conhece muito História. Fiz a música e ele adorou: 'Que lindo!'. Lembro da felicidade dele com a canção", lembra Orlando Morais.

Gravação original: Cazuza, *Por aí* (1991)

Regravação: Orlando Morais, *Novo Millenum* (2005)

Burguesia

A burguesia fede
A burguesia quer ficar rica
Enquanto houver burguesia
Não vai haver poesia

A burguesia não tem charme nem é discreta
Com suas perucas de cabelos de boneca
A burguesia quer ser sócia do Country
Quer ir a Nova York fazer compras

Pobre de mim que vim do seio da burguesia
Sou rico mas não sou mesquinho
Eu também cheiro mal
Eu também cheiro mal

A burguesia tá acabando com a Barra
Afunda barcos cheios de crianças
E dormem tranquilos
E dormem tranquilos

Os guardanapos estão sempre limpos
As empregadas, uniformizadas
São caboclos querendo ser ingleses
São caboclos querendo ser ingleses

A burguesia fede
A burguesia quer ficar rica
Enquanto houver burguesia
Não vai haver poesia

A burguesia não repara na dor
Da vendedora de chicletes
A burguesia só olha pra si
A burguesia só olha pra si
A burguesia é a direita, é a guerra

A burguesia fede
A burguesia quer ficar rica
Enquanto houver burguesia
Não vai haver poesia

As pessoas vão ver que estão sendo roubadas
Vai haver uma revolução
Ao contrário da de 64
O Brasil é medroso
Vamos pegar o dinheiro roubado
da burguesia

Vamos pra rua
Vamos pra rua
Vamos pra rua
Vamos pra rua
Pra rua, pra rua

Vamos acabar com a burguesia
Vamos dinamitar a burguesia
Vamos pôr a burguesia na cadeia
Numa fazenda de trabalhos forçados
Eu sou burguês, mas eu sou artista
Estou do lado do povo, do povo

A burguesia fede – fede, fede, fede
A burguesia quer ficar rica
Enquanto houver burguesia
Não vai haver poesia

Porcos num chiqueiro
São mais dignos que um burguês
Mas também existe o bom burguês
Que vive do seu trabalho honestamente
Mas este quer construir um país
E não abandoná-lo com uma pasta de dólares
O bom burguês é como o operário
É o médico que cobra menos pra quem não tem
E se interessa por seu povo
Em seres humanos vivendo como bichos
Tentando te enforcar na janela do carro
No sinal, no sinal
No sinal, no sinal

Ataque de nervos

A burguesia fede
A burguesia quer ficar rica
Enquanto houver burguesia
Não vai haver poesia

(Cazuza/Ezequiel Neves/George Israel, 1989)

Com a saúde bastante debilitada em decorrência do diagnóstico positivo para hiv/aids, detectado em 1987, Cazuza passou a criar compulsivamente, entre uma internação e outra, marcando presença nos estúdios da gravadora PolyGram para concluir o álbum *Burguesia*. Escrita por Cazuza em parceria com George Israel e Ezequiel Neves, "Burguesia" abre o disco duplo, homônimo, seu último lançamento em vida. A canção aborda a insatisfação de Cazuza em relação à classe dominante do país; o poeta faz uma análise crítica do sistema político e da sociedade em seus versos.

Gravação original: Cazuza, *Burguesia* (1989)

Regravação: George Israel, *13 parcerias com Cazuza* (2010) – com Tico Santa Cruz

Vou ter um ataque de nervos
Vou ter, sinto minhas veias pulsarem
Vou ter um ataque, mas antes eu ataco
Quero um *downer*, um *down*
Estou ficando maluco
Camisas de força, por favor
Qualquer coisa
Vou ter um ataque de nervos
E me jogar do sexto andar
Deus me proteja
Vou ter um ataque de nervos

(Cazuza, 1989)

Publicado pela primeira vez no livro *Preciso dizer que te amo: Todas as letras do poeta* (2001).

O Brasil vai ensinar ao mundo

No mundo inteiro há tragédias
E o planeta tá morrendo
O desespero dos africanos
A culpa dos americanos

O Brasil vai ensinar ao mundo
A convivência entre as raças
Preto, branco, judeu, palestino
Porque aqui não tem rancor

E há um jeitinho pra tudo
E há um jeitinho pra tudo
Há um jeitinho pra tudo

O Brasil vai ensinar ao mundo
A arte de viver sem guerra
E, apesar de tudo, ser alegre
Respeitar o seu irmão

O Brasil tem que aprender com o mundo
E o Brasil vai ensinar o mundo
O mundo vai aprender com o Brasil
O Brasil tem que aprender com o mundo

A ser menos preguiçoso
A respeitar as leis
Eles têm que aprender a ser alegres
E a conversar mais com Deus

(Cazuza/Renato Rocketh, 1989)

Canção feita durante a gravação do *Burguesia*, em 1989, mas só incluída no disco póstumo *Por aí*. Após ter entregado "Eu quero alguém" para Rocketh musicar, Cazuza apresentou outros versos: "Quando voltei com a canção da nossa primeira parceria, Cazuza me mostrou 'O Brasil vai ensinar ao mundo', que me emociona muito até hoje: 'Eles têm que aprender a ser alegres/ E a conversar mais com Deus'. Acabou que Cazuza é que ensinou ao mundo, a todos nós. Ele estava revoltado com Deus, mas não perdeu a alegria de viver. Eu sentia muito essa vibração de alegria presente no Cazuza", comenta o parceiro. O poema foi registrado nas editoras e gravadoras musicais como "O Brasil vai ensinar o mundo", entretanto, optamos por publicar o título com a forma gramaticalmente correta "O Brasil vai ensinar ao mundo".

Gravação original: Cazuza, *Por aí* (1991)

Regravação: *Cazuza* (1997)

De quem é o poder?

De quem é?
De quem é?
De quem é o poder?
Quem manda na minha vida?
De quem é?
De quem é?

Uns dizem que ele é de Deus
Outros, do guarda da esquina
Uns dizem que é do presidente
Outros, que vem lá de cima

De quem é?
De quem é?
Quem inventou essa tara?

Uns dizem que ele é do povo
E saem pra trabalhar
Outros, que é dos muito loucos
Que não têm contas a prestar

Me dê poder e eu te mostro
O mais inteiro dos sonhos
Porque as verdades da vida
São sempre ditas na cama

É do ativo ou do passivo?
De quem é?
De quem é?

Às vezes você me domina
Pensando que eu sou teu dono
Às vezes você me dá nojo
Seguindo feliz o rebanho

Onde vai dar tudo isso?
Prender alguém ou ser preso
Quem é o mais infeliz?
Eu, dando ordem o dia inteiro?
E você, que nem sabe o que diz?

Me dê poder e eu te mostro
O mais inteiro dos sonhos
Porque as verdades da vida
São sempre ditas na cama

(Cazuza/George Israel/Nilo Romero, 1989)

Cazuza escreveu os versos para George Israel, que vivia um momento delicado de mudança no Kid Abelha com a saída de integrantes. O poeta mantinha uma relação de amizade e carinho com o grupo e na mesma época assinou o *press release* do disco *Kid* (1989). "Nesse período, eu e Cazuza estávamos muito próximos, já tínhamos feito canções de sucesso. Ele era generoso, escreveu versos que traziam questionamentos sociais, uma abordagem que não havia no Kid Abelha até aquele momento. Cazuza me chamava de 'parceirinho', tenho muito orgulho disso. Em todas as nossas parcerias havia poesia: os versos musicais do Cazuza, com sua sensibilidade plural, à flor da pele, com dor de cotovelo e indignação política. A gente não tocava muito junto, mas criava esses 'filhos musicais' para soltar na vida", conta George Israel.

Gravação original: Kid Abelha, *Kid* (1989)

Regravação: George Israel, *13 parcerias com Cazuza* (2010)

Sonho estranho

Eu tive um sonho estranho
O Brasil era que nem os Estados Unidos
Os crioulos tinham carros grandes
E andavam sambando nas ruas
A favela era como a Alfama
Toda colorida
E as crioulas usavam
Seus penteados prediletos
Os paraíbas andavam como texanos
E o presidente era mulato e macumbeiro

Eu tive um sonho bom
E acordei cantando
Mãe gentil nos acolha
Eu tive um sonho de nada
E acordei cheio de raiva

Tinha também os loiros
Todos sabem que eles são
Um povo bonito
Tinha índios e os japoneses
Plantando legal sua comida
Na janela do avião
Um país verde e bonito
Com o povo em seus abrigos
De luz, gás e TV

Eu tive um sonho bom
E acordei cantando
Mãe gentil nos acolha
Eu tive um sonho de nada
E acordei cheio de raiva

E na janela do avião
Um país verde e bonito
Com o povo em seus abrigos
De luz, gás e TV

(Cazuza/Nico Rezende, 1989)

Parceiro de Cazuza na fase solo da carreira do poeta, Nico Rezende relembra a amizade com ele: "Conheci Cazuza durante o filme *Bete Balanço*. Ficamos amigos e logo produzi *Exagerado*, em 1985. Esta foi nossa única parceria, que acabei gravando para o meu terceiro disco. Tenho muito orgulho de ter sido seu amigo de verdade. Não por acaso, ele se tornou meu padrinho de casamento, apareceu na cerimônia de bermuda, era uma pessoa de muita personalidade. Nessa época, mesmo com a saúde frágil, foi de cadeira de rodas ao estúdio para assistir à gravação da nossa parceria".

Gravação original: Nico Rezende, *Nico* (1989)

Nabucodonosor

Nabuco foi um cara
Conheci no enterro
Que tinha um cavalo
Um cavalo chamado Agenor
Um cavalo chamado Agenor

Nabuco era matuto
Elegante e astuto
Assim como eu sou
E era também meu avô
E era também meu avô

Nabuco já morreu
Foi para o exterior
E hoje em dia sou eu
O anjo e o sedutor
O anjo e o sedutor

Agora eu acredito
Em reencarnação
E que a morte, baby
Não é assim tão ruim, não

Nabuco me ensinou
A ser louco como eu sou
E meu avô também era
O advogado Agenor

(Cazuza/George Israel, 1989)

Considerando o período em que a canção foi lançada, na fase final de enfrentamento da aids, Cazuza relembra o seu avô Agenor (de quem herdou o nome) e reflete sobre a morte: "Agora eu acredito/ Em reencarnação/ E que a morte, baby/ Não é assim tão ruim, não". Em 1989, declarou que a canção era uma homenagem ao avô paterno: "Meu avô morreu dois dias antes de eu nascer. Mas para mim ele é muito importante, uma figura presente".

Gravação original: Cazuza, *Burguesia* (1989)

Regravação: George Israel, com Evandro Mesquita e Marcello Novaes (na gaita), *13 parcerias com Cazuza* (2010)

João

João meu pai, herói padrasto
João boa-pinta e valentão
John of Julia, que não te quis
João é João em toda parte
João e Maria, João de Deus
João da benção
Pra não sei o quê
João no colégio, no privilégio
João do morro, João que é médium
João é nome de um cara sério
Cobra michê caro, Joãozinho barato
João do Pulo, João do céu
E Jean Marais, João American
Pai João ajuda desesperados
Mostra caminhos que às vezes dão errado
Eu gosto de João puro
É o filho, é o "véio", que eu vou adotar
É pirralho que eu vou ensinar a nadar
João Japão, será que tem?
João tão velho no seu caixão
João da Mata, João que mata
Protejam os Joões nesta regata

(Cazuza, 1989/Raimundo Fagner, 2010)

O poema foi musicado por Fagner, mas a gravação permanece inédita. "Há mais de dez anos musiquei o poema, mas acabei não gravando. Os versos são fortes, o título carrega o nome do pai de Cazuza, João", relembra Fagner. Publicado pela primeira vez no livro *Preciso dizer que te amo: Todas as letras do poeta* (2001). No livro, João Araujo (1935-2013) escreveu um depoimento sobre o filho: "Fui o último a saber do talento de Cazuza. Ele costumava se trancar no quarto para trabalhar e escrever suas letras. Para respeitar o espaço dele, me mantinha afastado. Por isso me surpreendi quando o vi cantando 'Edelweiss' num espetáculo no Rio de Janeiro. Mais tarde, ao voltar de uma viagem, fiquei novamente surpreso quando Lucinha me disse: 'Cazuza vai estrear numa boate em um show com o Barão Vermelho'. Foi um susto maior ainda. Nem sabia que ele tinha entrado para um grupo de rock. [...] Eu me surpreendi foi com o estilo romântico da sua obra. Mas era, na verdade, um lado que Cazuza sempre teve: o da identificação com a música popular brasileira. [...] Assim como Renato Russo, Cazuza virou uma referência da geração 80, do rock".

Eu agradeço

Eu, eu agradeço, Senhor
Eu, eu agradeço, Senhor

Pois me criei
Esta criança que eu sempre hei de ser
Por outros seres e desejos
Vivos nas estrelas
Por ser um rei
E não ter que governar a vida

Agradeço por ter desobedecido
Por ter cuspido no teu altar sagrado
E por saber que nunca vou ter fé
E vou rir só com um canto da boca

Eu, eu agradeço, Senhor
Eu, eu agradeço, Senhor

Meu coração vai filtrar todo o ódio
Como um fígado, e vencer o tédio
E na cabeça a dúvida e o medo
São os amigos que vão me manter são

Eu, eu agradeço, Senhor
Ou, ou, ou o que mais então?

Se eu vejo a luz e vivo a escuridão
E não estou pronto pro grande momento
Se eu vejo a luz e vivo a escuridão
Agradeço mas não me lamento
Por negar também a tua presença
Peço licença pra cantar o amor
E não esperar jamais a recompensa

Eu, eu agradeço, Senhor
Eu, eu agradeço, Senhor

(Cazuza/George Israel/Nilo Romero, 1989)

Para o parceiro George Israel, a canção foi pouco regravada por marcar o momento de enfrentamento de Cazuza com a aids. "Cazuza tinha muita consciência da fase de vida que estava vivendo. A presença da morte é muito constante nas canções desse período, bem como o sentimento de gratidão pela vida. 'Eu agradeço' marca essa época; bem como 'Nabucodonosor' e 'Quando eu estiver cantando' são canções que envolvem um clima de despedida. Talvez por isso, sejam menos lembradas".

Gravação original: Cazuza, *Burguesia* (1989)

Regravação: George Israel, *13 parcerias com Cazuza* (2010)

As cobaias de Deus

Se você quer saber como eu me sinto
Vá a um laboratório ou um labirinto
Seja atropelado por esse trem da morte

Vá ver as cobaias de Deus
Andando na rua pedindo perdão
Vá a uma igreja qualquer
Pois lá se desfazem em sermão

Me sinto uma cobaia, um rato enorme
Nas mãos de Deus-mulher
De um Deus de saia
Cagando e andando
Vou ver o E.T.
Ouvir um cantor de blues
Em outra encarnação

Nós, as cobaias de Deus
Nós somos cobaias de Deus
Nós somos as cobaias de Deus

Me tire dessa jaula, irmão, não sou macaco
Desse hospital maquiavélico
Meu pai e minha mãe, eu estou com medo
Porque eles vão deixar a sorte me levar
Você vai me ajudar, traga a garrafa
Estou desmilinguido, cara de boi lavado
Traga uma corda, irmão, irmão, acorda!

Nós, as cobaias, vivemos muito sós
Por isso, Deus tem pena e nos põe na cadeia
E nos faz cantar, dentro de uma cadeia
E nos põe numa clínica, e nos faz voar

Nós, as cobaias de Deus
Nós somos cobaias de Deus
Nós somos as cobaias de Deus

(Cazuza/Angela Ro Ro, 1989)

Cazuza ainda estava chateado com Angela Ro Ro por ela não ter gravado "Malandragem", mas resolveu enviar "As cobaias de Deus" para a amiga, que sempre ligava para saber como estava sua saúde. "Ele estava puto comigo! Mas enviou o manuscrito da canção pelo correio, numa cartinha enviada para minha casa em Araras, na região serrana do Rio. Eu tenho muito orgulho de ter costurado a letra na métrica". Um dos primeiros registros da vivência com hiv/aids na literatura e na música brasileiras, "As cobaias de Deus" é um testemunho dramático de Cazuza sobre como viver com aids numa época da epidemia em que a doença era considerada sinônimo de morte. A angústia e a revolta do poeta são explícitas diante da iminência da morte: "Me sinto uma cobaia, um rato enorme/ Nas mãos de Deus-mulher/ De um Deus de saia/ Cagando e andando/ Vou ver o E.T./ Ouvir um cantor de blues/ Em outra encarnação". A poema foi musicado como "Cobaias de Deus", entretanto, optamos por publicar o título conforme consta no manuscrito: "As cobaias de Deus".

Gravação original: Cazuza, *Burguesia* (1989)

Regravações: Angela Ro Ro, *Nosso amor ao Armagedon* (1993) Lulo Scroback, *Cazas de Cazuza* (2000); *Tudo é amor – Almério canta Cazuza* (2021)

Quando eu estiver cantando

Tem gente que recebe Deus quando canta
Tem gente que canta procurando Deus
Eu sou assim com a minha voz desafinada
Peço a Deus que me perdoe no camarim

Eu sou assim
Canto pra me mostrar
De besta
Ah, de besta

Quando eu estiver cantando
Não se aproxime
Quando eu estiver cantando
Fique em silêncio
Quando eu estiver cantando
Não cante comigo

Porque eu só canto só
E o meu canto é a minha solidão
É a minha salvação
Porque o meu canto redime o meu lado mau
Porque o meu canto é pra quem me ama
Me ama, me ama

Quando eu estiver cantando
Não se aproxime
Quando eu estiver cantando
Fique em silêncio
Quando eu estiver cantando
Não cante comigo
Quando eu estiver cantando
Fique em silêncio

Porque o meu canto é a minha solidão
É a minha salvação
Porque o meu canto redime meu lado mau
Porque meu canto é o que me mantém vivo
É o que me mantém vivo

(Cazuza/João Rebouças, 1989)

Segundo o parceiro João Rebouças, a canção foi feita para a cantora Maria Bethânia, que acabou não a gravando. Renato Russo a interpretou no primeiro tributo ao poeta, *Viva Cazuza* (1990), e, antes de cantar os versos pouco conhecidos, a apresentou assim: "A última música do último lado do último disco de Cazuza". Em seguida, costurou a interpretação de "Quando eu estiver cantando" com "Endless Love", sucesso dos anos 1980 na voz de Lionel Richie e Diana Ross: "[...] O Cazuza amava essa música!". Renato já havia homenageado o amigo no emblemático show da Legião Urbana realizado no Jockey Club, no Rio de Janeiro, em 7 de julho de 1990, no dia da morte de Cazuza. Antes de iniciar o show, Renato Russo, segurando um ramo de flores, fez um discurso sobre o amigo poeta e roqueiro: "Eu vou falar de mim. Eu tenho mais ou menos 30 anos. Eu sou do signo de Áries. Eu nasci no Rio de Janeiro. Eu gosto da Billie Holiday e dos Rolling Stones. Eu gosto de beber pra caramba de vez em quando. Também gosto de milk-shake. Eu gosto de meninas, mas eu também gosto de meninos. Todo mundo diz que eu sou meio louco. Eu sou um cantor numa banda de rock and roll. Eu sou letrista e algumas pessoas dizem que eu sou poeta. Agora eu vou falar de um carinha. Ele tem 30 anos. Ele é do signo de Áries. Ele nasceu no Rio de Janeiro. Ele gosta da Billie Holiday e dos Rolling Stones. Ele é meio louco. Ele gosta de beber pra caramba. [pausa] Ele é cantor numa banda de rock. Ele é letrista. E eu digo, ele é poeta. Todo mundo da Legião gostaria de dedicar este show ao Cazuza".

Gravação original: Cazuza, *Burguesia* (1989)

Regravações: Renata Arruda, *Traficante de ilusões* (1993); Elymar Santos, *Vida de cigano* (1993); Fafá de Belém, *Piano e voz* (2002); Renato Russo, *Presente* (2003); *Tudo é amor – Almério canta Cazuza* (2021)

Experiência

Antes de pegar este aviãozinho
Tenho que te provar alguma coisa

Eu tentei, não consegui porque
Tem coisas
Que a gente não consegue vencer mesmo

Vou pra outras plagas
Ver se esta minha doença passa
E se eu posso rapidinho
Ter o destino como o de todo mundo.

(Cazuza, 1989)

Publicado pela primeira vez no livro *Preciso dizer que te amo: Todas as letras do poeta* (2001).

Aviador maluco

Eu acho que ele ficou maluco
De tanto voar e voar
Nos cruzeiros malucos do ar

Socorro, meu comandante!
Não tenho rota e nem sei mais a distância
Entre o Pará e a China

Por que nós que salvamos vidas
Somos pessoas tão fracas?
O piloto está maluco
E a nossa vida só vale um minuto

(Cazuza, 1989)

Publicado pela primeira vez no *Jornal da Tarde*, em 25 de outubro de 1989. Ao lado dos versos, uma matéria com o título "Cazuza, um desesperado voo pela vida", abordando a viagem do poeta aos EUA para dar continuidade ao tratamento de hiv/aids, além de uma foto do embarque no avião.

Azul e amarelo

Anjo bom, anjo mau
Anjos existem
E são meus inimigos
E são amigos meus
E as fadas
As fadas também existem
São minhas namoradas
Me beijam pela manhã
Gnomos existem
E são minha escolta
Anjos, gnomos
Amigos e amigos
Tudo é possível
Outra vida futura, passada
Viagens, viagens
Mas existem também drogas pra dormir
E ver os perigos no meio do mar
No sono pesado, tudo meio drogado
Existem pessoas turvas, pessoas que gostam
E eu tô de azul e amarelo
De azul e amarelo

Senhores deuses, me protejam
De tanta mágoa
Tô pronto para ir ao teu encontro
Mas não quero, não vou, não quero
Não quero, não vou, não quero

(Cazuza/Lobão/Cartola, 1989)

Cartola foi incluído na parceria por sugestão de Cazuza, que usou alguns versos de seu samba "Autonomia": "Não quero/ Não vou/ Não quero". Cazuza, cujo nome de batismo é Agenor, fez assim a sua homenagem de despedida ao Poeta do Morro que tanto admirava, batizado de "Angenor" – "por erro do escrivão, no cartório", argumentou o roqueiro. Em 1989, Cazuza disse sobre a canção: "Essa música minha com o Lobão, eu adoro; azul e amarelo, cores do meu santo, Logun Edé, que é um santo criança, o mesmo santo do Gilberto Gil. Com azul e amarelo estou protegido". Lobão lembra que a parceria foi realizada na época em que Cazuza estava em tratamento de saúde: "Ele estava sofrendo, estava na flor da idade, o tratamento para aids era muito cruel. Cazuza ficava muito irritado com aquela piedade, ele não queria que olhassem para ele dessa forma. A gente fumava um baseado e ele ficava babando no cigarro, aí me passava, eu fumava e dizia: 'Ah, você com essa doença contagiosa, não tem vergonha na cara?'. Ele queria saber se eu ia agir com medo, discriminação. Na época, a aids causava era uma sentença de morte, não tinha solução. Foi muito triste, um choque ver meu amigo naquele estado".

Gravação original: Cazuza, *Burguesia* (1989)

Regravações: Lobão, *Sob o sol de Parador* (1989), *Box Lobão* (2012) e *Antologia politicamente incorreta dos anos 80 pelo rock* (2018); Marcelo Quintanilha, *Caju – Canções de Cazuza* (2018)

Oriental

Nunca mais viagens pro Japão
Nunca mais chicletes e açafrão
Nunca mais teu corpo de Omo bom
E o riso de metade de sabão

Mas nada neste mundo é nunca mais
E o sol se põe e a alvorada vem
Japonesa maquiada em fel
Teu jogo oriental de mulher má

Você pensa com o coração
E ama com o cérebro ladrão
É cultura, é literatura
A vida não pode ser tão dura

O mundo tá ficando oriental
O mundo tá ficando marcial
E o meu coração é um bombom estragado
Na minha decadência de drogado

Quando eu me tornar oriental
E o mundo se tornar oriental
Ninguém vai ter pena de mim
Do bárbaro sem destino e burro

Nunca mais sushi, televisão
Nunca mais teu branco de doer
Doer, japoninha, você dói
Sabe lá se eu vou me acostumar

Mas nada neste mundo é nunca mais
E o sol se põe e a alvorada vem
Você cuidava, baby, de mim tão bem
E ria por trás, como a enfermeira faz

O mundo tá ficando oriental
O mundo tá ficando marcial
E o meu coração é um bombom estragado
Na minha decadência de drogado

(Cazuza, 1989/ Orlando Morais, 1990)
(Cazuza, 1989/ Rogério Meanda, 1991)

A canção marca a retomada da amizade entre Rogério e Cazuza, que ficaram três anos afastados. Em 1988, Rogério foi ao Canecão, no Rio de Janeiro, assistir a Cazuza no show *O tempo não para*. Cazuza, ao ver o amigo e parceiro na plateia, convidou-o para tocar: "Nossos olhares se cruzaram e um filme passou na minha cabeça. Subi no palco e tocamos juntos 'Exagerado', fizemos as pazes em público, sem dizer nada. Nos reencontramos e, em seguida, fizemos 'Oriental', que entrou no seu álbum póstumo". A parceria de Rogério e Cazuza foi lançada no álbum *Por aí*, em 1991, com o título "Oriental II", pois, em 1990, Orlando já havia musicado e lançado em disco os versos de "Oriental". Orlando Morais recebeu "Oriental" quando Cazuza estava internado na Clínica São Vicente, na Gávea, no Rio de Janeiro: "Eu fui visitá-lo no hospital e Cazuza me entregou a letra. Ele disse: 'Eu quero que você faça essa música!'. Ele insistiu, não era um pedido, era uma ordem. Os versos eram muito, mas muito tristes. Eu sofri muito para fazer. Quando fui ao hospital levar a canção para ele ouvir, ele quis ficar sozinho comigo no quarto. Adorou, então gravei no meu disco de estreia. Ele já estava bem debilitado. Cazuza teve uma importância muito grande na minha vida. Ele é o maior poeta da minha geração; cada disco dele era um farol, uma orientação. Cazuza era um cara que mexia na ferida, não tinha medo de nada. Era de uma violência gigantesca no pensamento e, ao mesmo tempo, muito doce e muito amigo e fraternal. A gente ia todos os dias para a casa da Lucinha e do João para visitá-lo. Ele era incrível, nunca se vitimizou, nunca ficou pequeno diante da doença. Era um menino dragão. Cazuza era gigante, com uma ampla visão de mundo. Foi importantíssimo na minha formação musical, e na minha vida, pela força e grandeza de caráter. Cazuza era foda!", conta Orlando. Em 2023, a filha de Orlando Morais e Glória Pires, Anttónia, cantou "Oriental" no programa *Versões* (Multishow).

Gravação original: Cazuza, *Por aí* (1991)

Regravações: Orlando Morais, *Orlando Morais* (1990), *A rota do indivíduo* (1991) e *Agora* (1997)

Comprimidos

Eu e meus comprimidos
Passeamos pelas Paineiras
Eu e meus comprimidos
Babás da felicidade
Como é bom uma droguinha
Que se compra na farmácia
A vida vai indo gostosa
Eu amo meus comprimidos

Aviso aos deprimidos
Aviso aos oprimidos
Não há nada melhor do que
A vida parar de doer
Às vezes custa caro
Mas também tem no INPS

Fiquem felizes, amigos
O mundo é um lugar encantado

Já fermentaram a cerveja
Já destilaram o malte
Porão o vinho pra descansar
O homem quer fantasia
Quer carnaval
Quer cantar

(Cazuza/Rita Lee, 1989)

Escrito para Rita Lee após visita da artista ao poeta no hospital onde estava internado no Rio de Janeiro, em 1989. Cazuza recebeu uma fita cassete com a gravação de Rita no dia seguinte à visita. Ela musicou "Perto do fogo" rapidamente, no quarto do hotel; o poeta, então, encaminhou um novo poema. "No dia seguinte, a letra de 'Comprimidos' estava me esperando na portaria do hotel; ela continha partes da conversa que tivemos no quarto dele na véspera, sobre como nós dois sempre apelamos aos comprimidos químicos para resolver nossas dores existenciais. Rimos muito da nossa magreza, decidimos que na leveza do ser voávamos mais alto. Cazuza disse ter lido em algum lugar que só em 2020 o Brasil iria sair do sufoco, e o que eu achava disso", conta a cantora em depoimento para o livro *Preciso dizer que te amo: Todas as letras do poeta* (2001), de Lucinha Araujo e Regina Echeverria; no qual o poema foi publicado pela primeira vez. Um trecho dessa conversa que Cazuza teve com Rita no leito do hospital também foi transformado numa estrofe de 'Perto do fogo'. Os versos foram musicados por Rita Lee, mas a gravação permanece inédita.

[Ajudai, Senhor]

Deus, me ajuda
Me ajuda, Senhor
Eu me sinto tão usado e louco aqui
Sem ninguém, ninguém pra amar
Eu procuro em todo lugar e não acho
Ninguém pra amar
Deus, me ajuda
Me ajuda, Senhor
Eu sei, não há nenhum tipo
Especial de pessoa
Que te pede
Mas eu acredito que o Senhor não esquece ninguém
Ninguém
Ah, Deus, me ajuda, por favor
Você não sabe quanto tempo faz
Que eu tento em vão
Todo dia eu me esforço
Tentando mudar
Mas alguma coisa sempre me empurra pra baixo
É verdade
Não me deixe só aqui, sem amor
Não me deixe, Senhor...

(Cazuza, 1989/Angela Ro Ro, 2001)

Publicado no livro *Preciso dizer que te amo: Todas as letras do poeta* (2001), de Lucinha Araujo e Regina Echeverria, com o título "Ajudai, Senhor". O poema foi musicado, mas não gravado, por Angela Ro Ro. Em entrevista à TVE/RS, em Porto Alegre, antes da apresentação no Teatro Presidente, em 1988, Cazuza falou sobre como a presença de Deus passou a ser mais frequente em suas canções com a descoberta de seu diagnóstico positivo para hiv/aids; foi uma das primeiras vezes em que se pronunciou abertamente sobre a questão: "A doença me deu uma fé. Eu não sabia que tinha fé, era agnóstico. Hoje em dia eu sou uma pessoa que tem respeito por quem tem sua religião. Eu não tenho religião. Mas estou profundamente religioso, precisei encontrar fé em mim para continuar vivendo, [...]. Temos que pensar positivo. Deus é mais", declarou. Cazuza voltou a abordar em outras ocasiões sua experiência com o sagrado; em 1989, declarou: "Tenho fé em mim mesmo, a minha experiência com Deus é por aí, sou muito pragmático, cético. [...] Meus deuses são muitos, acredito em todos eles". Segundo Lucinha Araujo, Cazuza era devoto de Santa Rita, mas "achava meio ridículo rezar". Quando ele estava em Boston, em tratamento de saúde, Lucinha levou a imagem de Santa Rita e a colocou na cabeceira do leito; Cazuza reclamou. Mas quando, em uma das viagens, a mãe esqueceu de levar a imagem, ele falou: "Mãe, escuta aqui, cadê aquela macumbinha que você bota aí? Enquanto estiver dando certo deixa a Santa Rita aí que ela me protege".

Endless night

A noite não tem fim
Felicidade não se paga
Mas paga bem
Uma boa enfermeira
Pra passar a noite inteira
Um bom banheiro
Sexo no hospital

A noite não tem fim
Felicidade não se paga
Mas paga bem
Eu sou o maioral
Sensacional
Brincos de ouro, grana no bolso
E é disco laser que eu ouço

Eu sou assim, nasci assim
Ouro, rico, famosão
Eu tenho mesmo é uma cara de cão

(Cazuza/George Israel, 1989)

O poema foi musicado por George Israel, mas a gravação permanece inédita. A canção faz parte da produção final de Cazuza, quando estava em tratamento intenso de saúde. "Nós fizemos a canção, mas acabou que não gravei. Talvez porque me lembrasse muito do momento em que Cazuza estava no hospital. Tenho que voltar aos versos dele para compreender como posso ressignificar essa relação com a canção", afirma George Israel.

Saia daqui

saia daqui, vudu, saia da minha vida
você é pior que macumba que mata bicho
saia de perto de mim
não me procure mais,
por favor, eu preciso de paz
eu não mereço esse amor todo errado
marcado de mágoas, de traições
aprendi as lições da vida
e estou tranquilo

vai ser feliz com quem te merece
quem tece sua rede de mentiras, intrigas
vai procurar tua praia, tua turma
e me deixa numas de felicidade
hei de encontrar uma nova pessoa
pois parei de te amar
pois o meu trabalho é a minha vida
o resto são momentos de alegria
saia daqui, vudu
com suas asas negras sobre mim
voe bem alto, seja feliz
mas saia daqui, por favor, saia.

(Cazuza, 1989)

Inédito, encontrado durante a pesquisa para a organização deste livro. No envelope do poema está escrito à máquina a data: 'Rio, 26/02/89'. Em 1990, a cantora fez com Frejat, a canção "O poeta está vivo", em homenagem ao amigo Cazuza, que retornava ao Brasil após intenso período de internação em hospital em Boston.

A via-crúcis do corpo

O homem pode ter suas fêmeas
Mulheres podem ter seus machos
Tudo é possível no amor
Só não volta a infância perdida
Só não nos livramos de morrer à toa

O amor pode não ter ciúme
A dor pode ser disfarçada
Mas a via-crúcis do corpo
Já foi há muito traçada

Meu Deus, estamos abandonados
E só nos resta matar
Meu Deus, como a vida é amarga
E doce como chocolate

Será que eu tenho um destino?
Não quero ter a vida pronta
Como um plano de trabalho
Como um sorvete de menta

Matei, mataria mil vezes
E mil vezes não me arrependeria
Quem mata por amor tem perdão
Porque o amor é a morte

A comida na mesa
Os vasos de jasmim
O corpo do ser amado
Enterrado no jardim

Deus, por que não me procuras?
Tenho sempre que ir a ti?
Deus, estamos cansados
Está tudo desequilibrado
Meu crime é um crime comum
Minha infância está perdida
Não há nada de mais em matar
O escroto que não te ama

A via-crúcis do corpo
O mundo caminha assim
A via-crúcis da alma
Essa nunca vai ter fim

(Cazuza, 1989)

Inspirado em dois contos do livro *A via-crúcis do corpo* (1974), de Clarice Lispector: "O corpo" e "Via-crúcis"; encomendado por José Antonio Garcia para o filme O *corpo* (1991), baseado na obra da escritora, para ser cantado por Chico Buarque. O poema foi publicado pela primeira vez no livro *Preciso dizer que te amo: Todas as letras do poeta* (2001).

Jovem

Jovem, bicho revoltado
Mamãe roubou suas revistas
De sacanagem
Jovem, papai tá ocupado
Não é só você
Que come a empregada
Jovem, você tá muito avançado
Seus amigos desconfiam
Que você é veado

Antigamente era mais fácil
Ser a grande novidade
Você vai ser alistado pela faculdade
Jovem, não vai chegar tarde
A sociedade está pronta pra ligar o alarme

Jovem, seu primeiro amor
Acabou de repente no elevador
Jovem, você também votou errado
Porque não viu que o futuro
Às vezes repete o passado
E o mundo inteiro parece escapar
Entre os seus erros

Lavando a cara de manhã
Pergunta pro espelho
Afinal, quem é você
Jovem, a grande novidade
Jovem

(Cazuza/Arnaldo Brandão, 1989)

Última canção gravada por Cazuza, para o terceiro álbum da Hanói-Hanói, banda do parceiro Arnaldo Brandão: "Em 1989, eu musiquei os versos de Cazuza e incluí no repertório do grupo que criei com Tavinho Paes, Affonsinho e Pena. Aliás, conheci Cazuza por meio de Tavinho Paes; eles tinham a poesia como elo. Nos aproximamos num evento idealizado pela Scarlet Moon de Chevalier, na Lagoa, na zona sul do Rio, que reuniu diversas bandas de rock, em 1982. Nessa época eu tocava na banda Brylho [da Cidade], e Cazuza, no Barão Vermelho".

Gravação original: Hanói-Hanói, *O ser e o nada* (1990)

Regravação: Arnaldo Brandão, *Tributo a Cazuza* (2008)

Quero ele

Quero ele, mas quero muito
Ouço no meu gravador murmúrios dele
Procuro ele no mar, por todo navio
Quero ele, menino triste
Quero ele por trás dele
Por cima da mesa
Quero Querelle, quero querê-las
Quero tê-las, seus bagos, suas orelhas
Quero ele brocha, quero ele rocha
Quero ele com seus pentelhos
E seu doce sorriso nas sobrancelhas
A brisa de espada
Quero arrumar sua mala
E cuidar dele quando estiver doente
A gente sente coisas estranhas
Dores, horrores nas entranhas
Mãe, pai, onde estou nesta noite devagar
Querelle não, Querelle corre
Querelle pode e deve mentir
Quero Querelle e seu irmão
(Quero Rogéria e seu pauzão)
Quero em Brest, todos os santos
Quero as fadas e os gigantes

Quero escovar seus dentes, passar colônia
Contar histórias pra sua insônia
Quero curar seu mal de sexo
Quero sem nexo, sem camisinha
Quero, sim, quero carinho
Quero a luz dos obscuros
Quero querer, quero mamar, quero preguiça
O Rio, Angra, Paranaguá
Quero vocês, meus companheiros
Meus marinheiros, meus caloteiros
Quero vocês, quero com a faca cortar a dor
E ser mulher
(mulher Rogéria, Astolfo macho)

(Cazuza/Fábio Pillar/Charles Kahn, 1989)

Escrito para a atriz e transformista Rogéria, que interpretava a prostituta Madame Lysiane no espetáculo *Querelle*, adaptação do romance *Querelle de Brest*, de Jean Genet, com dramaturgia de Nelson Wagner e direção de Fábio Pillar. A peça, que estreou em 11 de maio de 1989 no Teatro Dulcina, no Rio de Janeiro, conta a história de um marinheiro que seduzia homens e mulheres e frequentava o submundo no porto de Brest, na França. Na canção, Cazuza faz uma alusão a "Tempo de estio", de Caetano Veloso, do álbum *Muito* (1978): "Quero comer/ Quero mamar/ Quero preguiça/ Quero querer". A letra chegou a ser creditada também a Lobão, que negou a parceria, provavelmente por causa dos versos: "Quero Querelle e seu irmão/ (Quero Rogéria e seu pauzão)". Lobão relembra o episódio: "Cazuza me mostrou a letra, mas eu disse que não me sentia muito à vontade de fazer. Eu não me via cantando aquilo e ele ficou chateado... Um ano depois, quando ele já estava morto, descobri que registrou a música em meu nome; comecei a receber os direitos autorais pela faixa". Na verdade, o poema de Cazuza foi musicado por Fábio Pillar e Charles Kahn; os versos chegaram a ser publicados em matéria sobre a música-tema do espetáculo, na *Folha de S.Paulo*, em 25 de abril de 1989. O produtor de teatro Francis Mayer lembra do dia em que foi buscar os versos de Cazuza na casa dele. "O Fábio Pillar era amigo dele, ligou e fez o convite. Cazuza aceitou e curtiu a ideia de a Rogéria cantar uma canção dele. Nessa época, ele já estava doente e bem debilitado. Lembro da visita que ele nos fez no ensaio da peça no Teatro Sérgio Porto. A Rogéria estava nervosíssima!", recorda Francis, que em 2008 assinou a direção e o roteiro do musical *Cazuza – Jogado aos teus pés*, que estreou no Teatro Candido Mendes, em Ipanema. Em 2009, a canção foi interpretada pela atriz Adriana Capparelli no espetáculo *The Rest is Silence – Canções de teatro e o teatro das canções*, com participação de Arthur Nestrovski e Nina Blauth, apresentado no Sesc Pinheiros, em São Paulo.

Cineac Trianon

Procurando um lugar ao sol?
todas essas pessoas que são jogadas na sociedade
e que aprenderam desde criança
que a farsa dá grana
aonde será que elas estão indo?
te olhando assim de repente eu pensei:

Quem é o mais covarde
o médico alienado
ou o louco consciente da enfermaria n.6 do Tchekhov,
[lembra?
aquele romance que eu li e te pedi pra ler também
mas você não leu porque não teve saco.

Será que há uma saída?
eu me respondo sempre
que talvez não hoje
que talvez seja por isso que as pessoas
brinquem de cabra-cega o tempo todo,
porque são inteligentes e
sabem que não há
saída.

Um dia no meio dessa loucura toda
eu encontrei uma pessoa que tinha uns
olhos claros
que conversava sempre olhando o chão, numa
timidez
e ingenuidade parecida com a dos pássaros
que dificilmente nos encaram
"O amor é o ridículo da vida."

Porque nós sempre procuramos nele
uma pureza que é impossível conseguir
se você já perdeu.
A vida obriga as pessoas mais sensíveis
a perderem a ingenuidade
mas uma vaga ideia de paraíso
nos persegue como borboletas
que só vivem 24 horas.

Essa impressão
de que você está me olhando,
secretamente me quer,
essa loucura tá me acabando!

Eu nasci numa sexta-feira santa,
era noite.
Eu me debati durante nove horas e nasci
ISSO É UMA VERDADE

Eu morro de medo de solidão
a que certos intelectuais precisam se
entregar
para produzir alguma coisa mais ou
menos profunda.

Ficar um dia sozinho me leva à loucura
convívio social também.
Ao mesmo tempo eu temo a loucura e
vou vivendo assim
feito uma bola entre duas raquetes de
frescobol.

Eu não possuo nada que seja meu.
Mesmo assim algumas pessoas
gostam de mim e me procuram porque
são parecidas comigo
e por isso me dão medo.

A simples imagem de um pássaro
sentado num sofá
olhando pro peito com vergonha,
me incendeia o corpo todo
e me faz viver.

Talvez se eu escolhesse um mundo
e me entregasse a ele cegamente,
talvez eu me transformasse
numa raquete...

A poesia é linda porque nela tudo cabe,
porque não é certa nem errada.
Mesmo eu sendo um anacronismo,
me sinto poeta.

Noite após noite
eu me consumo em amores impossíveis,
numa forma de encarar o amor
que podia ser definido como uma punheta
sem fim.

Apesar de ter lido vários ensaios que o
verdadeiro amor
é aquele que nasce das duas partes,
num movimento matematicamente feliz
mesmo já tendo feito análise
e descoberto o sentido da palavra carência
mesmo assim eu vejo um pássaro
que está prestes a voar.

Todo amor não correspondido é careta
e eu sou um caçador solitário
que um dia vai morrer de fome
por sentir pena dos bichinhos
e vacilar na hora de atirar.

E por viver na floresta
em que a única profissão possível
é a de caçador.

Um dia o homem
foi condenado a mentir
e isso se tornou comum
que nos tornamos felizes,
apesar de...

O meu apesar é existirem tantas
donas de casa, empresários,
comerciantes.
E sou feliz, às vezes,
por preencher folhas em branco movido
por paixões ridículas.
O simples fato de estar amando
uma pessoa que conheci há duas horas atrás
me leva a questionar a razão
de termos um cachorro
e o levarmos todos os dias à rua
para que ele satisfaça
suas necessidades naturais.
  E que, certas
pessoas, por serem pássaros,
nos induzem a voar.

Agora o pássaro
voou de novo não sei pra onde
e a mediocridade se apoderou da sala

Eu sou tão infeliz
que seria capaz de cometer os atos mais
baixos
pelo simples prazer de me sentir vivo.

Ele agora passeia pela casa.
Deve estar procurando,
procurando alguma coisa.
Eu entro e saio do banheiro
Sem razão nenhuma
me olho no espelho, ajeito
o cabelo,
me desespero em pensar que é loucura.

Temo me transformar num professor Aschenbach
aos 21 anos de idade.
É tempo de ser Tadzio na minha vida,
mas eu quero a riqueza de ser
grande o bastante
para não temer o ridículo.
Talvez esteja lendo
muitos romances russos e alemães
do começo do século

e por não ter personalidade esteja
confundido as coisas.
Ontem me apaixonei por uma moça de 19 anos
mas a paixão passou
depois de algumas horas juntos,
passeando pelo Rio.
Ela era real demais e amava o pai.
Agora eu amo a sua imagem
e sonho com ela.

Sonho com nossa casa
e nossos filhos que nunca vamos ter.
Agora eu amo o irmão da moça de 19 anos,
que tem 17.

E que é pássaro encabulado.
Ele, como o anjo louro,
é a imagem de alguma coisa que
procuro
desesperadamente sabendo que,
nunca, nunca neste mundo, vou
encontrar.

A imagem da paixão do Aschenbach do Mann,
é igual minha imagem de
adolescente retardado aos 21 anos.
Embora essas coisas pareçam ser bem
antigas possuem algum espírito,
é estranho o fascínio que elas me dão.
É com o mesmo fascínio que ouço
blues e boleros horas a fio e que leio
antigos romances, romances... e poesia beat.

Serei mais um
"quem eu quero não me quer quem me
quer eu mando embora"?
Billie Holiday cantando dá uma
sensação de exata
ignorância com o tempo real de sua
existência.

É triste sensação
de haver perdido o trem
e ter muitas malas pra carregar.

(Cazuza, 1989)

Inédito, encontrado durante a pesquisa para a organização deste livro. Com a morte de Ezequiel Neves em 7 de julho de 2010, Lucinha Araujo recebeu pastas com escritos de Cazuza que foram guardadas pelo seu amigo e mentor. "Cineac Trianon" é como Cazuza costumava chamar a casa da família em Petrópolis (RJ), a Fazenda Inglesa, onde se reunia com amigos e familiares até altas horas para ler livros, escrever poesia, assistir a filmes e cantar músicas. O poema inspirou o livro O *homem que amava rapazes & outros ensaios* (2002), do professor e ensaísta Denilson Lopes. Quando escrevia o livro, o autor teve acesso ao texto por intermédio do escritor Silviano Santiago, chamado por Ezequiel Neves para fazer uma leitura crítica dos versos de Cazuza. Um pequeno trecho do poema chegou a ser publicado em matéria assinada por Bolívar Torres no Caderno B do *Jornal do Brasil* – "O poeta está vivo" – sobre os 20 anos da morte de Cazuza, em 7 de julho de 2010. Permaneceu, no entanto, inédito em sua integralidade até o lançamento deste livro.

poemas sem data

"É a minha criatividade que me mantém vivo."

Levando fé

A Jimi Hendrix

Se penso que
Jimi ainda
anda por aí como uma
luz,
ainda anda.
ainda ouço seus
gritos
Jimi comprime o que tempo
de milhões de anos
luz numa nota;
rasgada, rasgando
todo um momento
frouxo de existência
e aprofundando com
uma nota só toda
luta entre
Eros e Tânatos
seus atos atômicos
refletem toda a
possibilidade de Exu
num momento x onde
tudo se parece consu
mir, memória
queima tudo pra depois
ressuscitá-las em outros
locais, o tempo se perde.
assim como uma decolagem

(Cazuza, s.d.)

O poema dialoga diretamente com a canção "Certo dia na cidade", do primeiro LP do Barão Vermelho, em que o poeta parece prever seu futuro: "Tchau, mãezinha, fui beijar o céu/ A vida não tem tamanho/ Tchau, paizinho, eu vou levando fé/ É tudo luz e sonho". Cazuza chegou a declarar que a canção havia sido feita para Jimi Hendrix, como o poema "Levando fé": "Se penso que/ Jimi ainda/ anda por aí como uma/ luz,/ ainda anda./ ainda ouço seus/ gritos". "Jimi" também aparece no poema "Work in progress": "será que o Jimi curtia lobster? Scorpio no céu do norte? lã...". Não por acaso, Cazuza mantinha exposto na sala de casa um enorme pôster de Jimi Hendrix. Em 1986, em entrevista realizada por Teresa Cristina Rodrigues para a TV Manchete, Cazuza aparece sorridente, sem camisa, em frente ao pôster, falando sobre seu processo de criação: "Ontem não fui ao Baixo Leblon, não. Eu fiquei escrevendo; trabalho de madrugada. Eu só tenho inspiração de madrugada. Normalmente escrevo de madrugada, sob efeito de alguns uísques, e de manhã eu copidesco o que escrevi". Em determinado momento, a repórter pergunta: "Jimi Hendrix está ali. Quem é ele para você?". Cazuza responde: "Quando eu vi ele tocando guitarra, e a Janis cantando... Que é mais ou menos parecida a distorção da guitarra dele com a distorção da voz da Janis. Então, é uma coisa superdiferente da época. Me deu uma ideia de liberdade, de raio, de libertação... Depois que ouvi ele tocar guitarra e Janis Joplin cantar, eu achei que podia tudo. Podia também ser um raio de energia, ser contra tudo. Enfim, que eu podia ser uma pessoa do jeito que eu sonhava. [...] Eles são os verdadeiros exagerados!".

Algumas pessoas são mais felizes que as outras

Algumas pessoas
são mais felizes que as outras
Puxam conversa nos elevadores
Cantam na rua, mexem com as garotas
Avisam que o endereço tal não existe

Algumas pessoas são mais felizes que as outras
Não sei por quê, ninguém nunca me disse
Algumas pessoas são mais felizes que as outras
Estão sempre rindo, não escondem isso

E bebem muito
Mas sem chatear
Têm sempre um novo caso pra contar

Algumas pessoas
São mais felizes que as outras
Se adaptam à vida
São superiores

Algumas pessoas
Diluem suas dores
No cotidiano, ativas
Se expondo nos elevadores
Cantam na rua, mexem com as garotas

Algumas pessoas
Vivem comemorando
Se a vida é triste

Todo dia é
Na rua
Apressam numa boa
o nosso sanduíche
Avisam que o endereço tal
não existe

Algumas pessoas
São mais felizes que as outras
São práticas, simples

São superiores
Puxam conversa nos elevadores
Cantam na rua, mexem com as garotas

(Cazuza, s.d.)

Inédito, encontrado durante a pesquisa para a organização deste livro.

Anjo da Guarda

Já faz algum tempo
eu espero você chegar num cavalo branco
coberto de cetim e estrelas de vidrilho bordadas
na tua roupa de brim desbotada
você vai entrar sorrindo e sentar ao meu lado
e aos copos de chope vazios
eu acho que eu conto muito com a sorte
mas a Vanessa não tinha esperança
quando tomou aquele vidro de veneno para plantas...

O que eu quero neste mundo
é pôr minha cabeça no travesseiro e dormir tranquilo
pensando em você
porque eu acredito no amor
mesmo nesse amor sem futuro
de canto de muro
eu acredito no teu beijo
na paz do teu abraço
na luz dos teus olhos
no calor do teu corpo
eu sou apenas uma criança
de classe média que vê televisão
e acredita que tudo pode mudar no próximo verão.

Às vezes me dá vontade de jogar o meu carro
no paredão da Niemeyer
e ficar vendo ele ir afundando
e confessar os meus pecados em alguma igreja gótica
às vezes me dá vontade de ir para um hotel na Lapa
às vezes eu quero morrer
às vezes eu quero viver cem anos dizendo
eu te amo
eu estou aqui
e o meu coração é do tamanho do deserto do Saara.

(Cazuza, s.d.)

Inédito, sem título (identificado pelo primeiro verso), encontrado durante a pesquisa para a organização deste livro.

Não, não pense em mais nada
Feche os olhos, eu tô do teu lado
A noite parece malvada
Tira o sono, trama as coisas calada

Dorme, sonha teu sono em paz
Que amanhã eu te espero acordado
Dorme, encosta o teu corpo em mim
Que eu te dou carinhos até a dor sumir
Até você sorrir

Se um dia a barra é pesada
Dá vontade de morrer de nada
Outro dia é até engraçado
Me dá uma raiva ter chorado por nada

No fundo a gente aprofunda a questão
Leva a sério demais a voz da razão
E cada sonho é uma trip de solidão
São imagens que só vemos com o coração

Dorme, sonha teu sono em paz
Que amanhã eu te espero acordado
Dorme, encosta o teu corpo em mim
Que eu te dou carinhos até a dor sumir
Até você sorrir

Se um dia a barra é pesada
Dá vontade de morrer de nada
Outro dia é até engraçado
Me dá uma raiva ter chorado por nada

(Cazuza, s.d/Joe Euthanázia, 1989)

Poema redescoberto durante a pesquisa para a organização deste livro. A parceria foi registrada por Joe Euthanázia na Sony, em 1989.

Gravação original: Joe Euthanázia, *Cem mil dólares* (1989)

Hoje

Você na cidade
Em alguma esquina
À minha espera

Rodei todas as lanchonetes
Tendo ideias perversas
Me lembrei tanto
Golpes espertos
Senti cada vez mais perto

Encontros rápidos
Caetanos, Robertos
Amigos curtiam
Bares repletos

De repente nenhum som

(Cazuza, s.d./George Israel, 2004)

Publicado pela primeira vez no livro *Preciso dizer que te amo: Todas as letras do poeta* (2001). Em 2004, George Israel musicou os versos para o álbum que reuniu, então, três canções inéditas: "Hoje", "Não reclamo" e "Quatro letras" – que dá título ao trabalho.

Gravação original: George Israel, *Quatro letras* (2004)

Dessas coisas de amor

Tem dessas coisas de amor
que gente que namorou
sabe entender muito bem
muito melhor que alguém
que não curtiu, se casou.
Tem dessas coisas de amor
que só quem se arriscou
 mais que risco, vício bom
ao licor do melhor bombom
sabe o gosto que provou.
Tem dessas coisas de amor
que avô que se apaixonou
sabe dizer no ouvido
muito melhor que seu filho
que não ama e censurou.
Tem dessas coisas de amor
coisas tolas, sem rigor
um verso livre e branco
um jeito de ser tanto
que sabe quem perdoou.

(Cazuza, s.d.)

Inédito, encontrado durante a pesquisa para a organização deste livro.

Seda pura

À poeta Ledusha

Suave esta noite
De scotch
Vem vindo na luz
Teu recorte
Cansada, esperando
A paz

O salto alto
Jogado
Sem par, o batom
No cigarro

Você vestida de seda
Pura, invisível
Passeia

Longe de mim
Te percebo
Dona de si
Em segredo

"Vestido de seda lilás"
Um bolso do lado esquerdo
Botões de pérola atrás

(Cazuza, s.d./Roberto Frejat, 2001)

No datiloscrito consultado durante a organização deste livro, consta que o poema é dedicado à poeta Ledusha Spinardi, amiga e parceira de Cazuza. Entretanto, em 2001, os versos ficaram conhecidos quando outra amiga do poeta, a cantora Simone, gravou a parceria de Roberto Frejat com Cazuza e intitulou seu álbum com o nome da canção. Na ocasião, Simone contou que os versos foram escritos por Cazuza para ela cantar, em 1988: "Cazuza disse que tinha feito uma canção para mim e que havia esquecido onde tinha colocado. Naquele ano Frejat teve um sonho e a encontrou. É uma inédita, portanto raríssima. Foi realmente uma honra poder gravá-la". Frejat lembra que Cazuza tinha Simone na cabeça quando pensou na canção: "Ele falava que queria ver a Simone cantando 'Seda pura', essa era a ideia". A versão musicada apresenta diferenças para o original, encontrado no Acervo Viva Cazuza; a primeira estrofe do poema termina com os versos: "Cansada, esperando/ A paz", mas na versão musicada aparece: "Cansada/ Vivendo em paz". Além disso, os últimos versos do poema são: "'Vestido de seda lilás'/ Um bolso do lado esquerdo/ Botões de pérola atrás". Já a parceria com Frejat, gravada por Simone, termina com: "Longe de mim/ Te percebo/ Dona de si/ Em segredo/ Vivendo a paz".

Gravação original: Simone, *Seda pura* (2001)

Manhãs de ressaca

Minha cabeça é pequena e pesada
Como uma pedra
(principalmente em manhãs de ressaca)

Eu sou uma pessoa comum
Que sofre por coisas comuns
Como qualquer caixa das Casas Sendas
Que nunca pensou na morte
E acredita um dia poder ser feliz
Materialmente

Sonhos novos
Amigos antigos
Vodca.
Pra temperar, gargalhadas gostosas
Acrescentar pequenos momentos de silêncio
Movimentos sérios de mãos
Esperar o troco.

(Cazuza, s.d.)

Publicado pela primeira vez no livro *Preciso dizer que te amo: Todas as letras do poeta* (2001). Cazuza tinha como procedimento de escrita, entre outros métodos, cortar e colar versos (às vezes estrofes inteiras), retirando-os de seu local de origem para reposicionar em um novo poema – como é o caso de "Manhãs de ressaca", que contém versos de "Semancol" escrito em 1978.

Lembre-se de mim

se você vir um par de sapatos,
um pra cima outro pra baixo
ou um surfista elegante, de sociedade
se você sentir que está ventando demais
                                         [e não tiver agradável
o vento que tava tão bom
então se lembre de mim
com o meu cinismo

um amor como o nosso está fadado a acabar
e eu já não tenho mais fôlego pra soprar a fogueira
você parece uma barata tonta, envenenada por rodox
e teu barato tá muito descoordenado
e desse jeito não vai dar
então se você vir um tarado na escada
lembre-se de mim
um vira-lata emocionado
lembre-se de mim
lembre-se de nós e a nuvem alaranjada
lembre-se do nosso amor
com as decisões que tomamos juntos das
nossas músicas malucas
e esse talento de tomar a cena de assalto
pagamos o preço, por não sermos medíocres
e gargalhamos de tudo
lembre-se disso quando for falar mal de mim
quando me atacar pelas costas
lembre-se da nuvem e da luz
alaranjada do lustre do quarto

(Cazuza, s.d.)

Publicado pela primeira vez no livro *Preciso dizer que te amo: Todas as letras do poeta* (2001).

manus-
-critos
e
datilos-
-critos

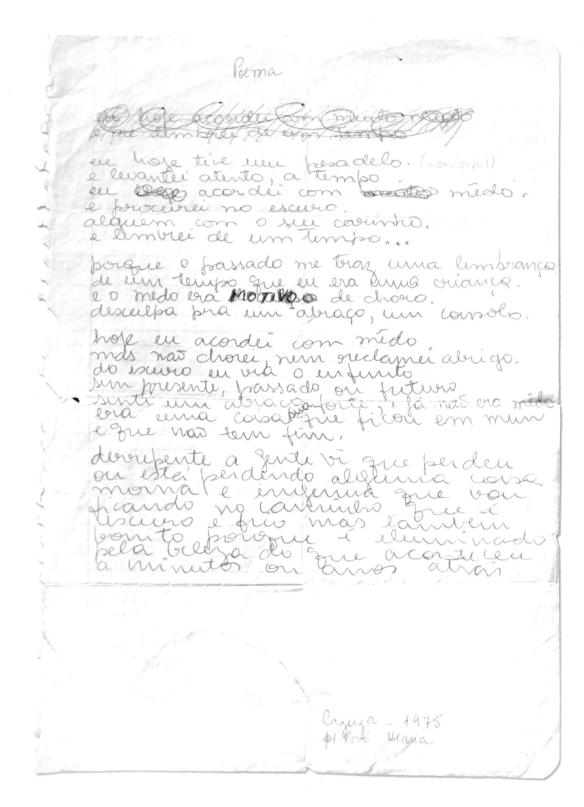

"Poema", 1975
Dedicado à avó paterna de Cazuza, Maria José

o amor é mentira
é prazer de quem sonha
é poesia de cego

por exemplo agora
que eu já posso ver
você mudou de mundo
no céu que eu te via já nos tem mais cor
o azul que o teu olho
um dia abrigou
fugiu, ficou de noite

de noite sem lua
de dança sem par
~~de café sem açucar~~ de café sem açucar

o amor é ilusão
que a vida inventa
só prá distrair
só prá distrair
só

Primeira versão de "O Nosso Amor a Gente Inventa"

O amor é uma mentira, 1984
Primeira versão de "O nosso amor a gente inventa"

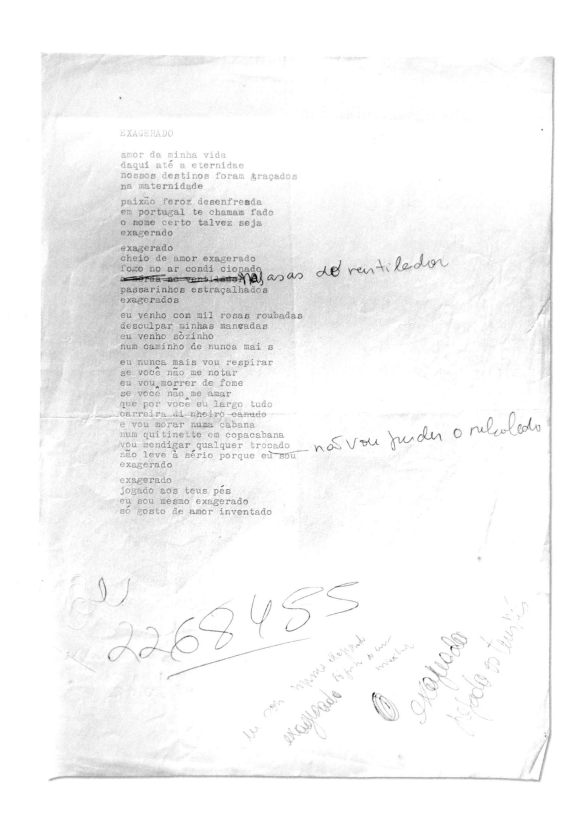

Primeira versão de **"Exagerado"**, 1985

BLUES DA PIEDADE
(Frejat - Cazuza)

agora eu vou cantar pros miseráveis
que vagam pelo mundo derrotados
prá essas sementes mal plantadas
que já nascem com cara de abortads

prás pessoas de alma bem pequena
rompendo pequenos problemas
prá quem não tem fé
e vive sofrendo

prá quem vê a luz
mas não ilumina suas mini certezas
prá quem vive contando dinheiro
e não muda quando é lua cheia

prá quem não sabe amar
fica esperando alguém
que caiba no seu sonho
como varizes que vão aumentando
como insetos em volta da lâmpada

vamos pedir piedade
senhor piedade
prá essa gente careta e covarde
vamos pedir piedade

prá quem não sabe amar
fica esperando alguém
que caiba no seu sonho
como varizes que vão aumentando
como insetos em volta da lâmpad

quero cantar prás pessoas fracas
que estão no mundo e perderam a viagem
cantar o blues da piedade
com o pastor e o bumbo na praça

vamos pedir piedade
porque há um incêndio sob a chuva rala
somos iguais em desgraça
vamos cantar o blues da piedade

"Blues da piedade", 1986

FAZ PARTE DO MEU SHOW

te pego na escola
e encho a tua bola
com todo o o meu amor
te levo prá festa
e testo o teu sexo
com ar de professor

faço promessas malucas
tão curtas
como um sonho bom
se eu te escondo a verdade
baby, é prá te proteger da solidão

faz parte do meu show
faz parte do meu show
meu amor

confundo as tuas coxas
com as de outras moças
te mostro toda a dor
te faço um filho
te dou outra vida
prá te mostrar quem sou

vago na lua deserta
das pedras
do calçadão do arpoador
digo um alô à um amigo
encontro um abrigo
no peito do meu traidor
vivo num clip de roc'n roll
o velho papel de pierrot

faz parte do meu show
faz parte do meu show
faz parte do meu show
meu amor
invento desculpas
digo que não estou
que pra mim tanto faz
depois me arrependo
e é tarde demais
o que já foi já foi

FAZ PARTE DO MEU SHOW
FAZ PARTE DO MEU SHOW
FAZ PARTE DO MEU SHOW
MEU AMOR

"Faz parte do meu show", 1987

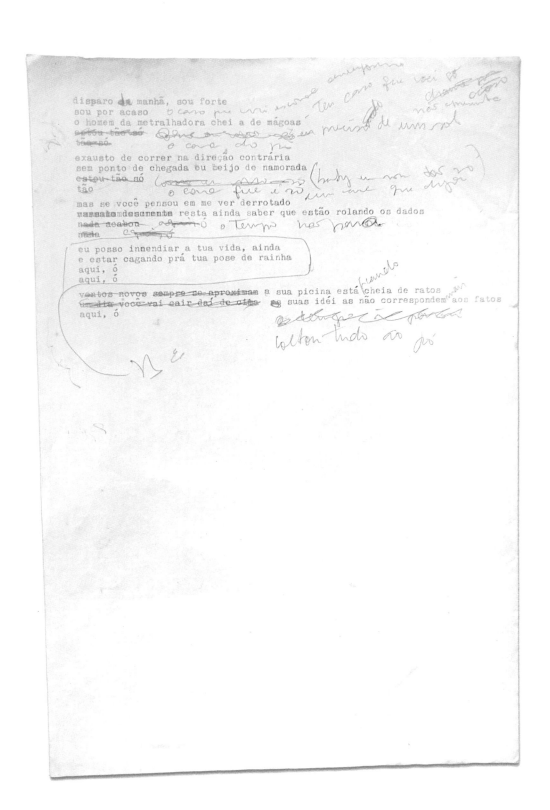

"O tempo não para", 1987

IDEOLOGIA

meus heróis morreram de overdose
meus inimigos estão no poder
ideologia
eu quero uma prá viver

meu partido
é um coração partido
e as ilusões estão todas perdidas
os meus sonhos
saíram fora dos trilhos
tão derrepente que eu nem acredito
que aquele garoto que ia mudar o mundo
frequenta agora as festas do grand monde

sr presidente
me encara francamente
chega a levantar prá me receber
sra dama da sociedade
manda um convite
pro último baile

meus heróis etc...

o meu prazer
agora é risco de vida
meu sex and drugs não tem nenhum rock'n roll
eu vou pagar a conta do analista
prá nunca mais ter que saber quem eu sou
pois aquele garoto que ia mudar o mundo
~~hoje em dia morre de medo de ir fundo~~ assiste a tudo em cima do muro
sr ~~cardeal~~ locutor
me observa sisudo
quer que eu chupe as balas
com papel e tudo
sr empresário
me acende o cigarro
me alisa as costas
me achando um coitado

meus heróis etc...

"Ideologia", 1988

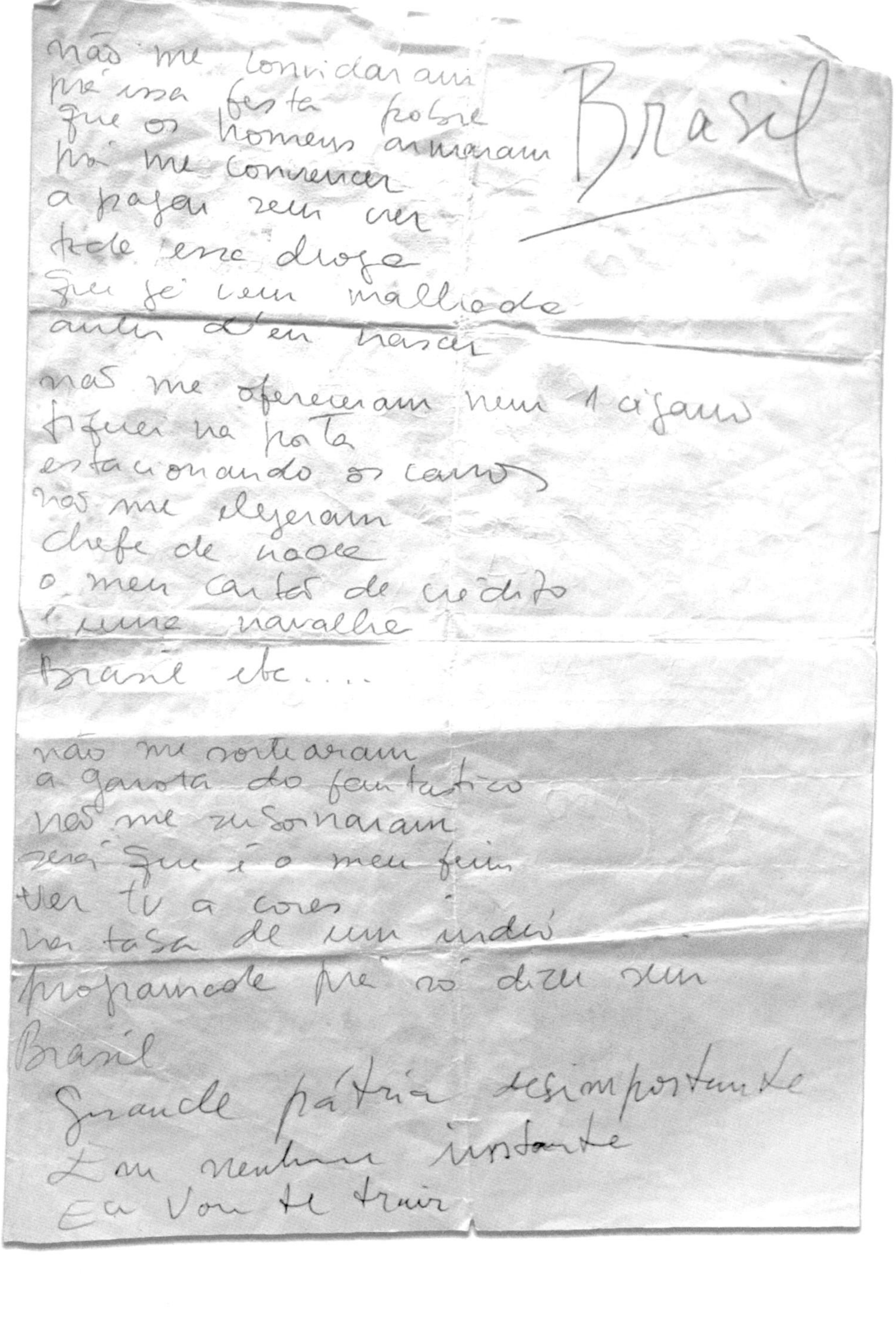

```
MINHA FLOR MEU BEBÊ
(DÉ - CAZUZA)

DIZEM QUE ESTOU LOUCO
POR TE QUERER ASSIM
POR PEDIR TÃO POUCO
E ME DAR POR FELIZ
EM PERDER NOITES DE SONO
SÓ PRA TE VER DORMIR
EM ME FINGIR DE BURRO
PRÁ VOCÊ SOBRESSAIR

DIZEM QUE ESTOU LOUCO
QUE VOCÊ MANDA EM MIM
QUE EU ESTOU DESPERDIÇANDO
A MINHA VIDA ASSIM
    PRAZER      EGOÍSTA
    CUIDAR DE UM OUTRO SER
É POR ISSO QUE EU TE CHAMO
DE MINHA FLOR MEU BEBÊ, MINHA FLOR MEU BEBÊ ETC....

DIZEM QUE ESTOU LOUCO
  FALAM POR MEU BEM
OS MEUS AMIGOS TODOS
PARECE NÃO ENTENDEM
QUE QUEM AMA NESSA VIDA
NUNCA AMA
QUE TODA ENTREGA OCULTA
UMA PONTINHA DE PRAZER
POR ISSO É QUE EU TE CHAMO
MINHA FLOR MEU BEBÊ, MINHA FLOR MEU BEBÊ ETC...
```

"Minha flor, meu bebê", 1988

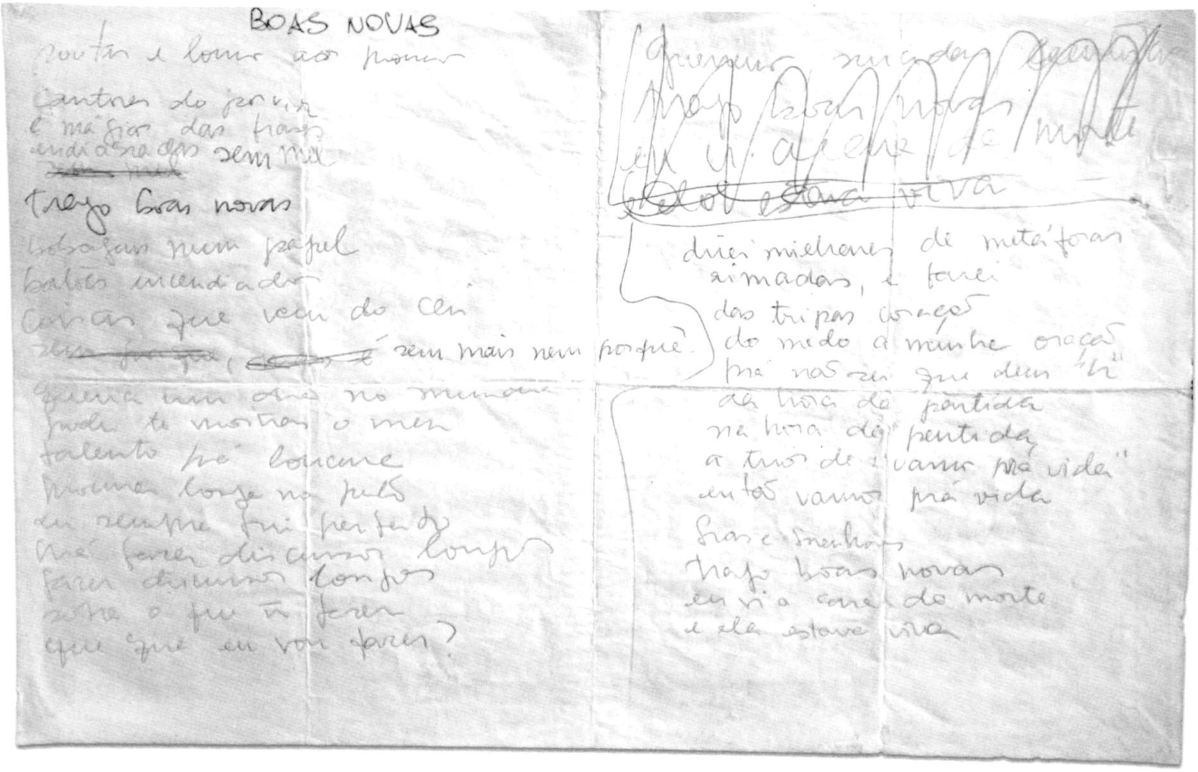

"Boas novas", 1988

CINEAC TRIANON

procurando um lugar ao sol?
todas xxxxx essas pessoas
que não são jogadas na sociedade
e que aprenderam desde criança
que a farsa dá grana
aonde será que elas estão indo?
te olhando assim de repente eu pensei:
Quem é o mais covarde,
o médico alienado
ou o louco consciente da enfermaria nº 6 do Tchecov,
lembra?
aquele romance que eu li e te pedi pra ler também
mas você não leu porque não teve saco
será que há uma saída?
eu me respondo sempre
que talvez não hoje
que talvez seja por isso que as pessoas
brinquem de cabra cega o tempo todo,
porque são inteligentes e
sabem que não há
saída.
Um dia no meio dessa loucura toda
eu encontrei uma pessoa que tinha
uns olhos claros
que conversava sempre olhando o chão,
numa timidês
e ingenuidade parecida com a dos pássaros
que dificilmente nos encaram.
"O amor é o ridículo da vida"
porque nós procuramos sempre procuramos nele
uma pureza que é impossível conseguir
se você já a perdeu.
A vida obriga as pessoas mais sensíveis
a perderem a ingenuidade
mas uma vaga ideia de paraíso
nos persegue como borboletas
que só vivem 24 horas.
Essa impressão
de que você está me olhando,
que secretamente me quer,
Essa loucura tá me acabando!
       ***
eu nasci numa sexta feira santa,
era noite.
Eu me debati durante nove horas e nasci.
Isso é uma verdade.

Trecho de **"Cineac Trianon"**, 1989

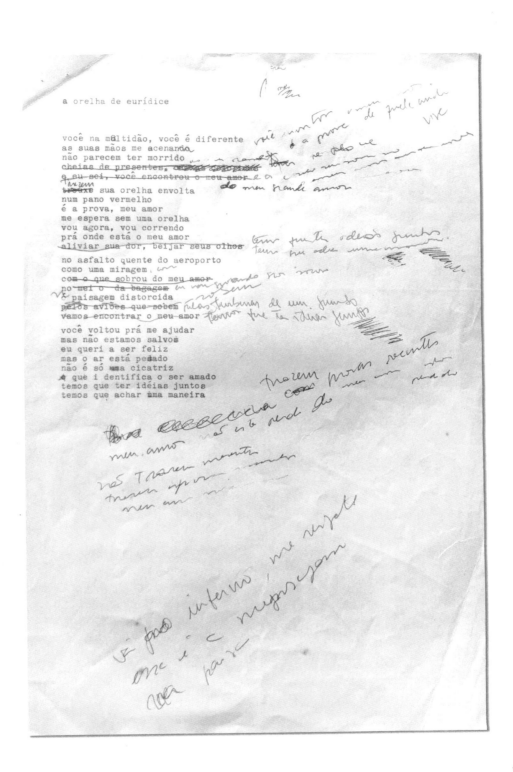

"A orelha de Eurídice", 1989

Não há perdão para o chato
(Arnaldo Antunes, Zaba, Camisa)

Respeito o cara que é padre
pq não sente tesão
respeito quem rouba conforme
quem consegue dizer não

Tem o meu respeito quem pede esmola
e também quem ganha sua mesada
mas tem que ser mão aberta
com o resto da rapaziada

Só não há perdão para o chato
para o chato não há perdão
O reino dos céus é do chato
do otário é do cagão

Respeito quem é radical
Respeito quem anda errado
Respeito o cara natural
e o cara exagerado

Quem não gosta de criança
e quer viver solitário
Quem odeia rock'n'roll
mas gosta de um rebolado

Só não há perdão...

Respeito o cara de pau
Respeito o mal humorado
quem tá sempre reclamando
por ser mal remunerado

Tem o meu respeito quem quebra tudo
na noite dos desesperados
e também o cara burro
que sabe ser engraçado

Só não há perdão...

"Não há perdão para o chato", 1989

Como já dizia Djavan
(Cazuza)

Todo dia será um dia de paz
pra quem vive a liberdade
Todo fim de tarde será rapaz
toda lua será moça

Todo dia será um dia a mais
cheio de sol entre as trevas
Todo homem será rei na terra
e não haverá mais guerra
pois só quem tem os sonhos mais óbvios
é que pode amar e dizer a verdade

Pois Ipanema é como um "film noir"
pro nosso barato hipnótico
a ponte aérea, o sorvelho do mar
e as estrelas ainda vão nos mostrar
que o amor não é inviável
num mundo incredível
dois homens apaixonados

"Como já dizia Djavan", 1989

AS COBAIAS DE DEUS

se você quer saber como me sinto
vá um dia num labotório
e se perca num labirinto
seja atropelado pelo trem da morte.
vá ver as cobais de deus
andando na rua, pedindo perdão
vá numa igreja qualquer
porque ali se fazem as experiencias

me sinto como uma cobaia
um rato enorme nas mãos de não-sei-quem
de DEUS mulher, de deus de saia
e embora eu esteja cagando e andando
porque um dia vou ver o ET
e ter sido um cantor de blues
em outra encarnation

cobais de deus
nós somos cobaias de deus

me tirem dessa jaula, irmão
eu não sou macaco
desse hospital maquiavílico, irmão
meu irmão, meu pai e minha mãe
vem com os médico, estou com medo, brothr
porque eles vão deixar me levarem

irmão, só você pode me ajudar: traga
uma garrafa enccondida no paletó
estou desmilhingo, com cara de boi lavado
traga uma corda, irmão, uma corda

nós as cobaias vivemos muito sós
no tiemos amor nem carrinho
por isso deus sente pena
e nos põe na cadeia, e nos faz cantar
e nos numa clinica e noz faz voar
nós as cobaias

"As cobaias de Deus", 1989

JOVEM

(Camisa)

```
jovem
grande novidae
mamãe roubou suas revistas
de sacanagem
jovem
papai está muito ocupado
não é só você
quem come a empregada
jovem
você tá muito avançado
seus amigos desconfiam
que você é viado
```

Refrão:
"é fácil ser jovem
antigamente"
antigamente era mais fácil
ser jovem

```
jovem
grande novidae
vai ser alistado
pela faculdade
jovem
não vá chegar tarde
já tá tudo pago
pra você ser doutor
jovem
seu primeiro amor
acabou derrepente
num elevador
```

"Jovem", 1989

SEDA PURA

suave essa noite
de scotch
vem vindo a luz
teu recorte
cansada, esperando
a paz

o salto alto
jogado
sem par, o batom
no cigarro

você vestida de seda
pura, invisível
passeia

longe de mim
eu percebo
dona de si
em segredo

"vestido de seda lilás
um bolso do lado esquerdo
botões de pérola atrás"

                        prá ledusha

"Seda pura", sem data

LEMBRE-SE DE MIM

se voce ver um par de sapatos, um pra cima outro prá baixo
ou um surfista elegante, de sociedade
se voce sentir que está ventando demais e não tiver agradavel
o vento que tava tão bom
então se lembre de mim
com minhas manias
entã se lembre de mim
com minha hipocrisia

um amor como o nosso está fadado a acabar
e eu já nã tenho mais fôlego prá soprar a fogueira
voce parece uma barata tonta, envenenda por rodox
o teu barato tá muito descoordenado
e disse jeito nã vai dar
então se voce ver um tarado na escada
lembrese de mim
um viralata emocionado
lembre-se de mim
lembrese de nós e a nuvem alaranjada
lembres do nosso amor
com as decisões que tomamos juntos
das nossas musicas malucas
e esse talento de tomar a cena de assalto
pagamos o preço, por não sermos mediocre
e gargalhamos de tudo
lembre-se disso
quando for falar mal de mim
quando me atacar pelas costas
lembre-se da nuvem e da luz
alaranjada do lustre do quarto

"Lembre-se de mim", sem data

Eu agradeço
(Israel - Romero - Carmo)

eu, eu agradeço senhor
eu, eu agradeço senhor
pois me criei
essa criança que eu sempre hei de ser
por outros seres
e desejos vivos nas estrelas
por ser um rei
e não ter que governar a vida

eu agradeço por ter desobedecido
por ter cuspido no teu altar sagrado
eu agradeço ~~por ter algo~~ pois não a tenho, té
~~vou~~ vou rir só com um canto de voz
meu coração vai filtrar todo ódio
como um fígado e vencer o tédio
e na cabeça a dúvida e o medo
são os amigos que vão me manter são

eu, eu agradeço senhor
oh, oh, oh o que ~~entes~~ mais entes
se eu vejo a luz e vivo a escuridão
e não estou pronto ~~para o~~ grande momento
se eu vejo a luz e vivo a escuridão
peço licença, mas não me lamento
por ter negado a tua presença
peço licença prá cantar o amor
e não esperar jamais a recompensa

"Eu agradeço", 1989

índices

alfabético
de parcerias

índice alfabético

A
A inocência do prazer • 142
[Ajudai, Senhor] • 212
A orelha de Eurídice • 158
A via-crúcis do corpo • 214
A vizinha reclama • 96
Adoniran • 32
Aí você pintou...* • 145
Algumas pessoas são mais felizes que as outras* • 223
Alta ansiedade • 47
Alta ansiedade II • 189
Amigo Caco • 176
Amigos de bar • 127
[Amor de irmão] • 121
Amor quente • 139
Amor, amor • 82
Androide sem par • 177
Anjo da guarda • 224
As cobaias de Deus • 206
[As moças do Centro] • 62
Ataque de nervos • 199
Aula • 195
Aviador maluco • 208
Azul e amarelo • 209

B
Babylonest • 123
Baby, suporte • 78
Bete Balanço • 81
Bicho humano • 66
Bilhetinho azul • 59
Billy Negão • 57
Blitz • 61
Blues da piedade • 170
Blues do ano 2000 • 152
Blues do iniciante • 67
Boa vida • 105
Boas novas • 172
[Bobeira (Toque em todas as cordas)] • 28
Born to rock'n'roll • 35
Brasil • 168
Brazil TV • 162
Brazilian prayer • 193
Brigitte Bardot • 26
Bruma • 184
Burguesia • 198

C
Carente profissional • 73
Carne de pescoço • 70
Carreirinha • 49
Certo dia na cidade • 51
[Champagne e gentileza] • 50
Cineac Trianon* • 217
Codinome Beija-Flor • 102
Como já dizia Djavan (Dois homens apaixonados) • 178
Companhia • 143
Completamente blue • 129
Comprimidos • 211
Confessional • 33
Conforto • 68
Conto de fadas • 51
Culpa de estimação • 134
Cúmplice • 103

D
De quem é o poder? • 201
Desastre mental • 107
Dessas coisas de amor* • 225
Dia dos Namorados • 117
Dolorosa • 91
Domingo • 26
[Domingo II] • 187
Doralinda • 182
Down em mim • 24
Dúvidas • 144

E
Eletricidade • 46
Empada com birita • 163
Endless night • 213
Entre livros* • 162
Era assim • 62
Estranha palavra* • 96
Eu agradeço • 205
Eu queria ter uma bomba [1ª versão]* • 84
Eu queria ter uma bomba [2ª versão] • 85
Eu quero alguém • 188
Eu quero o mel • 108
Eu tenho todo azul* • 31
Exagerado [1ª versão]* • 100
Exagerado [2ª versão] • 100
Experiência • 208

F
Fase • 173
Faz parte do meu show • 118
Festa de São João • 141
Filho único • 179
Filosofia de calçada [1ª versão]* • 29
Filosofia de calçada [2ª versão] • 29
[Flecha cega] • 65
Fracasso • 145
Fratura (não) exposta • 111
Frescobol • 30

índice alfabético

G
Garota de Bauru • 186
Gatinha de rua • 88
Glória, junkie bacana • 125
Guerra civil • 151

H
Heavy love • 137
Hei, Rei! • 192
Hoje • 225
Homem de posse* • 48

I
Ideologia [1ª versão]* • 164
Ideologia [2ª versão] • 165
Incapacidade de amar • 138
Inútil II • 148

J
*Já faz algum tempo** • 224
João • 204
Jogo de futebol • 31
Jogo de vôlei • 163
Jornais • 193
Jovem • 215
Justiça • 150

L
Lady Chatterley* • 50
Largado no mundo • 72
Lembre-se de mim • 227
Levando fé • 222

M
Maior abandonado • 77
Maioridade • 112
Mais feliz • 126
Mal necessário • 32
Mal nenhum [1ª versão] • 94
Mal nenhum [2ª versão] • 95
Malandragem • 90
Maldição [1ª versão] • 176
Maldição [2ª versão] • 177
[Mania de cantar] • 166
Manhã sem sonho • 69
Manhãs de ressaca • 227
Manhatã • 174
Medieval II • 104
Menina mimada • 63
Milagres • 86
Mina • 128
Minha flor, meu bebê • 161
Modernidade • 68
Mulher sem razão • 106
Mulher vermelha • 83

N
Nabucodonosor • 203
Não amo ninguém • 75
Não há perdão para o chato • 191
Não reclamo • 97
Narciso • 80
Nasci no Rio de Janeiro • 42
Nem Sansão nem Dalila • 130
Nem tudo é verdade • 171
No one • 42
Noite em ti* • 76
Nós • 43
Nunca sofri por amor • 183

O
O amor é brega • 30
*O amor é uma mentira** • 84
O assassinato da flor • 157
O Brasil vai ensinar ao mundo • 200
O homem belo • 181
O lobo mau da Ucrânia • 133
O nosso amor a gente inventa (Estória romântica) • 131
O tempo não para • 147
Obrigado (por ter se mandado) • 160
Obsessão • 87
Olhar matreiro • 36
Onde todos estão • 149
Oriental • 210

P
Paixão [1ª versão] • 180
Paixão [2ª versão] • 181
Paixão sem sentido • 74
Papo sério • 44
Paz • 175
Pedaço do meu coração • 45
Pelo amor * • 173
Perto do fogo • 190
Pobreza* • 37
Poema • 22
Ponto fraco • 58
Por aí • 53
Por que a gente é assim? • 92
Portuga • 197
Posando de star • 60
Preciso dizer que te amo • 140
Pro dia nascer feliz • 64
Problema moral • 87

índice alfabético

Q
Qual é a cor do amor? • 185
Quando eu estiver cantando • 207
*Quando te vi frente a frente** • 159
Quarta-feira • 119
Quatro letras • 115
Que o Deus venha • 116
Querido Diário (Tópicos
    para uma semana utópica) • 27
Quero ele • 216

R
Rica e famosa • 196
Rio de Janeiro love blues • 126
Rita • 159
Ritual • 132
Rock da descerebração • 110
Rock'n geral • 52

S
Saia daqui* • 213
Saudade [1] * • 28
Saudade [2] • 169
Seda • 76
Seda pura • 226
Sem conexão
    com o mundo exterior • 83
Sem saudade • 35
Sem vergonha • 89
Semancol • 25
Só as mães são felizes • 108
Solidão, que nada • 135
Só se for a dois • 124
Sonho estranho • 202
Sono • 63
Sorte ou azar • 52
Subproduto do rock
    (Geração do rock) • 93

T
*Take it easy my brother** • 174
Tapas na cara • 117
Tarde branca • 33
Tempo de paz • 122
Tocha acesa • 55
Todo amor
    que houver nessa vida • 54
Trapaça • 94
Tudo é amor • 156

U
Um dia na vida [1ª versão]* • 113
Um dia na vida [2ª versão] • 113
Um dia na vida [3ª versão]* • 114
Um trem para as estrelas • 146

V
Vai à luta • 136
Vem comigo • 71
Vida fácil • 167
Vingança boba • 114
Vítima do amor • 184
Vítimas do vandalismo • 48
Você se parece
    com todo mundo • 79
*você tem tanta dobrinha** • 97
Você vai me enganar sempre
    [1ª versão] • 55
Você vai me enganar sempre
    [2ª versão] • 56
Vovó Alice • 23

W
*Work in progress** • 38

X
Xuxu vermelho • 34

Y
Yara • 194
*Yara Neiva, não me leve a mal** • 47

17 anos de vida • 23

* Poemas inéditos

índice de parcerias

Adriana Calcanhotto
Papo sério • 44

Alexandre Castilho
Carreirinha • 49
Festa de São João • 141
Xuxu vermelho • 34

Angela Ro Ro
[Ajudai, Senhor] • 212
As cobaias de Deus • 206

Arnaldo Antunes
Não há perdão para o chato • 191

Arnaldo Brandão
Bruma • 184
Inútil II • 148
Jovem • 215
Nem Sansão nem Dalila • 130
O tempo não para • 147

Bebel Gilberto
Amigos de bar • 127
Brazilian prayer • 193
Mais feliz • 126
Mulher sem razão • 106
Preciso dizer que te amo • 140

Bert Berns
Pedaço do meu coração • 45

Carlinhos Brown
Carreirinha • 49
Festa de São João • 141
Xuxu vermelho • 34

Cartola
Azul e amarelo • 209

Charles Kahn
Quero ele • 216

Clarice Lispector
Que o Deus venha • 116

Conde
Nem tudo é verdade • 171

Daniel Ribeiro
Modernidade • 68

Dé Palmeira
Amigo Caco • 176
Amigos de bar • 127
[Amor de irmão] • 121
Blues do iniciante • 67
Empada com birita • 163
Mais feliz • 126
Manhã sem sonho • 69
Minha flor, meu bebê • 161
Mulher sem razão • 106
Papo sério • 44
Preciso dizer que te amo • 140
Vem comigo • 71

Denise Barroso
Maioridade • 112
Milagres • 86

Ezequiel Neves
Baby, suporte • 78
Burguesia • 198
Codinome Beija-Flor • 102
Companhia • 143
Exagerado [2ª versão] • 100
Fratura (não) exposta • 111
Não amo ninguém • 75
Por que a gente é assim? • 92
O lobo mau da Ucrânia • 133
Rica e famosa • 196

Fábio Pillar
Quero ele • 216

Fernando Moraes
O lobo mau da Ucrânia • 133

George Israel
A inocência do prazer • 142
Amor, amor • 82
Androide sem par • 177
Blues do ano 2000 • 152
Brasil • 168
Burguesia • 198
Completamente blue • 129
De quem é o poder? • 201
Endless night • 213
Eu agradeço • 205
Hoje • 225
Mina • 128
Nabucodonosor • 203
Não reclamo • 97
Quatro letras • 115
Saudade [2] • 169
Solidão, que nada • 135
Você vai me enganar sempre [2ª versão] • 56

Gilberto Gil
Um trem para as estrelas • 146

Graça Motta
Modernidade • 68
Mulher vermelha • 83

índice de parcerias

Guto Goffi
Billy Negão • 57
Blues do iniciante • 67
Certo dia na cidade • 51
Maioridade • 112
Vem comigo • 71

Humberto Gessinger
Amor quente • 139

João Donato
Doralinda • 182

**João Penca e
Seus Miquinhos Amestrados**
Yara • 194

João Rebouças
Filho único • 179
Garota de Bauru • 186
Justiça • 150
O lobo mau da Ucrânia • 133
O nosso amor a gente inventa
    (Estória romântica) • 131
Paixão [2ª versão] • 180
Quando eu estiver cantando • 207

Joanna
Nunca sofri por amor • 183

Joe Euthanázia
Anjo da guarda • 224

Jerry Ragovoy
Pedaço do meu coração • 45

Jota Quest
O amor é brega • 30

Laura Finocchiaro
Tudo é amor • 156

Ledusha Spinardi
Babylonest • 123

Leo Jaime
Pobreza • 37

Leoni
Estranha palavra • 96
Exagerado [2ª versão] • 100
Incapacidade de amar • 138
Manhatã • 174
Tocha acesa • 55

Lobão
Azul e amarelo • 209
Babylonest • 123
Glória, junkie bacana • 125
Mal nenhum [2ª versão] • 95
Seda • 76

Luís Capucho
Aula • 195

Maurício Barros
Baby, suporte • 78
Billy Negão • 57
Blues do iniciante • 67
Certo dia na cidade • 51
Conto de fadas • 51
Menina mimada • 63
Um dia na vida [2ª versão] • 113

Mú Carvalho
Onde todos estão • 149

Nelson Angelo
Modernidade • 68

Nico Rezende
Sonho estranho • 202

Nilo Romero
Androide sem par • 177
Blues do ano 2000 • 152
Brasil • 168
Completamente blue • 129
De quem é o poder? • 201
Dúvidas • 144
Eu agradeço • 205
Mina • 128
O lobo mau da Ucrânia • 133
Solidão, que nada • 135
Você vai me enganar sempre
    [2ª versão] • 56

Orlando Morais
Oriental • 210
Portuga • 197

Paulo Cesar Padovan
Nem tudo é verdade • 171

Pequinho (Péricles Barros)
Baby, suporte • 78

Perinho Santana (Péricles Santana)
Dia dos Namorados • 117

Piska (Carlos Roberto Piazzoli)
Fratura (não) exposta • 111

Raimundo Fagner
João • 204
Olhar matreiro • 36

Reinaldo Arias
Codinome Beija-Flor • 102

índice de parcerias

Renato Ladeira
Amor quente • 139
Desastre mental • 107
Faz parte do meu show • 118

Renato Rocketh
Eu quero alguém • 188
O Brasil vai ensinar ao mundo • 200

Rita Lee
Comprimidos • 211
Perto do fogo • 190

Ritchie
Guerra civil • 151

Roberto Frejat
17 anos de vida • 23
[Amor de irmão] • 121
Amor, amor • 82
Bete Balanço • 81
Bicho humano • 66
Bilhetinho azul • 59
Blues da piedade • 170
Blues do iniciante • 67
Boa vida • 105
Carente profissional • 73
Carne de pescoço • 70
Como já dizia Djavan
    (Dois homens apaixonados) • 178
Companhia • 143
Conforto • 68
Culpa de estimação • 134
Dolorosa • 91
Filosofia de calçada [2ª versão] • 29
Gatinha de rua • 88
Heavy love • 137
Hei, Rei! • 192
Homem de posse • 48
Ideologia [2ª versão] • 165
Largado no mundo • 72
Maior abandonado • 77
Maioridade • 112
Malandragem • 90
Milagres • 86
Não amo ninguém • 75
Narciso • 80
Nós • 43
Poema • 22
Ponto fraco • 58
Por aí • 53
Por que a gente é assim? • 92
Pro dia nascer feliz • 64
Problema moral • 87
Que o Deus venha • 116
Ritual • 132
Rock da descerebração • 110
Rock'n geral • 52
Seda pura • 226
Sem conexão com o mundo
    exterior • 83
Sem saudade • 35
Sem vergonha • 89
Só as mães são felizes • 108
Sorte ou azar • 52
Subproduto do rock
    (Geração do rock) • 93
Todo amor que houver
    nessa vida • 54
Vida fácil • 167
Você se parece
    com todo mundo • 79
Você vai me enganar sempre
    [1ª versão] • 55

Rodrigo Pitta
Confessional • 33
Modernidade • 68

Rogério Bidlovski
Nem tudo é verdade • 171

Rogério Meanda
Completamente blue • 129
Medieval II • 104
O lobo mau da Ucrânia • 133
O nosso amor a gente inventa
    (Estória romântica) • 131
Oriental II • 210
Só se for a dois • 124
Vai à luta • 136

Sérgio Bello
Qual é a cor do amor? • 185

Sérgio Serra
Vingança boba • 114

Supla
Nem tudo é verdade • 171

Torquato de Mendonça
Nem Sansão nem Dalila • 130

Wilson Sideral
Fase • 173
[Mania de cantar] • 166
Não reclamo • 97
Qual é a cor do amor? • 185

Zaba Moreau
Não há perdão para o chato • 191

Zé Luis
Cúmplice • 103
Obrigado
    (por ter se mandado) • 160
Quarta-feira • 119

artigos

Cazuza por ele mesmo
org. Ezequiel Neves
Caio Fernando Abreu
Nelson Motta
Karina Buhr

artigos Cazuza / org. Ezequiel Neves

Cazuza por ele mesmo

A minha música faz parte de uma história que começou quando o meu avô, dono de um engenho em Pernambuco, resolveu morar no areal do Leblon (Rio de Janeiro), como terceiro morador da região. Ali nasceu meu pai, João Araujo, que se casou com uma moça linda, Lucinha, que cantava como um passarinho. Uma mulher que se tornou importante no cenário musical e teve, numa das primeiras novelas de televisão, sua gravação da música "Peito vazio" (de Cartola e Elton Medeiros) incluída na trilha sonora. Gostava de vê-la cantando e penso que isso influiu muito no meu futuro.

Meu pai também pesou muito. Ele sempre transou disco e, quando eu era menino, tinha a casa cheia de artistas. Eram cantores que chegavam e saíam o tempo todo. Conheci Elis Regina, os Novos Baianos, Jair Rodrigues, que gostava de brincar de me jogar para o alto, e outros cantores. Na nossa casa, se respirava música o tempo todo.

Naquele tempo, eu queria ser um grande arquiteto e só me interessava em ficar fazendo mapinhas da cidade, traçando ruas e desenhando edifícios. Essa mania acabou quando resolvi fazer vestibular e percebi que não dava pra matemática. Além de fazer mapas, fazia poesia às escondidas de meus pais, porque era um romântico, um cara cheio de dores de cotovelo.

Ser filho único, por um lado, é bom; por outro, não. Meu pai e minha mãe, por força da vida profissional, tinham de frequentar a vida boêmia – o que acabei herdando deles também – e me deixavam sempre com a minha avó materna. Ela era uma mulher fantástica, muito louca, aberta e deixou um grande buraco na minha vida quando morreu. Fiquei sozinho, sem um irmão para dividir comigo as alegrias e mágoas. Não tive coragem de me abrir com meus pais sobre minha vocação poética porque pensava que iam dar o contra. Então, com a minha avó, discutia versos, rimas. Ela foi a pessoa que mais influiu na minha infância e adolescência. Meu pai e minha mãe não eram repressores. Já aos 13 anos tinha a chave de casa e o carro de meu pai para dirigir.

Conheci o sexo aos 15 anos. Meus amigos todos há muito já transavam mulheres e eu ficava preocupado com o lado romântico da coisa. Por isso, nunca procurei prostitutas como eles e só conseguia um relacionamento se a parceira fosse minha namorada. A primeira foi uma mais velha e me deu grandes lições de sexo. De cara tirei diploma. Aí saí dali e contei tudo ao meu pai. Já pensei em me unir a alguma mulher porque me sinto muito solitário. Mas não consigo encontrar alguém que me entenda e, a esta altura, já não sei dividir mais nada, muito menos apartamento. Já não tenho saco pra ser cobrado de nada e dificilmente as mulheres entendem que gosto de ficar sozinho com meus versos, escutando música ou simplesmente em silêncio. Já cheguei a viver com uma e não deu certo.

Sempre fui um cara certinho, sem as rebeldias dos jovens atuais. Claro que algumas vezes dava minhas fugidinhas, mas sempre voltava como um bom menino. Aos 17 anos comecei a descobrir que meus poemas podiam ser letras de músicas, mas só assumi isso aos 23, quando entrei para o Barão Vermelho. Além disso, procurei conhecer tudo sobre o teatro, pois sabia que era um veículo pra me tornar cantor. Fui falar com o Perfeito Fortuna, do Circo Voador, pra entrar no seu curso de teatro. Comecei, então, a ensaiar a peça do curso, *Paraquedas do coração*. Cheguei a me empolgar no dia da estreia, quando o Leo Jaime, que também estava na peça, me falou que conhecia um grupo musical que estava se formando e procurando um vocalista. Era um tal de Barão Vermelho. Fui, no dia seguinte, ao encontro deles e minha história começou.

Dei de cara com quatro garotos fazendo um som que era um esporro. Roberto Frejat (guitarra), Maurício Barros (teclado), Dé (baixo), Guto Goffi (bateria). O Dé tinha 16 anos e os mais velhos eram o Frejat e Guto que tinham 18. Eles não sabiam que eu era filho do presiden-

artigos Cazuza / org. Ezequiel Neves

te da Som Livre. Eram apenas um bando de garotos que não se tocavam para quem era filho desse ou daquele pai importante. Queriam fazer som, sucesso e despertar a atenção do público. Começamos uns showzinhos por aí, em noitadas *underground*.

Quase um ano depois de termos feito muitos shows, o Ezequiel Neves se dignou a escutar uma fita do Barão. Ele fez o maior escândalo e, como era produtor da Som Livre, foi convencer o Guto Graça Mello, diretor artístico da empresa, a gravar o nosso disco. Ele também topou, dizendo que havia ficado impressionado com a agressividade do grupo. Era pegar ou largar, porque sentiu que poderíamos ir pra outra gravadora. Meu pai não aceitou a ideia facilmente, mesmo diante dos argumentos do Zeca e do Guto. Foi todo o tempo contra. Acreditava que a crítica iria me crucificar e a coisa ficaria parecendo lance de puxa-saquismo, de proteção de filho de patrão. Mas gravamos nosso primeiro disco em quarenta e oito horas de estúdio, uma coisa completamente garagem. E, ainda por cima, o som de estágio acentuava um defeito meu, o de ter a língua presa. Eu ciciava escandalosamente.

Lógico que as rádios não tocavam, pois fugia totalmente do padrão radiofônico. Mas aconteceu que o Caetano Veloso estreou no Canecão o show *Uns*, incluindo no repertório "Todo amor que houver nessa vida", música de Frejat com letra minha. Logo depois, estouramos "Pro dia nascer feliz", do nosso segundo disco, e, em seguida, veio "Bete Balanço", tema do filme de Lael Rodrigues. Nosso terceiro LP, *Maior abandonado*, nos deu um disco de ouro. Aí, a batalha estava ganha.

Os atritos com o Barão começaram por ocasião do Rock in Rio. Era bem ciumeira de garotos instigada pela imprensa, que sempre me colocava à frente deles em entrevistas, ou mesmo pelo público, que sempre gritava meu nome nos shows. Me bateu aquele negócio de filho único que não divide nada com ninguém, que sempre tem que fazer o gol porque a bola é dele. E, também, no rock and roll não pode haver dor. E estava pintando dor. Eu queria fazer coisas, eles discordavam. Estávamos prestes a entrar em estúdio para gravar o quarto LP quando resolvi cair fora. Foi ótimo para os dois lados. A dor acabou, continuei superamigo deles, minha parceria com Frejat ficou melhor ainda e *"it's only rock 'n roll and we like it"*!

Meus pais foram muito compreensivos quando comecei a dizer em entrevistas que era bissexual. Só achavam que eu estava exagerando, me expondo, mas esse é o papel deles. Se há alguma coisa errada, é comigo. Procuro as respostas através da vida. Quando ficar velhinho e morrer, ninguém vai mais lembrar desse meu lado. Só a música vai ficar. É só isso que o público vai levar do Cazuza.

Para compor não planejo absolutamente nada. Acho que sou a pessoa mais desorganizada que você pode imaginar. Tudo me acontece de supetão, porque nunca sei como vai sair. Agora, quando a inspiração vem, sou caxias mesmo, muito sistemático. Quando sento à mesinha pra trabalhar, faço mesmo. Se a ideia não pinta, puxo por ela até acontecer. Só sou disciplinado para trabalhar. Pode ser até quatro horas da manhã. Mas se começo uma letra, ela tem que sair. Depois fico semanas melhorando as imagens, as rimas.

Desde o primeiro disco com o Barão, o Zeca me chama atenção para o meu lado transgressivo. Em minhas letras sempre me desnudei. Ele dizia: "Vai com calma, estamos em 1982, a barra está *heavy*. Diga tudo que passar pela sua cabeça, mas, quer você queira ou não queira, vou mandar para censura letras diferentes, bem inofensivas. Eles liberam, depois você canta e grava o que quiser cantar". Quase sempre deu certo. Isso porque, no caso de "Só as mães são felizes", eu bobeei e mandei a letra certa. Vetaram, é lógico. Não entenderam que era uma coisa moralista, pós-Nelson Rodrigues. Usei imagens fortes para

artigos Cazuza / org. Ezequiel Neves

falar de meu preconceito sobre o fato de não permitir a nenhuma mãe do mundo encarar as barras que eu encarava. Era como se eu dissesse que as mães são para ser colocadas num altar para ser veneradas.

Mas o mais engraçado aconteceu quando mandamos a letra de "Exagerado" para o Leoni musicar. Eram trinta e tantos versos. Ele teria que "enxugar" um pouco. Só que "enxugou" demais. O título poderia ser "Tímido", pois ele cortou achados ótimos. Basta dizer que não havia mais os versos: "E por você eu largo tudo/ Carreira, dinheiro, canudo". Mas a música era ótima e só tivemos que colocar os versos cortados novamente. Foi o que fizemos e a música acabou se transformando em meu cartão de visita.

Minhas influências literárias são completamente loucas. Nunca tive método de ler isso ou aquilo. Lia tudo de uma vez, misturando Kerouac com Nelson Rodrigues, William Blake com Augusto dos Anjos, Ginsberg com Cassandra Rios, Rimbaud com Fernando Pessoa. Adorava seguir Carlos Drummond de Andrade em seus passeios por Copacabana. Me sentia importante acompanhando os passos daquele Poeta Maior pelas ruas à tarde. Mas meu livro de cabeceira foi sempre *A descoberta do mundo*, de Clarice Lispector. Adoro acordar e abri-lo em qualquer página. Para mim, sempre funcionou mais que o *I Ching*. As minhas letras têm muito desses bruxos todos.

Não tenho a voz aprimorada, nunca estudei canto e tenho a língua presa. Mas cantar rock não é fácil. Não estou desmerecendo o que cantei até hoje, é que sempre foi muito fácil pra mim cantar rock. Não sou um grande cantor, nem tenho uma extensão de voz grande. Por isso canto muito no berro. Há também a possibilidade de você recitar a letra, como Lou Reed e Marianne Faithfull fazem. Tem todo aquele sonzão atrás e você entra mais ou menos gritando a emoção. Isso não acontece com as músicas mais lentas, que têm mais nuances de melodia. Cantá-las é mais difícil. Embora faça sempre questão de dizer que não sou cantor, e sim um intérprete, confesso que tenho a preocupação de apurar a voz ao máximo.

Canto a bossa nova "Faz parte do meu show" com uma voz de criança que jamais imaginei fazer, uma coisa bonita que passou por muitos ídolos do meu passado. Passou pelo João Gilberto, pelo Chet Baker. Eu gosto de tudo, do berro da Janis Joplin e da Bessie Smith. Adoro a Dalva de Oliveira e a Elvira Ríos. Acho isso saudável para um artista. Em matéria de música, não sou nada radical. Mas foi com o rock que encontrei a minha tribo. De repente, fumei um baseado, saí na rua e vi uma porção de gente igual a mim. Soltei pipa e joguei frescobol ao som do rock. Era a liberdade, da mesma forma que o jazz foi para a geração de 1940.

Eu não pirei com os Beatles, não dava muita importância, via como uma coisa meio histérica. Mas também adorava. Cantava "Help!" numa língua que inventei... Só quando pintou Caetano com "Alegria, alegria" é que achei aquilo moderno. Gal cantando "a cultura, a civilização, elas que se danem...", Macalé e a "morbidez romântica" de Waly Salomão. Rock eu conheci mesmo através do Caetano e da Tropicália, Os Mutantes, Rita Lee, Novos Baianos. Com 13 anos eu estava lá no píer de Ipanema, ficava de tiete, de longe, tentando apresentar uns baseados pra eles, mas ninguém pedia.

O Roberto Carlos também é uma pessoa importantíssima para mim, porque faz parte da minha infância. Eu cresci amando a Jovem Guarda. Tinha tudo com a marca Calhambeque: roupa, merendeira, sapato. E um dos momentos mais emocionantes da minha vida foi quando, aos 10 anos, meu pai me levou ao estúdio da Som Livre, onde Roberto Carlos estava gravando. Ele me convidou para tomar um refrigerante numa padaria ali perto. Eu queria andar devagarinho para que as pessoas vissem que estava ali uma criança orgulhosa por estar ao lado dele.

Outro dia, ele precisava do estúdio onde eu estava gravando. Me ligou: "Oi, meu Barão...". Eu respondi que

artigos Cazuza / org. Ezequiel Neves

não era mais do Barão, mas ele disse que vou ser sempre. E ele está certo. Eu vou ser sempre um Barão Vermelho. Ele é o Rei e me elegeu seu Barão.

O lance estrangeiro veio pelos Rolling Stones, mas quando a Janis Joplin morreu eu nem sabia quem era ela... Só fui saber dois anos depois, em 1972, quando fui expulso do Santo Inácio, que é um colégio de padres, e fui para o Anglo-Americano, mais liberal, onde a gente ouvia Rolling Stones no recreio. Mas então um amigo me mostrou a Janis, que eu conhecia da televisão, entre uma novela da Janete Clair e outra. Tava assim: "Jimi Hendrix e Janis Joplin mortos por drogas". Para mim, aquilo era uma coisa horrorosa. Mas quando ouvi aquela mulher descobri que ela era genial. Aí eu entendi o que era o blues, e através da Janis descobri a Billie Holiday e mesmo a Dalva de Oliveira. Tudo aquilo que eu já curtia, mas achava cafona. Aliás, sou cafona e assumo. Sou meio Augusto dos Anjos: "Escarra nessa boca que te beija". O que passo para as pessoas é muito mais meu trabalho do que as coisas que faço fora dele. É claro que existe todo um folclore em torno do meu nome. Tudo quanto é matéria relacionada a bar, por exemplo, tem que ter o meu nome, porque sou realmente frequentador da noite. Mas o que fica mesmo pras pessoas que consomem meu trabalho é a mensagem romântica que está no que escrevo. O meu trabalho tem muito essa coisa de cutucar a dor de amor. É o lado meio *dark* do amor que as pessoas curtem em mim. Acho até que, atualmente, poucos compositores falam desse tema. Antigamente tinha aos montes: Dolores Duran, Lupicínio Rodrigues, Noel Rosa, Cartola, Maysa e tantos outros. Depois disso, pintou uma fase em que era cafona e antiquado falar do sofrimento. Não estou sendo pretensioso, não, mas vários estudiosos da música popular já me disseram que eu trouxe essa coisa da dor de cotovelo de volta. É claro que isso aconteceu com a moldura mais epidérmica do rock. Todo brasileiro, todo latino-americano é pego um pouquinho pelo pé nisso de mexer na ferida do amor. E sempre gosta de temas relacionados a uma paixão que não deu certo. Esse é o lado diferente e talvez polêmico do meu trabalho.

Enfrentar o palco para mim é tudo. Aflora um lado sensual meio incontrolável. Às vezes, entro de pau duro, a coisa pinta até antes de subir no palco... Outras vezes, entro morrendo de medo, mas cantar solta o tesão. Sem brincadeira, é lance sexual mesmo. Fora do placo, sou tímido, um menininho, me sinto profundamente desajeitado. Mas no palco sou um Super-Homem, de pôr capa e sair voando. Sinto o sexo aflorando, olho pras pessoas e sinto que também tem essa coisa, que volta em resposta. Porque estou mostrando uma coisa bonita que eu compus: não sou humilde, gosto mesmo do que faço. É muito o lance do prazer, eu e a plateia transando pra caralho.

Tem gente que se irrita, porque eu canto que todo mundo vai pegar sua pasta e ir pro trabalho de terno enquanto eu vou dormir depois de uma noite de trepadas incríveis. Mas o dia a dia não é poético, todo mundo dando duro e a cada minuto alguém sendo assaltado ou atropelado. Então, vamos transformar esse tédio todo numa coisa maior. Li uma vez que você vive não sei quantas mil horas e pode resumir tudo de bom em apenas cinco minutos. O resto é apenas o dia a dia. Um olhar, uma lágrima que cai, um abraço... Isso é muito pouco na vida. Então, vale mais do que tudo para mim. Prefiro não acreditar no *day after*, no fim do mundo, no apocalipse. Um dia, ainda vou andar na nave espacial Columbia. Bêbado, lógico, mas vou andar.

Por enquanto, o que me dá mais prazer, além da música, é o beijo na boca. Aquele lance do beijo que é o "fósforo aceso na palha seca do amor". O beijo começa tudo. É da boca que vem a relação... a primeira vez que se entra numa pessoa. Pra mim é essencial. Sou capaz de ficar de pau duro se beijar alguém. Eu fico feliz quando penso que

artigos Cazuza / org. Ezequiel Neves

o homem difere dos bichos e das plantas porque pode amar sem se reproduzir – embora o papa não goste disso. O homem transa por prazer. Então, pode ser homem com homem, mulher com mulher, com diafragma, com pílula, o que for... Homossexualismo é assim uma coisa normal. E o hétero e o bissexualismo. O homem pode amar independentemente do sexo porque ele não é bicho, não é planta. Se o cara não quer, não sente atração, tudo bem. Mas não tem esse negócio de regra geral quando se fala de amor. Quando pinta tesão, estou com Tim Maia e Sandra de Sá: "vale tudo", mesmo!

Sou eclético, mas acho que quem não é eclético também faz muito bem. Se o cara é roqueiro de alma, como meu irmão e parceiro fiel Roberto Frejat, como o Dé e o Guto Goffi, devotos do rock, é superbacana. O rock and roll é como uma trepada, muito ligado ao sexo e à droga. Em relação à droga, por exemplo, a posição da lei é ridícula. Nunca se bebeu tanto nos Estados Unidos quanto no tempo da Lei Seca. Proibir interessa a quem? Pra máfia da Bolívia, da Colômbia, do Brasil. Porque é o próprio governo da Bolívia que lucra com isso. Por isso, marginalizam... No tempo de Freud, a cocaína era vendida na farmácia. Maconha os índios fumaram a vida inteira. Então, interessa ao poder marginalizar, porque outros tipos de drogas são vendidos em qualquer farmácia. Maior de 21 anos, com receita médica, poderia comprar... É isto que eu acho: droga tem de ser vendida em farmácia.

A minha ideologia é a da mudança. Nada de partido político. É a coisa de mudar o Brasil, em qualquer dimensão. Eu não tenho partido, sério. Mas estou com as pessoas que podem mudar alguma coisa, dou a maior força. Sou socialista por vocação, por natureza, por amor mesmo. Porque acho que o socialismo está no meio, entre o comunismo ditatorial e capitalismo selvagem, num ponto onde a iniciativa privada pode dar alguma coisa também. Quando fiz "Ideologia", nem sabia o que queria dizer, fui ver no dicionário. Lá estava escrito que indica correntes de pensamentos iguais e tal... A música, por sua vez, é muito pessimista porque, na verdade, é a história de minha geração, a de 30 anos, que viveu o vazio todo. É meio amarga porque a gente achava que ia mesmo mudar o mundo e o Brasil está igual; bateu uma enorme frustração. Nos conceitos sobre sexo, comportamento, virou alguma coisa, mas deixamos muito pelo caminho. A gente batalhou tanto e agora? Aonde chegamos? Nossa geração ficou em que pé?

Antes de mais nada, mudou o patriotismo. Para mim, o patriotismo não é essa coisa de símbolos, como a bandeira. Mexe muito mais com o sentimento. Quando me enrolei na bandeira, no Rock in Rio, eu estava acreditando. A coisa de cuspir na bandeira, três anos depois, foi contra aquele ato teatral do espectador. Eu estava cuspindo no símbolo, na bandeira que o que simboliza mesmo é a família Orleans e Bragança. Acho que não é a hora de teatro com bandeira. O momento é de criticar, de virar a mesa, de sair da merda. Quando eu me enrolei foi naquele clima Tancredo Neves. Eu estava, como todo o povo, inebriado por um sentimento de mudança. A coisa do "vai pra frente", algo lindo, um movimento sincero que se esvaziou por erros de políticos. No Rock in Rio cantei por dez minutos com a bandeira, sonhei, acreditei. Quando eu era adolescente, também acreditava. A gente não tinha descoberto a vaselina, o conchavo. Entrava com garra mesmo. Não sei mais se essa garra existe hoje com os novos adolescentes.

De qualquer maneira, a Igreja e a direita estão com a faca e o queijo na mão. Já nem acho que foi a CIA que botou o vírus da aids no mundo. Eles simplesmente usaram a doença. Botam na TV que a aids mata para que as pessoas fiquem horrorizadas com aquilo. É tudo um complô. Tanto que na Europa a coisa é tratada diferente, sem esse moralismo medieval. Mas aqui eles usaram a coisa legal. Usaram, mas não conseguiram. Eu vejo as pessoas se amando muito, está todo mundo ótimo com camisinha

artigos Cazuza / org. Ezequiel Neves

ou sem camisinha. Eles não venceram, não. E isso é luz. No disco que eu vou lançar, as músicas são muito felizes, pra cima, cheias de luzes.

Mas os problemas do Brasil parecem ser os mesmos desde o descobrimento. A renda concentrada, a maioria da população sem acesso a nada. A classe média paga o ônus de morar num país miserável. Coisas que, parece, vão continuar sempre. Nós teríamos saída, pois nossa estrutura industrial até permitiria isso. O problema todo no Brasil é a classe dominante, mais nada. Os políticos são desonestos. A mentalidade do brasileiro é muito individualista: adora levar vantagem em tudo. Educação é a única coisa que poderia mudar esse quadro. Brasileiro é grosso e mal-educado porque não pensa na comunidade, joga lixo na rua, cospe, não está nem aí. Esse espírito comunitário viria com cultura. Acho que o socialismo talvez possa trazer um acesso maior à cultura de massa. Fazer o que Mao Tsé-Tung fez com a China: educar todo mundo à força. Temos que estudar, ler, ter acesso a livros.

O inferno é aqui. A cabeça da gente é um inferno. E essa coisa de "o inferno são os outros", não sei... Pra mim, depende muito de amigos, de carinho dos outros, não vejo a vida contra alguém. Posso até ser meio ingênuo. Essa visão do inferno como uma coisa ruim e do céu como bom. O céu pode ser uma chatice e o inferno uma coisa divertida. Aliás, as imagens que temos do inferno são sempre aquelas onde localizamos o demônio, pessoas transando, se comendo. O inferno é um baile de Carnaval no Monte Líbano.

Finalmente eu consegui definir qual é o meu papel neste mundo. É passar pras pessoas a minha energia. É aprender e, em cada trabalho meu e em cada disco, poder passar as minhas conquistas. Eu conquistei a vida de um ano pra cá e quero passar isso pras pessoas. Isso é uma coisa meio cristã. Sabe, você repassa aquele amor que armazenou e as pessoas adoram.

Às vezes, fico triste, mas não consigo me sentir infeliz. Acho que o tédio é o sentimento mais moderno que existe, que define o nosso tempo. Tento fugir disso, pois tenho uma certa tendência ao tédio. Mas, felizmente, eu sou animadérrimo! Sou muito animado pra sentir tédio. Sou animado à beça, qualquer coisa me anima. Se você me convida pra ir à Barra da Tijuca, já digo logo: Vaaaamos!!! Qualquer besteira me anima. Tudo que já passei na vida não conseguiu tirar essa animação. Eu me sinto sempre ganhando presentes. Se faço uma entrevista e leio depois no jornal, acho tudo o máximo, o texto, a foto... Estou sempre ganhando brinquedos. Minha vida é muito assim: sempre morrendo de rir, nunca com tédio. E quer saber uma coisa? O que salva a gente é a futilidade.

[*Texto organizado por Ezequiel Neves a partir de trechos de entrevistas de Cazuza às revistas* IstoÉ, Playboy, Amiga *e* Interview *no período de 1983 a 1989. Publicado originalmente no* Songbook Cazuza, vol. 2 (1990), *org. Almir Chediak.*]

artigos Caio Fernando Abreu

Cazuza

Difícil juntar as coisas nessa estranha síntese de Janis Joplin e Dalva de Oliveira: um garotão agitado, bonito, sexualidade *gauche*, berrando poemas de sabor *beat*, loucamente temperados por pitadas de Lupicínio Rodrigues, Mick Jagger, Rimbaud, Jim Morrison e muito mais. Como é que pode? Eu ouvindo cada vez mais alto "Exagerado" ou "Só as mães são felizes", vizinhos putos e, na minha cabeça, rolando todas. Quem seria esse poeta com as letras mais poderosas da atual música brasileira? Quem seria esse roqueiro juvenil e profundo, lírico e maldito, chique e marginal, explodindo as fronteiras do bom gosto estabelecido, às vezes insuportavelmente lúcido? Eu estava intrigado: à beira da paixão. Como com Angela Ro Ro, Billie Holiday, Lou Reed.

Ele existe, vocês sabem. Chama-se Cazuza, 27 anos, de áries com sagitário, logo suavizado pela lua em libra. Carioquésimo. De beira de praia. Ipanema. Filho único, bem mimado, de pai produtor da Philips. Elis Regina pegava ele no colo, ele espiava escondido os papos do pai com figuras como Tarso de Castro ou o lendário Roniquito (irmão de Scarlet Moon). Curtia os mais velhos: ele é mais velho que sua geração. Dublava suas coleções de discos de rock subindo em cima das mesas, com a vassoura fingindo de microfone. Menino exagerado, imitava os graves de Maria Bethânia. Estudou dez anos num colégio de padres, na quarta série ginasial foi expulso: mau elemento, lógico. O pai prometeu um carro se ele passasse no vestibular. Passou, ganhou o carro e ficou só uma semana na faculdade. Comunicações. Cazuza escrevia uns baratos, queria ser jornalista. Ou fotógrafo, ou qualquer coisa. Mil cursos: medo de encarar a vocação maldita. Ou bendita? Bem, depende.

Um dia não fugiu mais, começou com uma fase super-hiponga, quando foi o que ele chama de "cantor de fogueira". Juntava bicho, um pessoal em Mauá, Porto Seguro, Trancoso, aquelas coisas, em volta de uma fogueirinha. Pintava uma flauta, uma viola, e lá vinha Cazuza com sua voz rouca de Hollywoods e conhaques desfilando um vastíssimo repertório. Rocks, tangos, blues, bolerões e o que mais rolasse. Certos traumas: "Me barraram no coral do colégio. Fiz teste com a mulher do piano e não passei". Veio uma peça teatral, verão de 1980-81: *Paraquedas do coração*, montada no Circo Voador do Arpoador. Cazuza era um pouco ator, e cantava. No elenco tinha um moço chamado Leo Jaime, que falou assim: "Ô cara, conheço um grupo de rock lá do Rio Comprido que tá querendo um vocalista. Vai lá". Cazuza foi. Os caras queriam uma garota cantando, mas o som *super-heavy* deu certo com Cazuza: era o Barão Vermelho. "E o resto?" Ele diz: "Ah, o resto é história". Ou *seria* história? Dois LPs, a explosão de "Bete Balanço", a paixão confessa de Caetano, Gil, Bruna Lombardi e todos nós. Cazuza, agora você sabe, é solo.

Surpresa: ele adora Clarice Lispector. Tem *Água viva* há anos na cabeceira, chegou a fazer uma música que nunca gravou. Paixão por Nelson Rodrigues. "Me comove tanto a piedade que ele tem pelo ser humano." Piedade: palavra-chave na obra de Cazuza que dói, lanha e sangra. Lê mil jornais por dia, atento ao horror solto por aí na nova Idade Média. Foi de uma notícia sobre um bando de adolescentes que violava cadáveres num cemitério do interior de Minas que tirou um verso da proibida (e genial) "Só as mães...", barra-pesada. Cazuza é proibido. *Dark* demais? Ou porque fala do real ali da esquina e cá de dentro? Val Improviso, necrofilia. E rosas roubadas. Tem uma coisa nele crescendo, em direção à outra luz. "Tô me vendo mais social, mais preocupado com o coletivo, saindo daquela coisa reduzida de mesa de bar e dor de corno." Cazuza é cândido, gentil e abandidado. Tem insônia, fica fazendo fantasias. A mais frequente: "Que tenho uma porção de irmãos e todos dormem no mesmo quarto, em beliches". Você sente falta de irmãos, Cazuza? Mas você tem tantos, menino. Um beijo.

[*Texto publicado na revista* Around, *janeiro de 1986.*]

artigos Nelson Motta

Cazuza, o poeta do rock brasileiro

Cazuza comemorando 65 anos não é só um exercício de saudade inútil, é a oportunidade de valorizar o seu talento e a sua obra e, considerando só as canções que fez já doente, antes de morrer aos 32 anos, imaginar o que ele poderia estar fazendo hoje.

Com Cazuza, tudo sempre foi diferente. Péssimo aluno, aprendeu em casa, convivendo com grandes nomes da música brasileira amigos de seus pais e ouvindo bossa nova, samba-canção, boleros e muito rock and roll, que o levou ao sucesso. O pai de Cazuza, João Araujo, então presidente da Som Livre, ouviu e adorou a demo de uma nova banda de rock apresentada pelo produtor Guto Graça Mello.

"Adivinha quem é? É a banda do teu filho!" João reagiu: "Ah! Não posso contratar, seria nepotismo...". Mas logo foi convencido de que, se deixasse de contratar o Barão Vermelho, seria despedido da companhia por incompetência.

O primeiro sucesso de Cazuza não foi com Frejat e o Barão Vermelho, mas com Ney Matogrosso – com quem tinha um romance na época – e sua gravação roqueira arrebatadora de "Pro dia nascer feliz", que se tornou um sucesso nacional. E foi crescendo em qualidade, incorporando um clima samba-canção e até de bossa nova ao rock and roll.

Mas foi a partir de ser diagnosticado com aids, o que na época era praticamente uma condenação à morte, que Cazuza produziu canções de grande maturidade que se tornaram clássicos modernos, como "O tempo não para". Abordou a política e as ideologias com uma visão crítica e autodebochada que deu outra dimensão à sua potência poética. E criou um grande clássico moderno sobre a eterna corrupção brasileira, com uma das músicas políticas mais contundentes da nossa história e que, naturalmente, continua atualíssima, porque o Brasil está mostrando a sua cara.

Dois anos depois, Cazuza morreu, deixando uma obra que revela um poeta que viveu e criou como um adolescente maduro e um idoso terminal em intensidade máxima – um dos grandes letristas de nosso tempo.

[*Coluna no* Jornal da Globo, *14 de abril de 2023.*]

artigos Karina Buhr

Poemas como remédios guardados para que fossem ingeridos só agora, neste tempo bem outro, num tipo de renascimento coletivo em que ele chega pra festa. Abrir a caixa e folhear, papel físico, caneta, Cazuza, que bom que é agora. Respiramos juntos o ar dos cômodos da casa do poeta, com a licença e memória deles e dormimos também no mesmo quarto da criança que ele é aqui e assim dá pra conversar, chamar de amigo, perguntar como ele conseguiu escrever tudo o que queria ser dito, que ele inclusive já tinha feito, mas não, faltavam exatos vinte e três poemas, cenas inéditas, déjà-vu.

Em uns momentos, como quem vai falar uma besteira trivial, te apunhala um viço que faz pulsar a textura das linhas, escrita viva que alimenta leitores no atrapalhamento da pressa de um hoje abarrotado de informações, no encontro de um tipo de calma urgente de Cazuza, pela vida intensa que morou nele. Dá pra ver um menino e um velho, um adolescente cuspindo na maldade que antecipou receber justamente na hora em que mais precisaria de colo, quando deveríamos ter sido as avós dos poemas das primeiras páginas, sua Nanã de calmaria e sábia, movimentos tranquilos de entendimento e piedade pela gente careta e covarde.

Como exaltar um poeta já que não precisa, só quem pode é a letra derramada, que rasga o embrulho, que o susto da beleza salta pra dentro do olho e mergulha, leitura como uma água imensa pra boiar por ora, estabanar braçadas agressivas, se emaranhar com outras coisas meio atrapalhadas e leves, como é bom lê-las também essas, como ele está perto! Uma mesa com suco saudável e uma navalha quente queimando a carne em todo corpo vivo e veneno engolido, em ruas perdidas, se embrenhar com ele em farras que não terminaram, poesia corrosiva comendo a carcaça e revelando a troca de pele. Entre primeiras e segundas versões de letras que viraram músicas definitivas, lemos cantando umas partes com as melodias que ficaram tatuadas e inventamos outras, viramos coautores com novas notas e divisões rítmicas. Lembro do meu encantamento com ele no palco, do tanto que tinha ali de teatro, da poesia declamada que fazia tremer, do tanto dele que grudou em mim, na gente. Passa um filme na cabeça, vira o disco.

Este livro nasce em um dois mil e vinte três de discursos ocupando o lugar de palavras mal ditas, impregnadas de erros de um modo de vida que não cabe mais, nunca coube, mas era normalizado, no meio de lutas que forjaram o que somos hoje, reivindicando a sobrevivência num espaço-tempo onde belezas extremas coexistiam, uma época que nos comia vivos e nos empurrava pra arte como forma de cura e expurgação. Poemas que emergem desse ínterim, essa fatia do calendário entre um 1975 e um 1989 de pura revolução, desejo e força criativa, de vida palpitante e explosões de palavras num banquete servido por uma figura única, que traduz esses anos em instantâneo e tudo se conecta. Que deleite! A poesia reunida de um cara que é o retrato esculpido de uma época, um farol aceso neste livro que nos regurgita os sentidos num brilho intenso e tão bonito como o rosto-corpo dele.

textos críticos

Eliane Robert Moraes
Italo Moriconi
Silviano Santiago
Augusto Guimaraens Cavalcanti

textos críticos Eliane Robert Moraes

Lira dos vinte anos: a poesia de Cazuza

Mesmo eu sendo um anacronismo, me sinto poeta.
"Cineac Trianon", 1989

Há vários livros neste livro. O que se reconhece de imediato é, por certo, aquele formado pela reunião de canções que se mantêm vivas e pulsantes no nosso imaginário musical até os dias de hoje, assinadas por um dos mais famosos astros do rock brasileiro dos anos 1980. Mas este é igualmente um livro sobre a paisagem sensível do país numa década turbulenta, notadamente nos seus centros urbanos, onde, no calor da hora, uma faixa expressiva da juventude testemunhava com perplexidade o processo de "abertura" instaurado na transição da ditadura para a democracia. Período de esperanças e incertezas, de promessas e frustrações, de loucuras e carentices, de sonhadas liberações e suspeitos liberalismos, e de tantos outros paradoxos que só mesmo a arte podia se aventurar na arriscada tarefa de interrogar o que estava de fato acontecendo.

No Brasil, foi Cazuza o primeiro artista de sua geração a se lançar, de corpo e alma, nessa aventura. Ainda que inspirado na rebeldia de seus ídolos das décadas anteriores – como Jimi Hendrix e Janis Joplin na música, Jack Kerouac e Allen Ginsberg na literatura, ou Ney Matogrosso e Rita Lee, que pareciam seus irmãos mais velhos –, o jovem roqueiro carioca já não compartilhava com eles o mesmo sonho em torno do sexo, drogas e rock and roll. Muita coisa havia mudado e de forma demasiado rápida, o que só fazia transtornar juízos e juízes. Se o tabu da virgindade era coisa do passado, o hiv inaugurava outra era sexual, não menos complexa e sombria; assim também, os aditivos psicodélicos da geração Woodstock cediam lugar às drogas sintéticas, feitas sob medida para consumidores *yuppies,* pouco afinados com antiquados lemas *hippies.* Só o rock continuava em alta, é verdade, e em particular no país, que assistia então ao seu auge nacional com novos e talentosos nomes arrasando nas paradas de sucesso. Cazuza foi um notável representante dessa época, um de seus intérpretes mais sensíveis – e, sem dúvida, seu maior poeta.

Daí que este seja, sobretudo, o livro de um poeta. Livro inédito não só pelo número de poemas, vários deles desconhecidos, mas igualmente porque este Cazuza ainda é um autor pouco frequentado no universo das Letras, por certo obscurecido pela fama alcançada como músico. Daí a pertinência do título escolhido por Ramon Nunes Mello, impecável organizador da coletânea, que pede emprestada uma frase decisiva na qual o poeta declara, em alto e bom som: "Meu lance é poesia".

Os versos aqui publicados compõem o testemunho poético da breve e radiosa passagem de Cazuza por este mundo, concentrando-se quase inteiramente na sua "lira dos vinte anos", a evocar a obra do nosso poeta romântico Álvares de Azevedo, também desaparecido quando jovem. Em ordem cronológica, o primeiro poema datado do volume é de 1975, e o último, de 1989, perfazendo uma trajetória de quatorze anos, na qual se identificam importantes regularidades e deslocamentos.

Se a produção do menino de 17 anos ainda guarda traços adolescentes, expressos em poemas como "Querido Diário", não deixa de chamar atenção que certos versos dessa fase juvenil reapareçam mais tarde, num escritor já bem mais maduro. É o caso de "Porque eu sei que amar é/ Abanar o rabo/ Lamber, latir e dar a pata", que se lê em "Brigitte Bardot" (1978) e também, com mínimas modificações, em "Quarta-feira" (1986). Oito anos, nesse caso, fazem toda a diferença, pois não só demarcam o meio do caminho da trajetória de Cazuza, como igualmente o momento em que ele atinge sua maturidade poética.

Tudo acontece muito rápido nas mudanças do extenso *Meu lance é poesia*, de modo que a chegada dos anos

textos críticos Eliane Robert Moraes

1980 de fato assinala o aparecimento de uma lírica mais segura de si, em que prevalecem o tom coloquial e os versos livres de pequena dimensão. Ainda que tais opções impliquem uma adequação às exigências formais da canção, elas não constrangem o tratamento literário dado ao fundo temático, que se torna mais e mais denso para ganhar em complexidade conforme avança o tempo. Ao lado do amor – tema central do poeta assumidamente romântico e anacrônico –, Cazuza conjuga o sexo e o desamparo, abordando esses três eixos da sua produção nos tons mais diversos, a oscilar entre o dramático, o sentimental, o irônico e mesmo o cômico.

A safra de 1982 fornece bons exemplos nesse sentido, já que "Rock'n geral" evoca o hilário "neném sem pecado querendo mamar", enquanto o solitário eu lírico de "Por aí" prefere o tom confessional: "Se você me encontrar/ Num bar, desatinado/ Falando alto coisas cruéis/ É que eu tô querendo/ Um cantinho ali/ Ou então descolando/ Alguém pra ir dormir". Já em "Down em mim" o melancólico amante recorda "que o banheiro/ É a igreja de todos os bêbados", como que tentando responder à interrogação de "Bilhetinho azul": "Como pode alguém ser tão demente/ Porra-louca, inconsequente/ E ainda amar?".

Os exemplos se multiplicam e as disposições se diversificam, mas a tônica do desamparo que só se aplaca com amor e sexo vai render muitas páginas e alguns dos melhores poemas de Cazuza, cujos títulos falam por si, como é o caso de "Carente profissional" (1983) ou de "Maior abandonado" (1984). Aliás, é precisamente nesses meados da década que ocorre uma virada na obra do autor, quando tudo fica mais intenso – ou "exagerado", como ele mesmo propõe nos conhecidos versos de 1985: "Até nas coisas mais banais/ Pra mim é tudo ou nunca mais". Isso não significa, de modo algum, que os temas eletivos saiam de cena; pelo contrário, eles se mantêm vivos e constantes, mas acrescidos então de uma perspectiva mais cerrada e, sobretudo, de um tratamento mais violento.

O "lado escuro da vida" passa a ser visto de frente e à luz do meio-dia, sem meias palavras. É o que se pode ler desde a primeira estrofe do famoso e escandaloso "Só as mães são felizes" (1985), cuja aposta no negativo atravessa o léxico e a sintaxe, e só se expande ao lançar mão de todo tipo de violência: "Você nunca sonhou/ Ser currada por animais/ Nem transou com cadáveres?/ Nunca traiu teu melhor amigo/ Nem quis comer a tua mãe?".

Não é preciso avançar mais que isso para ter ideia da ampliação que essa lírica se impõe conforme se acumulam as experiências por que passa o poeta quando sua extraordinária vitalidade sofre as primeiras ameaças. A consciência do desamparo – que já em 1984 denunciava um "futuro duvidoso" ("Bete Balanço") e, ainda antes, em 1981, suspeitava de um "futuro/ Que não chega" ("Nós") – se concretiza em definitivo quando o eu lírico perde a ilusão de um devir e faz coincidir por completo a passagem do tempo e o abandono. Quando, enfim, ele vê que o futuro só faz "repetir o passado" ("O tempo não para", 1987), sua poesia se amplia do plano individual ao coletivo e, atenta à miséria geral que impera por toda parte, assume uma forte ênfase política.

A partir de 1987, Cazuza vai pautar a sua lira por meio de recorrentes imagens da morte, batendo sem cessar nas teclas da tristeza, da dor e do medo. Isolado num "quarto de miséria" ("Um trem para as estrelas") o poeta dispara sua "metralhadora cheia de mágoas" ("O tempo não para"), a contemplar um mundo em "que todos nós somos fracassados" ("Fracasso"). É no interior desse conjunto que o Brasil surge repetidamente, para ser interrogado de forma impiedosa e sem qualquer reserva crítica: nos versos ferinos de 1988-1989, o país aparece ora como uma "grande piada" ("Portuga"), ora com o rosto "medroso" ("Burguesia"), ora como "mandingueiro"

textos críticos Eliane Robert Moraes

("Manhatã"), ou ainda como "pátria desimportante" ("Brasil"), a recolocar uma pergunta que o desafia a "mostrar a sua cara" e a dizer "qual é o seu negócio", sem a menor esperança de receber uma resposta verdadeira.

Não seria justo, porém, reduzir os últimos anos da poesia de Cazuza a essa vertente marcada pela negatividade, pois o autor por vezes aposta no amor, na amizade e até mesmo na paz e no perdão, sem falar das ambíguas súplicas a um Deus sem rosto. Afinal, como toda lírica de qualidade, esta tampouco se acomoda a padrões rígidos e sempre se permite desdizer a si mesma. Assim, um dos mais belos poemas datados da coletânea, o inédito e longo "Cineac Trianon" (1989), que se propõe a ser um texto de interface entre a memória e o testamento, abandona toda a violência poética daquele momento para exalar um sutil rumor de despedida. Ao se interrogar sobre seus próprios sentimentos quanto à "exata ignorância com o tempo real de sua existência", o eu lírico confessa delicadamente: "É triste sensação/ De haver perdido o trem/ E ter muitas malas pra carregar".

A vida de Cazuza cessou no ano de 1990, mas não sua lira. Não deixa de ser tocante, inclusive, que este livro avance no tempo ultrapassando o triste marco do fim: fruto das pesquisas de Ramon Nunes Mello em arquivos e fundos de gaveta, novos poemas sem data são apresentados aqui na sequência da produção que vai até 1989, como que instaurando outra temporalidade cujo único referencial é a poesia. Não mais na qualidade de registro do passado, nem de qualquer sonho de futuro de seu autor, *Meu lance é poesia* agora faz parte da bagagem acondicionada no mesmo trem em que viajam, hoje e sempre, notáveis jovens poetas como Arthur Rimbaud, Álvares de Azevedo, Jim Morrison, Ana Cristina Cesar – e, claro, Cazuza.

textos críticos Italo Moriconi

Cara a cara com Cazuza

A poesia em estado bruto é sempre essencial. Letra de canção, quando estampada em página de livro, vira poesia essencial. Vários dos grandes poetas consagrados no cânone da literatura brasileira foram e são letristas da canção popular. De Noel Rosa a Cartola, de Vinicius de Moraes a Caetano Veloso, para citar alguns emblemáticos. Colocar Cazuza nessa roda nada mais é senão reafirmar o lugar a que sempre pertenceu, não só por ser assim que ele se via e vivia (escrever uma letra é escrever) mas também por ser reconhecido de pronto como poeta por quem quer que topasse com música sua.

Cazuza não precisou da crítica literária especializada, mas esta foi obrigada a encarar seu texto, pelo impacto produzido por seu dizer cantado. No presente livro, às letras de canções, transmudadas em literatura pelo simples pousar na página branca silenciosa, acrescentam-se os notáveis textos inéditos que Ramon Nunes Mello compilou em sua extensa e meticulosa pesquisa, verdadeiras preciosidades para os estudiosos e para os fãs do poeta, entre os quais se inclui este autor. Para os estudiosos, ressalte-se a valiosíssima cronologia anotada dos poemas aqui reunidos. Dentre os inéditos, destaquem-se "Cineac Trianon" (p. 217) e "Work in progress" (p. 38), dois textos mais longos, escritos em fluxo de consciência e que merecem análises detalhadas, impossíveis de fazer no espaço desta apresentação geral. Em todos os casos, os poemas aqui mencionados terão sua leitura e conhecimento muito enriquecidos se complementados pela leitura das notas de Ramon.

Percorrer os poemas de Cazuza, dispostos aqui nessa mesma ordem cronológica e, portanto, igualitária do ponto de vista crítico, representa apoderar-se deles para guardá-los com a devoção laica e agnóstica, intelectual e estética, de que fala o poeta e letrista Antonio Cicero no poema "Guardar". As letras estão soltas na nuvem, em *streaming* sonoro e visual. Os poemas nós guardamos no coração, ao abrirmos o livro. Guardemos, pois, os poemas de Cazuza como objeto de valor, afeto, memória, em nossa cultura brasileira. Aqui se encontram as ricas "raspas e restos" deixadas pelo poeta, documentos daquilo que de rascante e agreste compõe as existências de todos e todas.

Poesia em estado bruto porque é poesia na velocidade e no contexto histórico de um tempo de rock. Cazuza era um rapaz boêmio que lia – *vide* as referências literárias em sua obra, de Clarice Lispector a Oswald de Andrade, de Tchekhov a Thomas Mann e Milan Kundera. Como relata Leo Jaime em depoimento, Cazuza lia e identificava-se com a chamada poesia marginal dos anos 1970 e flertou com a ideia de fazer um livrinho de mimeógrafo, como era típico da época. Como roqueiro, sua referência maior são a poesia *beat* e as letras dos poetas-músicos tributários dessa linhagem – Lou Reed, Patti Smith, Jim Morrison, todos dotados de cultura literária. Do ponto de vista da história literária, essa linhagem volta até a tradição dos poetas franceses ditos malditos – Baudelaire, Verlaine, principalmente Rimbaud –, assim como, mais atrás ainda, até o visionário William Blake.

Nesse universo cultural, a literatura é o espaço de arte verbal que só interessa se desnorteia sentidos comuns, dando voz ao atroz, ao inominável, ao escondido, excessivo, marginalizado, o secreto que existe em todos e todas nós, em maior ou menor escala, no imaginário ou concretizado em comportamento. É o lastro dissidente que a opinião pública percebe como modo de vida nos bastidores da indústria cultural, a "vida de artista", vida louca – e os fantasmas, intuições, sabedorias que saem daí.

O explosivo na aparição histórica da poesia e da performance de Cazuza foi o fato de que esse repertório aterrissou sobre a esfera do showbiz, exercendo impacto imediato e absoluto. O tempo do rock foi o momento do Rock Brasil, da Rádio Fluminense (RJ),

textos críticos Italo Moriconi

que se autodenominava "maldita" e tocava muito blues e reggae, junto com o que àquela altura já era chamado de "classic rock". Era a hora dos roqueiros – e de roqueiras, como Rita Lee, Marina Lima, Cássia Eller. Na constelação de estrelas, no palco máximo do entretenimento, vinha Cazuza, o belo menino blueseiro, cancionista carioca e brasileiro. Era o Cazuza superstar, um novo avatar do "Caetano superstar" que o mestre Silviano Santiago analisara em tempos heroicos da poesia no pop. Se a bossa nova marcara o encontro do samba com o jazz, se a Tropicália tornara pop todos os ritmos brasileiros, a performance de Cazuza, com o Barão Vermelho e depois, fazia o rock/blues escorregar para uma batida meio bossa nova; era um rock suingado, às vezes resvalando quase para um canto falado e intimista.

As palavras de Cazuza superstar, assim como as de outras estrelas do Rock Brasil, calavam fundo numa juventude ainda mais ampla e numerosa que a da Tropicália e dos grandes festivais de música dos anos 1960. O tipo de politização era outro porque o momento era outro. A juventude dos anos 1960 viera num processo de participação coletiva e liberação individual que, no Brasil, sofreu dois golpes de morte sucessivos, em 1964 e 1968. Permaneceu o filão do desbunde, da vida louca, à margem, mas presente, enquanto a repressão do regime militar instaurado pelos golpes buscava exterminar a oposição política. Vale a pena ler a narrativa dessa linha do tempo contextual no clássico livro *Impressões de viagem*, de Heloisa Buarque de Hollanda (Heloisa Teixeira).

Passada mais de uma década desde 1968, no início dos anos 1980 ainda se vivia no regime militar. Pasme-se, ainda existia censura às artes. Embora convivesse em casa com o Olimpo da música popular brasileira, formado por pessoas informadas e afetadas (por exílio, por censura) pela situação política brasileira, o cotidiano de Cazuza não era propriamente militante. Mas ele defrontou-se com a repressão do regime quando da proibição da canção "Só as mães são felizes" (p. 108). Sem falar nos atritos episódicos com a polícia do bairro, por posse de drogas ou atitudes impróprias (exageradas...). O poeta dito maldito é transgressivo e provocador em qualquer regime político.

Uma síntese dessas vivências e imaginários é o conteúdo de "Só as mães são felizes", cujo eixo significativo retrabalha duas das canções mais impactantes de dois dos maiores poetas do rock americano radical dos anos 1970 – "Walk on the Wild Side", de Lou Reed, e "The End", de Jim Morrison e The Doors. O texto de Cazuza reapropria os temas dessas duas canções misturando-os com referências à noite carioca. A madrugada pesada da Nova York de Lou Reed é traduzida na boemia da Copacabana que brilhava entre a galeria Alaska (ponto de baladas e pegações gays) e a Barbarella (casa de prostituição hétero), superpondo ainda personagens de distintas origens, do nosso Luiz Melodia aos poetas gays Rimbaud e Allen Ginsberg.

Trata-se de uma despedida da inocência pelo mergulho no mundo maldito. De Lou Reed, vem a descoberta do espaço urbano como âmbito de liberação de figuras transgressivas – travestis, michês e prostitutas, viciados em heroína. Do poema-letra de Morrison, vem como inspiração a tematização da morte de um "amigo", que na verdade pode ser interpretado como duplo interior do próprio poeta. A despedida da inocência se traduz pela narrativa do cometimento do ato nefando, edipiano, do assassinato do pai e a expressão do desejo pela mãe, que não chega a ser enunciado. A frase de Morrison *"mother, I want"* deixa em suspenso se o duplo do poeta deseja simplesmente libertar seu desejo das amarras familiares, se deseja a morte da mãe ou se a deseja sexualmente, incestuosamente. É a ruptura com todos os laços normativos, burgueses, caretas.

textos críticos Italo Moriconi

* * *

Na primeira metade dos anos 1980, ainda estávamos na ditadura, mas o momento era de flexibilização. Vivia-se o processo de "abertura", com seus vaivéns e ambiguidades entre repressão e liberação. Junto com a demanda pela anistia, que finalmente viera em 1979, retornaram com força os movimentos sindical e estudantil, seguidos das megamanifestações pelas eleições diretas em 1984. Dois anos antes, tinham-se realizado as primeiras eleições diretas, desde 1964, para governadores de estados. No seu Rio de Janeiro, Cazuza se impressionou com Brizola. Os dois, afinal, eram da fuzarca. Assim como o candidato, os roqueiros veiculavam os gritos de liberdade daquela hora. "Brizola", na gíria carioca, era o nome popular da cocaína. Quatro anos depois, Cazuza alinhou-se ao Partido Verde e à candidatura de Fernando Gabeira a governador.

No Rio e em todo o resto do país, o Rock Brasil foi a trilha sonora de um processo de explosão democrática, assim como tinham sido os festivais de música e o tropicalismo, nos idos de 1967, 1968. Ambos os acontecimentos deram voz à juventude agitada de seu tempo, fazendo-a cantar em uníssono. São de Cazuza dois dos principais hinos políticos dessa juventude: "Ideologia" (p. 164/165) e "Brasil" (p. 168), lançados no ano de aprovação da Constituição chamada Cidadã (1988), que encerrou de vez o regime militar. Eles elevaram à enésima potência a repercussão do "Que país é esse?" de Renato Russo e Legião Urbana, de 1987, que por sua vez ecoava uma referência literária, o poema homônimo de Affonso Romano de Sant'Anna, de 1980.

"Brasil", na voz de Gal Costa, foi tema de abertura de novela nobre da Globo, nada mais nada menos que a emblemática *Vale tudo*, de enredo antenado com o sentimento de "basta" presente na população. Havia outros hinos; foi quase um gênero roqueiro brasileiro, esse do grito de indignação contra "tudo isso que está aí", como dizia Brizola. Ainda em 1988, Cazuza arrebatou o Brasil excursionando com o show – dirigido por Ney Matogrosso – de apresentação do disco *Ideologia*.

* * *

Como se sabe, a falta de um desejo utópico ou de adesão a algum programa partidário é o tema de "Ideologia", canto que é imprecação e lamento: existem a indignação, a repulsa, o protesto, mas não mais existem os ideais que sustentariam uma proposta de futuro: "Ideologia/ Eu quero uma pra viver". Era o brado da juventude, era a exigência ética que todo um país fazia ao novo sistema de poder, em lento processo de consolidação. A linguagem e a política da era pop acontecem numa rede sinestésica massificada. Enquanto a novela da TV dramatiza e projeta o sentimento geral, o hino roqueiro leva esse sentimento, que é histórico, para o coração do eu: "Meu partido/ É um coração partido". Logo lembramos do "tempo de homens partidos", de Carlos Drummond de Andrade.

Noves fora zero, o Brasil do rock rejeitava o sistema do que hoje chamamos "centrão". A olhos vistos, mesmo com a superação da ditadura, era evidente que ele dominaria o jogo institucional na democracia. Sem utopias, portanto. Mais especificamente, em Cazuza a indignação focalizava os caretas em geral, ou seja, a pequena burguesia homofóbica e repressiva, de onde ele próprio se originava. A repulsa aos caretas, como dado de crítica social, tem sua mais marcante tradução na canção "Burguesia" (p. 198), escrita em parceria com Ezequiel Neves. Mas essas fronteiras sociais foram rompidas por seu ser de poeta e performer. Seu público acabou constituído por todos os espectros de juventude não careta, unificando classe média e classes populares, no mesmo uníssono catártico dos shows e do *sing-along* ao som do rádio.

textos críticos Italo Moriconi

Para a juventude não careta de todas as classes e regiões do país, a letra de "Brasil" foi um grito de libertação. Era um brado retumbante assumir a *persona* do flanelinha que fala no poema, soltando a voz ao som de Gal Costa, e dizer em alto e bom som: "Não me convidaram/ Pra essa festa pobre/ [...]/ Toda essa droga/ Que já vem malhada antes de eu nascer". Era um vocabulário entendido pelo jovem. O Brasil metaforizado como trouxinha de maconha ou cocaína. As promessas de felicidade do Brasil, que o próprio Cazuza celebrara com o Barão Vermelho no Rock in Rio, em 1985, no dia da eleição de Tancredo Neves, enrolando-se na bandeira brasileira, cantando "Pro dia nascer feliz" (p. 64), eram agora, passados quatro anos, comparadas à decepção do/da usuário/a ao constatar ter adquirido um pacotinho *fake* da droga, em quantidade e qualidade. Cantar "Brasil" a plenos pulmões era assumir publicamente, embora no anonimato da multidão, que se fumava maconha. Passados quarenta anos, permanece o proibicionismo, enchendo as cadeias de flanelinhas como a *persona* que Cazuza criou para falar do país.

O contraste é efetivamente significativo. Se, em 1985, Cazuza bradara "pro dia nascer feliz", homenageando a chegada do poder civil apesar da derrota da campanha pelas diretas, em "Ideologia" e "Brasil" sentimentos e gestos são bem outros; houve até um episódio em que Cazuza cuspiu na bandeira brasileira num show no Canecão. Para defender-se das críticas que pipocaram, ele comparou seu gesto ao dos jovens que queimavam a bandeira dos Estados Unidos em protesto contra a guerra do Vietnã. Quem o criticou na época, porém, talvez não tenha prestado atenção nos últimos versos de "Brasil": "Grande pátria desimportante/ Em nenhum instante/ Eu vou te trair/ (Não vou te trair)".

Abraçar a bandeira ou cuspir nela, duas formas de amar o Brasil, duas formas de amar. Uma dualidade sempre presente nos poemas de Cazuza, fosse qual fosse o tema. Pois, na poética de Cazuza, todo sentimento só existe para engendrar seu contrário. Sua lírica amorosa, que constitui o corpo de poemas mais considerável nestas obras reunidas, até 1987-1988 versa mais sobre desencontros, num vaivém de paixões e rejeições, tanto de um quanto de outro lado do par. No lugar da "fossa" do tempo da bossa nova e da "dor de cotovelo" dos boleros antigos, em Cazuza aparecem palavras como "depressão" e "carência". No lugar da boemia da Lapa dos anos 1910-1920, da Copacabana dos anos 1950-1960, seu vocabulário das paixões enraíza-se na boemia do Baixo Leblon, anos 1970 na veia. Cazuza não conheceu o amor, como ele mesmo declara em diversas letras. Sua *persona* de malandro boêmio vive cada relação efêmera ou casual com a intensidade de uma paixão amorosa incandescente. É o ato de colocar em canção (em poesia) a evocação de uma relação passageira que a pereniza como arquétipo do amor.

* * *

Dualidade. Em "Ideologia", de um lado, quem grita é o poeta nostálgico do 1968 político; de outro, o herdeiro do desbunde, já numa de "o sonho acabou". O sonho feliz do sexo, drogas e rock and roll, que também Rita Lee tanto tematizou e popularizou em suas canções e, muitos anos depois, na autobiografia. "As ilusões estão todas perdidas", escreve/canta Cazuza. E mais adiante: "Meu sex and drugs não tem nenhum rock and roll". Essas duas faces, a comportamental e a política, são aproximadas, por justaposição, nos versos "Meus heróis morreram de overdose/ Meus inimigos estão no poder". A perdida identidade política trazida para o coração do eu aparece por justaposição também nos seguintes versos: "Eu vou pagar a conta do analista/ Pra nunca mais ter que saber quem sou eu/ Pois aquele garoto que ia mudar o mundo/ Agora assiste a tudo em cima do muro". Justapõem-se o não saber de si pessoal e o não saber de si político.

textos críticos Italo Moriconi

Entre os textos inéditos encontrados por Ramon Nunes Mello, há uma primeira versão de "Ideologia" (p. 164). Cotejando-a com a definitiva, gravada, verificamos que a ênfase no trazer a política para o coração do eu foi uma decisão consciente do poeta. Na primeira versão, o texto começa indo direto aos temas do desbunde e da política: "Meus heróis morreram de overdose/ Meus inimigos estão no poder". Já a segunda versão começa assim: "Meu partido/ É um coração partido". O poeta se torna autobiográfico. Ao mencionar a instituição política, logo a descarta para falar de si, de como se sente, partido. Traça então o cenário de uma trajetória que vai do jovem politizado do passado ao jovem que "frequenta as festas do *grand monde*", depois de ter se tornado um superstar. Cazuza narra sua própria vivência – entre o *grand monde* e o *bas-fond*.

Por outro lado, da primeira para a segunda versão, Cazuza suprime um período significativo de outra das frases-versos que se tornaram emblemáticas de seu legado sonoro. Na primeira versão, o poeta confessa seu medo: "Pois aquele garoto que ia mudar o mundo/ Hoje em dia morre de medo de ir fundo assiste a tudo em cima do muro". Na versão final, a frase foi enxuta e quebrada, e ficou a clássica: "Pois aquele garoto que ia mudar o mundo/ Agora assiste a tudo em cima do muro". Cazuza suprimiu "morre de medo de ir fundo". Não se sabe se por sugestão de alguém, quem sabe de seu parceiro e mentor Ezequiel Neves.

* * *

O acontecimento simultaneamente íntimo, político e histórico que está subjacente a todo o poema de "Ideologia" vai além da circunstância nacional e se faz presente nos versos decisivos: "O meu prazer/ Agora é risco de vida". No exato instante em que dava voz e corpo a todo aquele redemoinho que tomou conta do Brasil entre o movimento pelas diretas, a aprovação da Constituição e a eleição de Collor contra Lula para presidente, uma crise maior se alevantava no jogo de dados da vida de Cazuza.

O drama da aids. Em pleno apogeu de popularidade e criatividade. Num momento em que a então nova doença ainda era cercada de pânico e desconhecimento, bem distante da descoberta do tratamento que colocou sob controle a infecção pelo hiv, já em meados da década seguinte. Se 1988 foi o ano da politização, coroando um processo que vinha desde a famosa cena no Rock in Rio, 1989 foi o ano em que Cazuza mais produziu, mesmo doente, vivendo as agruras de sucessivas internações. Num certo sentido, pode-se dizer que Cazuza experimentou, ainda adulto jovem, a maturação de um saber de vida inteira em apenas dois anos. Aceleração, pleno voo.

Ao ser acometido de aids, que na época, além de ser percebida como sentença de morte certa, trazia o estigma da exposição homoerótica, Cazuza tornou pública sua condição, dando mostras de uma impressionante coragem, tanto física quanto moral. Coragem se tornou sinônimo de Cazuza. Foi assim que o imenso público de fãs não caretas vivenciou com ele o ano de 1989, num processo de aprendizado (sobre sexo, sobre saúde pública, sobre costumes e comportamentos) que se espraiou pela opinião pública em geral, exercendo um impacto realmente revolucionário sobre a cultura moral.

A geração que cresceu ao som das letras de Cazuza e de Renato Russo passou a encarar a bissexualidade sem preconceito, já que seus dois maiores ídolos cantaram/celebraram o desejo concomitante por meninos e meninas. Haverá quem argumente que a hiperatividade de Cazuza em seu último ano de vida era fruto de uma *denial*, uma negação, uma cegueira em relação à sua real condição. Mas não seria a cegueira da vontade de fazer a todo custo uma componente central dos atos de coragem? Coragem é impulso vital cego. "Eu vi a cara da morte/ E ela estava viva", escreve o poeta em "Boas novas" (p. 172).

textos críticos Italo Moriconi

Duas linhas de força marcam a produção poética de Cazuza, à medida que a fragilidade do corpo se lhe impõe, encontrando a resistência obstinada de seu impulso vital. O histórico apresentado por Ramon Nunes Mello documenta a intensidade do seu processo criativo nesse período.

Por um lado, a poética de Cazuza dá uma guinada, politizando a própria questão do viver com aids (um viver que é morrer, um morrer que é viver), aproximando-se de uma crítica social mais aguda, indo além da marginalidade boêmia da zona sul carioca. O *bas-fond* da barra-pesada confunde-se com o *bas-fond* propriamente social. Sua escrita poética estabelece uma afinidade com os desvalidos do mundo, algo, como vimos, já presente na figura do flanelinha de "Brasil".

Cazuza passa a abordar a caretice de um ponto de vista quase que inverso ao repúdio anterior. Emergem a piedade e a relação contraditória com uma figura de Deus em que nunca acreditara. Quem poderá jamais esquecer as palavras do "Blues da piedade" (p. 170): "Agora eu vou cantar pros miseráveis/ Que vagam pelo mundo derrotados/ Pra essas sementes mal plantadas/ Que já nascem com cara de abortadas// Pras pessoas de alma bem pequena/ [...]// Vamos pedir piedade/ Senhor, piedade/ Pra essa gente careta e covarde/ Vamos pedir piedade [...]// Quero cantar só para as pessoas fracas/ Que tão no mundo e perderam a viagem/ Quero cantar os blues/ [...]// Somos iguais em desgraça/ Vamos cantar o blues da piedade/ Vamos pedir piedade/ Senhor, piedade/ Pra essa gente careta e covarde".

Este autor não consegue não ver a raiz do sentido dessa piedade, que é empatia com o estranho, naquela piedade do clássico conto "Amor", de Clarice Lispector. E não há como não ver a sombra da Macabéa de *A hora da estrela* na imagem violenta da figura que já nasce com cara de abortada. Cazuza, por incrível que possa parecer, introduz uma nota de ternura em comparação com a abordagem visceral clariceana, com a qual, de todo modo, ele dialoga intensamente em seus escritos, a ponto de dar a uma de suas canções o título de um livro dela – "A via-crúcis do corpo" (p. 214), um belíssimo poema.

Ligada a esta trilha da identificação entre o ser para a morte viva e os desvalidos do mundo, a outra linha de força diz respeito à própria relação com Deus. Clarice não pede perdão a Deus, por estar envolvida numa trama corporal com Ele. Já a perspectiva de Cazuza assemelha-se à de Carlos Drummond de Andrade no sublime poema "São Francisco de Assis", do livro *Claro enigma*, em que o poeta veterano pede perdão ao Senhor por não amá-Lo. "Peço a Deus que me perdoe no camarim", canta Cazuza em "Quando eu estiver cantando" (p. 207). Esse tipo de relação dual entre a não crença e a necessidade de referir-se a uma Força Maior, mesmo que puramente imaginária, tem a ver obviamente com o fato de o poeta estar vivendo uma situação terminal.

A poesia autobiográfica de Cazuza abre o jogo sobre essa vicissitude, cara a cara com a morte. Assim como o protagonista do filme *O sétimo selo*, de Ingmar Bergman, Cazuza ergue o punho contra o céu, mesmo sabendo estar submetido a seus "desígnios". Leia-se "As cobaias de Deus" (p. 206), desafiador e iconoclasta: "Se você quer saber como eu me sinto/ Vá a um laboratório ou um labirinto/ Seja atropelado por esse trem da morte// Vá ver as cobaias de Deus/ Andando na rua pedindo perdão/ [...]// Me sinto uma cobaia, um rato enorme/ Nas mãos de Deus-mulher/ De um Deus de saia/ Cagando e andando/ Vou ver o E.T./ Ouvir um cantor de blues/ Em outra encarnação// Nós, as cobaias de Deus/ [...]// Me tire dessa jaula, irmão, não sou macaco/ Desse hospital maquiavélico/ Meu pai e minha mãe, eu estou com medo/ Porque eles vão deixar a sorte me levar// [...]// Nós, as cobaias, vive-

textos críticos Italo Moriconi

mos muito sós/ Por isso, Deus tem pena e nos põe na cadeia/ E nos faz cantar, dentro de uma cadeia/ E nos põe numa clínica, e nos faz voar".

Em "Azul e amarelo" (p. 209): "Senhores deuses, me protejam/ De tanta mágoa/ Tô pronto para ir ao teu encontro/ Mas não quero, não vou, não quero/ Não quero, não vou, não quero". Mais à frente, na p. 212: "Deus, me ajuda/ Me ajuda, Senhor/ Eu me sinto tão usado e louco aqui/ Sem ninguém, ninguém pra amar/ [...]/ Me ajuda, Senhor/ Eu sei, não há nenhum tipo/ Especial de pessoa/ Que te pede/ Mas eu acredito que o Senhor não esquece ninguém/ Ninguém/ Ah, Deus, me ajuda, por favor/ [...] Não me deixe só aqui, sem amor/ Não me deixe, Senhor...". Em "Ataque de nervos" (p. 199): Vou ter um ataque de nervos/ E me jogar do sexto andar/ Deus me proteja/ Vou ter um ataque de nervos". Esses são apenas alguns exemplos da dramaticidade bruta que leitores e leitoras encontrarão nos últimos escritos de Cazuza, às vésperas da dissolução no nada. O legado é o nada que se torna tudo para nós e vale mais que a própria memória.

textos críticos Silviano Santiago

Cazuza, autobiógrafo selvagem

para Adrián Melo

Cazuza aparece na cena artística brasileira no momento em que os jovens já não têm as profundas inquietações políticas centradas na derrota da ditadura militar. Muitas e muitos deles deram a vida pelo fim dos anos de chumbo e muitos outros se entregaram à conscientização do povo pela importância da luta contra a tortura, a censura e todas as formas de repressão cotidiana típicas de regime militar no poder.

Jovem, Cazuza nasce junto com o sentimento republicano, conquista dos que já estão maduros e desimpedidos. Preparam-se para a vida democrática. A constatação parece simples, mas não é. Naquele momento de transição, os jovens de 1964 reconhecem suas limitações proféticas e, ao mesmo tempo, os entraves decorrentes da formação estudantil e profissional, ambas deficientes do ponto de vista formal. No caso de artistas e de intelectuais, estão todas e todos conscientes de que as exigências do processo de reprofissionalização e do público serão outras e certamente diferentes.

Para não desaparecer da festa e do palco, artistas como Caetano, Chico, Gal, Gil ou Tom Zé sabem que têm de se dedicar mais ao aperfeiçoamento tanto de suas habilidades naturais de músico quanto de seus conhecimentos de caráter geral. Para as próprias vidas buscam uma disciplina inédita que os transforme em cidadãos e artistas prontos para a competição internacional.

Os mais talentosos artistas da MPB conhecem suas falhas de formação e se dedicam ao artesanato musical ou ao aperfeiçoamento quase vanguardista das letras de suas canções. Outros, como Caetano e Chico Buarque, abandonam os sueltos jornalísticos e combativos e se entregam à crítica social ou à ficção, respectivamente. Já os estudantes com formação universitária buscam os cursos de pós-graduação (mestrado e doutorado), seja aqui, seja no estrangeiro. Nunca o jovem brasileiro que trabalha com cultura ou com o conhecimento científico tinha viajado tanto sozinho.

Cazuza nasce jovem republicano e cheio de ansiedades. Quer exprimir-se com toda a sinceridade do corpo jovem, em processo de autoafirmação na cena artística carioca. Assim nasce para a vida pública, mas logo se sente expulso do projeto um tanto careta da República. Suas forças interiores naturalmente anárquicas, ele não as conhece e o conduzem. Deixa-se levar por elas.

Vida louca vida, vida imensa
Ninguém vai nos perdoar
Nosso crime não compensa
Vida louca vida, vida breve
Já que eu não posso te levar
Quero que você me leve, leve, leve

É de uma vida louca e imensa que vêm as críticas sociais (em especial, de caráter comportamental) e políticas que, na verdade, só serão feitas no novo e bolsonarista milênio ao projeto republicano dos anos 1980. Muitas e muitos jovens – sem que a boa consciência constitucionalista se desse conta delas e deles – foram expulsos do projeto de democratização pelo excesso de compromisso com a sociedade pequeno-burguesa, branca e norte-americanizada.

Brasil
Mostra a tua cara
Quero ver quem paga
Pra gente ficar assim
Brasil
Qual é o teu negócio?
O nome do teu sócio?
Confia em mim

textos críticos Silviano Santiago

De todos os artistas da cena musical de meados e fins dos anos 1980, Cazuza foi e será o primeiro a fazer de sua experiência de vida e de seu comportamento transgressor, sempre com a cara limpa, o motivo explícito para chegar a ser verdadeiramente um artista que se exprime e trabalha em total liberdade. Ele é o primeiro autobiógrafo selvagem da MPB. Não tem vergonha de ser irmão ou irmã de muitos que não sentem necessidade de travestir-se-de-cidadão para se tornar apto a viver a vida pública. No Rio de Janeiro, é tão sincero, natural e nutritivo quanto o açaí da selva amazônica.

Te chamam de ladrão, de bicha, maconheiro
Transformam um país inteiro num puteiro
Pois assim se ganha mais dinheiro

Não tem vergonha de ser quem é porque sua vida não é tão modelar quanto as vidas dos artistas que amadureceram e já se apresentam como estrelas nacionais e internacionais. "O meu tesão/ Agora é risco de vida." No cotidiano e no palco, não muda a cara. Não usa maquiagem ou cortes de cabelo ousados. Apresenta-se como é, vulnerável e valente, disposto a viver nas margens que seduzem os *"rebel without a cause"*, para citar o título do filme de James Dean. "Vida louca, vida breve."

Cazuza é um jovem pequeno-burguês da zona sul carioca que acredita não ter necessidade de sair do bairro, pegar o carro e se mandar para a vida louca, malandra e, finalmente, triste da Lapa. Não precisa deslocar-se (embora possa, se fosse o caso) para viver a noite como quer e deve vivê-la. De maneira boêmia e nos limites da transgressão, ele instala seu corpo no Baixo Leblon, bairro da zona sul, onde vive sua família e está sua escola, onde conhece os amigos e as amigas e também os parceiros. Seu público se amplia, democraticamente.

Todos os aspectos da sua vida são *res publica*, por mais abjetos que eles possam ser julgados pela pequena burguesia bem-pensante, a que pertence sua família. Não sente necessidade de esconder-se nas dobras da "noche nochera" de que fala Federico García Lorca. Teria encantado Jean Cocteau durante a filmagem de *O testamento de Orfeu*. Cazuza é de natural cigano e livre, pertence à música e à noite. Tampouco sente necessidade de estetizar os movimentos urgentes e ardentes, comprometedores do corpo na vida social carioca. Que seu corpo seja como é: em casa, na escola, no bar, no palco, na telinha etc.

Como dizia Hélio Oiticica, para nós não há modo de viver a vida sem a "fé no veneno" de que fala o poeta Arthur Rimbaud.

[*Texto publicado no* Suplemento Pernambuco, *julho de 2020.*]

textos críticos Augusto Guimaraens Cavalcanti

Cazuza: entre o rock, a vida e as artes práticas

Cazuza não se considerava um "poeta" no sentido tradicional do termo, uma vez que sua aproximação com a literatura se dava principalmente através dos escritores *beats*, que buscavam promover a reintegração da poesia à pulsação da fala. O canto de Cazuza ganha corpo por meio de uma técnica teatral-performática de temática *beat*. Ao poeta *beat*, "pessoa" e "*persona*" são indissociáveis. Para Cazuza construir sua *persona* artística, a influência de Lupicínio Rodrigues é tão importante, por exemplo, quanto a de Allen Ginsberg. Seguindo os preceitos de uma frase do poeta chileno Pablo Neruda, Cazuza tinha por costume enunciar: "Não foi Neruda quem disse: 'Feche os livros e vá viver'? Pois fui".

Com o nome de batismo similar ao do sambista Cartola, *Agenor* de Miranda de Araujo Neto, apelidado Cazuza, cresceu no *grand monde* da música popular brasileira. O cantor aprendeu desde cedo a dosar um lirismo passional do samba-canção com o rock, construindo uma identidade a partir de um intercâmbio entre a música, a literatura e o teatro. De forma ensaística, o canto de Cazuza surge associado à técnica teatral, adaptando para os palcos de rock uma presença cênica desenvolvida em sua experiência em oficinas de Hamilton Vaz Pereira (no Parque Lage) e Perfeito Fortuna (no Circo Voador). Influenciado pela ambiência contracultural dos anos 1960, o rock lhe foi revelado pela Tropicália e pelo "iê-iê-iê". Apreciador de Billie Holiday, Lou Reed, Bob Dylan, sua formação musical tropicalista passou tanto pelo rock (de Jimi Hendrix, Rolling Stones e Led Zeppelin) quanto por artistas como Lupicínio Rodrigues, Luiz Melodia, Angela Ro Ro, Dolores Duran, Maysa, Nelson Gonçalves e Ataulfo Alves.

Músico instintivo, Cazuza não tocava correntemente violão; era um letrista que compunha organicamente com seus parceiros musicais, principalmente Roberto Frejat. Misturando o lado passional de um dramatismo *kitsch* brasileiro com a atmosfera universal do rock, as temáticas subversivas e profanadoras foram abordadas desde o seu primeiro canto como vocalista do Barão Vermelho. Do LP homônimo, de 1982, o blues "Down em mim" traz referência direta a "Down on me" (gravada por Janis Joplin) e mistura o sagrado ao profano no trecho: "[...] o banheiro/ É a igreja de todos os bêbados". Em *Barão Vermelho 2*, de 1983, "Largado no mundo" é um cântico em homenagem aos poetas vagamundos que transitam por todos os ambientes sem sair do tom. Já no terceiro álbum do Barão, *Maior abandonado*, de 1984, a faixa "Nós" aborda a carência ocupacional de um personagem que vaga de bar em bar escrevendo frases nos guardanapos, babando desejos pelos muros, nas cartas em braile e nas certezas cegas de um futuro em estado solar de enigma.

Quando adolescente, Cazuza gostava de seguir Carlos Drummond de Andrade pelas ruas de Copacabana para observar o itinerário do poeta mineiro. No universo da poesia, seu autor de predileção era o simbolista-moderno Augusto dos Anjos[1] e, na prosa, Clarice Lispector, particularmente os livros *A descoberta do mundo* (1984) e *Água Viva*[2] (1973) – prosa poética que beira uma escrita do inconsciente. Sem receio de rimar amor e dor, amar e armar, lua e rua, céu e véu, bossa e fossa, melodia e melancolia, maldito e improviso, medieval e atual, jornal e sentimental, Cazuza ambienta a maioria de suas letras num Baixo Leblon ficcional, em canções que são pequenas crônicas da noite como a hora do artista: um sol noturno a resplandecer no combustível inflamável de uma alta madrugada. Em "Completamente blue", Cazuza narra tal noite solar: "Como é triste a tua beleza/ Que é beleza em mim também/ Vem do teu sol que é noturno/ Não machuca e nem faz bem".[3]

Tendo na figura performática do poeta um ser insatisfeito por significação, a sua melancolia cênica simboliza um canto que beira o uivo e proclama a crueza de uma

textos críticos Augusto Guimaraens Cavalcanti

voz que se situa entre o grito e a fala, o sentimental e o visceral. Capaz de zombar do sentimento universal da dor de amor (como quando mistura o coloquialismo de um discurso amoroso com as "mil rosas roubadas" em "Exagerado"), seu tom de voz parodia o canto através de um sofrimento cáustico-romântico da "dor de cotovelo" do que está sendo entoado na letra. Um carente profissional à espera de alguma redenção possível numa nebulosa de seres insones, desiludidos e vagantes, o eu lírico de suas canções percorre uma noite plástica a ofertar ao seu objeto de desejo "todo o dinheiro falso do mundo". Em atmosfera tal, o bar é tratado como um lugar de trânsito, espaço em que seus personagens buscam por algum amor irrecuperável, mas ainda assim celebrado numa maneira contemporânea de sentir e viver.

Assim como o ator Humphrey Bogart, Cazuza acreditava que "a humanidade está sempre duas doses abaixo do normal", frase que serviu como motivo condutor para a letra de "Por que a gente é assim?". Já a *persona* de James Dean é evocada em seu teor rebelde e contraventor, porta-voz de uma juventude transviada trazida à baila em "Walk on the Wild Side", de Lou Reed, música que tematiza o *underground* nova-iorquino e que foi utilizada como fonte de inspiração para a composição de "Só as mães são felizes" – título retirado de um verso do escritor americano Jack Kerouac, do livro *Scattered Poems* (1971). Espécie de ode à imagem do artista como um ser à margem (boêmio, noturno e *noir*), a letra cinematografa as ações-citações imaginativas de poetas e músicos "malditos" num submundo carioca. Por lá convivem Arthur Rimbaud, Allen Ginsberg, Alfred Jarry, Luiz Melodia e Lou Reed. A percorrer um outro lado da meia-noite, qual um Orfeu urbano, Cazuza transita pelas paisagens subterrâneas com auxílio de seus "poetas", tal como fez Dante Alighieri na *Divina comédia*, ao ser guiado pelo inferno e purgatório por Virgílio. Ao acionar traços do arquétipo de um artista que mergulha nos bastidores de sua cultura para de lá submergir um outro, o eu lírico da canção afirma, ironicamente, que já bebeu cicuta (veneno que Sócrates tomou para morrer) misturada com champanhe: "Era quase meio-dia no lado escuro da vida".

Outra composição de Cazuza que articula, à sua maneira, um diálogo aberto entre a música popular e a literatura é "A orelha de Eurídice". Gravada no LP *Ideologia*, de 1988, ela evoca o mito de Orfeu, que desce até o Hades cantando com sua lira para resgatar Eurídice e para que os mortos permitam a sua passagem. Na letra de Cazuza, Orfeu é corporificado numa paisagem urbana delirante que lembra um *thriller* pelo qual o filho de Apolo traz não uma lira, mas uma orelha de Eurídice na mão (que remete à orelha decepada por Van Gogh para dar de presente a uma prostituta), enfrentando apressadamente a multidão até que consegue chegar a um aeroporto qualquer onde a imagem de aviões subindo surge distorcida por uma chuva sem vento.

Com a temática do desencantamento de um mundo sem deuses e cujos heróis são drogados, o álbum *Ideologia* (com capa do artista plástico Luiz Zerbini) representa um marco distópico para o rock brasileiro. Lidando com a ironia da própria finitude, Cazuza traz para a atmosfera do rock feito no Brasil certa desilusão de quem não mais confia nas expectativas de um passado utópico nem, tampouco, nas promessas identitárias de um futuro nostálgico às líquidas ações. À deriva com as promessas inatingíveis das ideologias em profusão, "Ideologia" ironiza a noção do termo político "partido" ao afirmar que a tomada de consciência do eu lírico da canção é "um coração partido".

Manifestando uma paixão crítica por tudo aquilo que visiona profanar e restituir o uso, na música "Faz parte do meu show" Cazuza combina um enredo melódico de bossa nova com uma letra de referências eróticas diretas que remetem ao universo do rock e da música "Let's

textos críticos Augusto Guimaraens Cavalcanti

Spend the Night Together", dos Rolling Stones. No videoclipe da canção, ele aparece sentado em um banquinho ao estilo João Gilberto, enquanto um músico ao seu lado dedilha um violão. Trata-se de um pastiche em que Cazuza transforma o seu corpo em simulacro de um cantor bossa-novista, sem deixar de lado a sua postura teatral de intérprete. Ao vincular referências díspares em seus espectros sonoros, ele lê o rock de forma singular, associando o universo tribal roqueiro a uma novidade que permanece novidade: "O rock é a ideia da eterna juventude. [...] O rock é a vingança dos escravos. O rock não é uma lagoa, é um rio. O rock fervilha e é uma coisa que nunca pode parar. [...] E o rock para mim não é só música, é atitude, é o novo! Quer coisa mais nova que o rock?".

Ao conjugar "nova Idade Média" com "novidade média" em "Medieval II", o personagem da canção de Cazuza deflagra um presente ritualístico que faz o seu eu lírico se interrogar acerca da existência, numa releitura da expressão "nova Idade Média", utilizada por Umberto Eco para traçar um paralelo do período medieval com a "civilização da visão" (em referência à comunicação visual pós-moderna e pós-utópica). Já em "Ritual" a figura idealizada do poeta é confrontada com um princípio de realidade ao admitir que o amor na prática é sempre ao contrário: "Pra que buscar o paraíso/ Se até o poeta fecha o livro/ Sente o perfume de uma flor no lixo/ E fuxica". Do mesmo álbum – *Só se for a dois*, de 1987 – há uma releitura de "Balada do Esplanada", de Oswald de Andrade, transformada num blues por Frejat. Tal poema oswaldiano tem importância na obra de Cazuza por anunciar que a poesia pode estar no lugar mais inesperado, insólito e urbano: "Há poesia na dor, na flor, no beija-flor [...], no elevador".

Assim como, no *Manifesto antropófago* (1928), Oswald propõe a assimilação crítica e estratégica do elemento estrangeiro ao nacional (tendo em vista que a cena inaugural da cultura brasileira se dá por meio do ato de deglutição do Bispo Sardinha pelos povos nativos), Cazuza lê a construção cultural do Brasil como um amálgama de referências e apropriações. No plano da macropolítica, compôs o samba-rock "Brasil", com George Israel e Nilo Romero, cujo retrato é o de uma nação desiludida e devastada pela corrupção de seus políticos e meios de comunicação, mas ainda assim amada por um eu lírico que faz suas juras tristes de amor. Em "Um trem para as estrelas", parceria com Gilberto Gil, a letra aborda uma visão de distopia para um possível futuro redentor. Por sua vez, a faixa-título "Burguesia", de 1989, explora uma narrativa ácida contra o *status quo*, remetendo ao poema "Ode ao burguês", de Mário de Andrade: "Eu insulto o burguês!".

Tendo em vista que toda pessoa é também uma *persona*, isto é, que vida e obra são ambas criações ficcionais, Cazuza as articula à maneira *beat*, transformando a noite em um valor positivo para a criação artística.[4] Em sua paixão pelos excessos, o poeta se defronta com a efemeridade de tudo. A ironia romântica é uma linguagem a representar um mecanismo pelo qual o artista lida com sua obra como um meio de devorar o conteúdo trágico da vida. Vinculado a uma tradição de ruptura que valoriza uma intensificação dos sentimentos extremos, o cantor-compositor atualiza um tipo de construção lírica que une pensamento e sentimento em seu agir. Modulando os contrastes de uma existência dúplice e desdobrada, o interessa a busca imperfectiva de um sujeito-personagem eclipsado, capaz de fazer pulsar na veia artística uma outra potência vital. Tendo isso em vista, em "Todo amor que houver nessa vida" comenta a conexão entre arte e vida na frase "Pra poesia que a gente não vive", arriscando combater o tédio romântico com "algum remédio que [...] dê alegria" – um "veneno antimonotonia".

Seguindo a trilha extraviada de um trovador urbano, Cazuza transmuta o sentido originário de um poeta viajante na letra de "Solidão que nada", se apropriando

textos críticos Augusto Guimaraens Cavalcanti

do nomadismo *beat* e suas viagens de estrada que eram verdadeiros projetos literários. Indo contra uma acepção depreciativa da expressão *beatnik* (criada pela mídia norte-americana para designar um fenômeno coletivo de uma geração jovem e derrotista – *beated* – que rimava com *Sputnik*), Kerouac, em entrevista de 1959, propôs que o termo *"beat"* fosse ressignificado como a "beatitude" de uma poesia à margem da literatura canônica. Às batidas rítmicas do jazz, a poética *beat* realizou tamanha comunhão entre música popular e literatura que possui, além de uma bibliografia, uma discografia. Como exemplo, a música "Hit the road Jack" traz uma referência manifesta ao romance *On the Road* (1957), de Jack Kerouac. Também ligado a uma sensibilidade *beat*, com as palavras-discursos de um canto narrativo que beira a fala (com seu heterônimo em referência ao poeta galês Dylan Thomas), Bob Dylan foi um dos primeiros cantores a falar de Rimbaud numa canção da indústria de massa – "You're Gonna Make Me Lonesome When You Go", de *Blood on the Tracks* (1975): "Relationships have all been bad,/ Mine have been like Verlaine's and Rimbaud's".[5]

Consciente de seu processo poético de criação, Cazuza trouxe para o rock produzido no Brasil uma informação estética nova, do faça-você-mesmo (*do-it-yourself*) do punk às líricas subversivas de William Blake e Rimbaud, dos versos que conclamam a uma liberdade intransitiva de invenção: "A estrada do excesso leva ao palácio da sabedoria [...] O poeta se faz vidente por um longo, imenso e fundamentado desregramento de todos os sentidos". Adotando e reinventando o rock como uma visão de mundo e um dinamismo existencial, para Cazuza, o passado jamais se conclui e o acaso é o astro-rei de um princípio eterno de mudança. Em "O tempo não para", melodia de Arnaldo Brandão inspirada em Dylan, a letra evoca a noção romana da voracidade de um tempo roedor das coisas – *tempus edax rerum*. Ao narrar um andarilho sem destino no anonimato de uma grande cidade, o eu lírico da música mais autobiográfica de Cazuza se depara com a flecha do tempo subvertendo novidades em um grande museu movediço que expõe o poeta à condição cambiante de um maior abandonado à corrente temporal e aos golpes de dados do acaso.

Atravessando um diálogo seminal entre o universo musical e o literário, diálogo esse que o rock feito no Brasil nos anos 1980 foi múltiplo o suficiente para fomentar e abarcar, Cazuza foi trovador-precursor de um modo novo de cantar que misturava o blues e o samba-canção num tipo de voz próximo à fala. Em analogia direta ao rock, à vida e às artes práticas, suas letras perduram a cada museu de efemeridades, por miragens de paisagens recém-dispostas em cena: "Mas não é só isso/ O dia também morre, e é lindo/ Quando o sol dá a alma/ Pra noite que vem// Alma vermelha que eu vi [...]// Por enquanto cantamos/ Somos belos, bêbados cometas [...]// O sal da terra/ Ainda arde e pulsa/ Aqui nesse instante".[6]

---

1 De Augusto dos Anjos, Cazuza valoriza o lado transgressivo dos "Versos íntimos": "A mão que afaga é a mesma que apedreja/ [...] Escarra nessa boca que te beija". Tal fragmento do livro *Eu* (1912) será incorporado à música "Vai à luta", do álbum *Só se for a dois*.
2 Em 1986, Cazuza e Frejat compuseram um blues chamado "Que o Deus venha", sobre trecho de *Água viva*, de Lispector. A música foi gravada pelo Barão em *Declare guerra*, primeiro LP da banda após a saída de Cazuza. *Água viva* é, também, o nome de um álbum de Gal Costa, de 1978.
3 Tal imagem de um *sol noturno* remete ao sol negro da melancolia, dos versos iniciais de "El desdichado" (1854), de Gérard de Nerval: "Eu sou o tenebroso, – o viúvo, – o inconsolado/ Príncipe d'Aquitânia, em triste rebeldia:/ É morta a minha estrela, – e no meu constelado/ Alaúde há o negror, sol da melancolia" (trad.: Manuel Bandeira).
4 Como reflete Cazuza numa entrevista de 1988: "Acho que o poeta é um insatisfeito. [...] Então a noite, a vida noturna, a vida boêmia são geralmente frequentadas por pessoas insatisfeitas... Acho que é a própria insatisfação do artista que o leva a ter uma vida desregrada".
5 "Relações têm sido todas ruins,/ As minhas, como as de Verlaine e Rimbaud."
6 Trecho de "Nós", primeira parceria de Cazuza com Frejat, gravada no LP inaugural do Barão Vermelho, de 1982.

sobre Cazuza

discografia
shows
tributos
produções audiovisuais
espetáculos teatrais
exposições
memória
publicações

sobre Cazuza

DISCOGRAFIA

no barão vermelho

Barão Vermelho (Som Livre, 1982)
Posando de star – *Cazuza*
Down em mim – *Cazuza*
Conto de fadas – *Cazuza e Maurício Barros*
Billy Negão – *Cazuza, Guto Goffi e Maurício Barros*
Certo dia na cidade – *Cazuza, Guto Goffi e Maurício Barros*
Rock'n geral – *Cazuza e Roberto Frejat*
Ponto fraco – *Cazuza e Roberto Frejat*
Por aí – *Cazuza e Roberto Frejat*
Todo amor que houver nessa vida – *Cazuza e Roberto Frejat*
Bilhetinho azul – *Cazuza e Roberto Frejat*

Barão Vermelho 2 (Som Livre, 1983)
Intro – *Maurício Barros*
Menina mimada – *Cazuza e Maurício Barros*
O que a gente quiser – *Roberto Frejat e Naila Skorpio*
Vem comigo – *Cazuza, Dé Palmeira e Guto Goffi*
Bicho humano – *Cazuza e Roberto Frejat*
Largado no mundo – *Cazuza e Roberto Frejat*
Carne de pescoço – *Cazuza e Roberto Frejat*
Pro dia nascer feliz – *Cazuza e Roberto Frejat*
Manhã sem sonho – *Cazuza e Dé Palmeira*
Carente profissional – *Cazuza e Roberto Frejat*
Blues do iniciante – *Cazuza, Roberto Frejat, Maurício Barros, Dé Palmeira e Guto Goffi*

Maior abandonado (Som Livre, 1984)
Maior abandonado – *Cazuza e Roberto Frejat*
Baby, suporte – *Cazuza, Maurício Barros, Pequinho e Ezequiel Neves*
Sem vergonha – *Cazuza e Roberto Frejat*
Você se parece com todo mundo – *Cazuza e Roberto Frejat*
Milagres – *Cazuza, Roberto Frejat e Denise Barroso*
Não amo ninguém – *Cazuza, Roberto Frejat e Ezequiel Neves*
Por que a gente é assim? – *Cazuza, Roberto Frejat e Ezequiel Neves*
Narciso – *Cazuza e Roberto Frejat*
Nós – *Cazuza e Roberto Frejat*
Dolorosa – *Cazuza e Roberto Frejat*
Bete Balanço – *Cazuza e Roberto Frejat*

Singles

Tema do filme Bete Balanço (Som Livre, 1984)
Bete Balanço/Amor, amor
Plunct Plact Zuuum II (Som Livre, 1984)
Subproduto do Rock

solo

Exagerado (Som Livre, 1985)
Exagerado – *Cazuza, Ezequiel Neves e Leoni*
Medieval II – *Cazuza e Rogério Meanda*
Cúmplice – *Cazuza e Zé Luis*
Mal nenhum – *Cazuza e Lobão*
Balada de um vagabundo – *Waly Salomão e Roberto Frejat*
Codinome Beija-Flor – *Cazuza, Ezequiel Neves e Reinaldo Arias*
Desastre mental – *Cazuza e Renato Ladeira*
Boa vida – *Cazuza e Roberto Frejat*
Só as mães são felizes – *Cazuza e Roberto Frejat*
Rock da descerebração – *Cazuza e Roberto Frejat*

Só se for a dois (PolyGram, 1987)
Só se for a dois – *Cazuza e Rogério Meanda*
Ritual – *Cazuza e Roberto Frejat*
O nosso amor a gente inventa (Estória romântica) – *Cazuza, João Rebouças e Rogério Meanda*
Culpa de estimação – *Cazuza e Roberto Frejat*
Solidão, que nada – *Cazuza, George Israel e Nilo Romero*
Completamente blue – *Cazuza, Rogério Meanda, George Israel e Nilo Romero*

Vai à luta – *Cazuza e Rogério Meanda*
Quarta-feira – *Cazuza e Zé Luis*
Heavy love – *Cazuza e Roberto Frejat*
O lobo mau da Ucrânia – *Cazuza, Rogério Meanda, Nilo Romero, João Rebouças, Ezequiel Neves e Fernando Moraes*
Balada do Esplanada – *Cazuza sobre poema de Oswald de Andrade*

Ideologia (PolyGram, 1988)
Ideologia – *Cazuza e Roberto Frejat*
Boas novas – *Cazuza*
O assassinato da flor – *Cazuza*
A orelha de Eurídice – *Cazuza*
Guerra civil – *Cazuza e Ritchie*
Brasil – *Cazuza, George Israel e Nilo Romero*
Um trem para as estrelas – *Cazuza e Gilberto Gil*
Vida fácil – *Cazuza e Roberto Frejat*
Blues da piedade – *Cazuza e Roberto Frejat*
Obrigado (por ter se mandado) – *Cazuza e Zé Luis*
Minha flor, meu bebê – *Cazuza e Dé Palmeira*
Faz parte do meu show – *Cazuza e Renato Ladeira*

O tempo não para (PolyGram, 1988/2008) [*Ao vivo*]
Vida louca vida – *Lobão e Bernardo Vilhena*
Boas novas – *Cazuza*
Ideologia – *Cazuza e Roberto Frejat*
O nosso amor a gente inventa (Estória romântica) – *Cazuza, João Rebouças e Rogério Meanda*
Completamente blue – *Cazuza, Rogério Meanda, George Israel e Nilo Romero**
Vida fácil – *Cazuza e Roberto Frejat**
A orelha de Eurídice – *Cazuza**
Blues da piedade – *Cazuza e Roberto Frejat**
Todo amor que houver nessa vida – *Cazuza e Roberto Frejat*
Codinome Beija-Flor – *Cazuza, Ezequiel Neves e Reinaldo Arias*
Preciso dizer que te amo – *Cazuza, Dé Palmeira e Bebel Gilberto**
Só as mães são felizes – *Cazuza e Roberto Frejat*

Mal nenhum – *Cazuza e Lobão*
Brasil – *Cazuza, George Israel e Nilo Romero**
Exagerado – *Cazuza, Ezequiel Neves e Leoni*
O tempo não para – *Cazuza e Arnaldo Brandão*
Faz parte do meu show – *Cazuza e Renato Ladeira*
* *Faixas inéditas incluídas em 2008*

Burguesia (PolyGram, 1989) [*álbum duplo*]
Burguesia – *Cazuza, George Israel e Ezequiel Neves*
Nabucodonosor – *Cazuza e George Israel*
Tudo é amor – *Cazuza e Laura Finocchiaro*
Garota de Bauru – *Cazuza e João Rebouças*
Eu agradeço – *Cazuza, George Israel e Nilo Romero*
Eu quero alguém – *Cazuza e Renato Rocketh*
Babylonest – *Cazuza, Ledusha e Lobão*
Como já dizia Djavan (Dois homens apaixonados) – *Cazuza e Roberto Frejat*
Perto do fogo – *Cazuza e Rita Lee*
As cobaias de Deus – *Cazuza e Angela Ro Ro*
Mulher sem razão – *Cazuza, Dé Palmeira e Bebel Gilberto*
Quase um segundo – *Herbert Vianna*
Filho único – *Cazuza e João Rebouças*
Preconceito – *Fernando Lobo e Antônio Maria*
Esse cara – *Caetano Veloso*
Azul e amarelo – *Cazuza, Lobão e Cartola*
Cartão postal – *Rita Lee e Paulo Coelho*
Manhatã – *Cazuza e Leoni*
Bruma – *Cazuza e Arnaldo Brandão*
Quando eu estiver cantando – *Cazuza e João Rebouças*

Por aí (PolyGram, 1991) [*póstumo*]
Não há perdão para o chato – *Cazuza, Arnaldo Antunes e Zaba Moreau*
Paixão – *Cazuza e João Rebouças*
Portuga – *Cazuza e Orlando Morais*
Hei, Rei! – *Cazuza e Roberto Frejat*
Camila, Camila – *Thedy Corrêa, Sady Homrich e Carlos Stein*
Por aí – *Cazuza e Roberto Frejat*
Androide sem par – *Cazuza, George Israel e Nilo Romero*
Cavalos calados – *Raul Seixas*

sobre Cazuza

Summertime – *DuBose Heyward e George Gershwin*
Oriental – *Cazuza e Rogério Meanda*
O Brasil vai ensinar ao mundo – *Cazuza e Renato Rocketh*

Singles

Exagerado (*Som Livre, 1985*)
O nosso amor a gente inventa (***Estória romântica***) (*PolyGram, 1987*)
Brasil (*PolyGram, 1987*)
Ideologia (*PolyGram, 1988*)
Faz parte do meu show (*PolyGram, 1988*)
O tempo não para (*PolyGram, 1988*)
Burguesia (*PolyGram, 1989*)
As cobaias de Deus (*PolyGram, 1989*)
Androide sem par (*Philips, 1991*)

trilhas sonora de novelas & séries

Down em mim – com Barão Vermelho: *Final feliz* (TV Globo, 1982), de Ivani Ribeiro.

Você me acende – com Barão Vermelho: *Louco amor* (TV Globo, 1983), de Gilberto Braga; tema de Cláudia Torres (Glória Pires).

Largado no mundo – com Barão Vermelho: *Partido alto* (TV Globo, 1984), de Gloria Perez e Aguinaldo Silva; tema de Werner (Kadu Moliterno).

Baby, suporte – com Barão Vermelho: *Corpo a corpo* (TV Globo, 1984), de Gilberto Braga; tema de Heloísa (Isabela Garcia).

Maior abandonado – com Barão Vermelho: *Armação ilimitada* (TV Globo, 1985); série criada por Kadu Moliterno, André de Biase e Daniel Filho.

Eu queria ter uma bomba – com Barão Vermelho: *A gata comeu* (TV Globo, 1985), de Ivani Ribeiro; tema de Rafael Benavente (Eduardo Tornaghi).

O nosso amor a gente inventa (***Estória romântica***) – com Cazuza: *O outro* (TV Globo, 1987), de Aguinaldo Silva; tema de Marília e João Silvério (Beth Goulart e Miguel Falabella).

Vida fácil – com Cazuza: *Fera radical* (TV Globo, 1988), de Walther Negrão; tema de Paxá (Tato Gabus Mendes).

Faz parte do meu show – com Cazuza: *Vale tudo* (TV Globo, 1988), de Gilberto Braga; tema de Solange Duprat e Afonso Roitman (Lídia Brondi e Cássio Gabus Mendes).

Brasil – com Gal Costa: *Vale tudo* (TV Globo, 1988), de Gilberto Braga; trilha de abertura.

Preciso dizer que te amo – com Marina Lima: *Bebê a bordo* (TV Globo, 1988), tema de Antônio Ladeira, Tonico (Tony Ramos).

O tempo não para – com Simone: *O salvador da pátria* (TV Globo, 1989), Lauro César Muniz; tema de Severo Toledo Blanco (Francisco Cuoco).

Codinome Beija-Flor – com Luiz Melodia: *O dono do mundo* (TV Globo, 1991), de Gilberto Braga; tema de Taís e Beija-Flor (Letícia Sabatella e Ângelo Antônio) – o nome do personagem foi uma homenagem a Cazuza e, inclusive, usava uma camiseta da Sociedade Viva Cazuza.

Malandragem – com Cássia Eller: *Malhação* (TV Globo, 1995), de Andréa Maltarolli e Emanuel Jacobina; tema de Luiza e Dado (Fernanda Rodrigues e Cláudio Heinrich).

Preciso dizer que te amo – com Leo Jaime: *Explode coração* (TV Globo, 1995), de Glória Perez; tema de Serginho (Rodrigo Santoro).

Vida fácil – com Cazuza: *Salsa e merengue* (TV Globo, 1996), de Miguel Falabella e Maria Carmem Barbosa; tema de Adriana Campos Queiroz (Cristiana Oliveira).

Exagerado – com Cazuza: *O amor está no ar* (TV Globo, 1997), de Alcides Nogueira; tema de Cuca Chicotada (Georgiana Góes).

Preciso dizer que te amo – com Cazuza: *Paraíso tropical* (TV Globo, 2007), de Gilberto Braga e Ricardo Linhares; tema de Camila e Mateus (Patrícia Werneck e Gustavo Leão).

Mulher sem razão – com Adriana Calcanhotto: *A favorita* (TV Globo, 2008), de João Emanuel Carneiro; tema de Donatela e Zé Bob (Claudia Raia e Carmo Dalla Vecchia).

Maior abandonado – com Leo Jaime: *Três irmãs* (TV Globo, 2008), de Antônio Calmon; tema de Alma e Galvão (Giovanna Antonelli e Bruno Garcia).

Sorte ou azar – com Barão Vermelho: *Salve Jorge* (TV Globo, 2012), de Gloria Perez; tema de Antônia e Carlos (Letícia Spiller e Dalton Vigh).

O mundo é um moinho (Cartola) – com Cazuza: *Verdades secretas* (TV Globo, 2015), de Walcyr Carrasco; tema de Angel (Camila Queiroz).

Um trem para as estrelas – com Cazuza: *Babilônia* (TV Globo, 2015), de Gilberto Braga, Ricardo Linhares e João Ximenes Braga; tema de Alice e Murilo (Sophie Charlotte e Bruno Gagliasso).

Pro dia nascer feliz – com Titãs: *Malhação* (TV Globo, 2016), de Emanuel Jacobina; trilha de abertura.

Ideologia – com Cazuza: *Os dias eram assim* (TV Globo, 2017), de Angela Chaves e Alessandra Poggi.

O tempo não para – com Elza Soares: *O tempo não para* (TV Globo, 2018), de Mario Teixeira.

Exagerado – com Marcelo Quintanilha: *As aventuras de Poliana* (SBT, 2018), de Íris Abravanel (adaptação do livro Pollyanna, escrito por Eleanor H. Porter em 1913).

Maior abandonado – com Thiago Petit: *Além da Ilusão* (TV Globo, 2022), de Alessandra Poggi.

principais coletâneas

Cazuza & Barão Vermelho – Melhores momentos (*Som Livre, 1989/2015*)
Incluiu canções como "Eclipse oculto", de Caetano Veloso; "Eu queria ter uma bomba"; e "Luz negra", gravada para o especial *Chico & Caetano* (TV Globo, 1986). Foi relançado em 2015, somente nas plataformas digitais, com "Amor, amor" de faixa bônus.

Cazuza (*1990*)
Encarte especial para amigos e funcionários da TV Globo. Com texto de Zuenir Ventura, depoimentos de Tárik de Souza, Marília Pera, Cacá Diegues, Fernando Gabeira, Roberto Frejat, Gilberto Gil e Ezequiel Neves. Além de caderno de "letras de músicas", fotos, discografia e CD com os sucessos de Cazuza: "Exagerado", "Faz parte do meu show", Pro dia nascer feliz", "Todo amor que houver nessa vida", "Maior abandonado", "Bete Balanço", "Codinome Beija-Flor", "Ideologia", "O tempo não para", "Por que a gente é assim?" e "Mal nenhum".

Viva Cazuza (*Philips, 1992*)
Gravação do tributo *Viva Cazuza – Faça parte deste show*, realizado na Praça da Apoteose, no Rio de Janeiro, no dia 17 de outubro de 1990, com participações de Barão Vermelho, Emílio Santiago, Marina Lima, Leila Pinheiro, Caetano Veloso, Fagner, Kid Abelha, Leo Jaime, Lulu Santos, Telefone Gol e Renato Russo.

sobre Cazuza

Barão Vermelho ao vivo (Som Livre, 1992)

Barão Vermelho ao vivo no Rock in Rio I, 1985 (Warner Music, 1996/2007)
Barão Vermelho ao vivo é o segundo álbum ao vivo do grupo, gravado durante a turnê do disco *Maior abandonado*, nos dias 15 e 20 de janeiro de 1985, no Rock in Rio, com um público de aproximadamente 85 mil pessoas. Em 2007, foi relançado com o título *Barão Vermelho ao vivo no Rock in Rio I, 1985*, em CD e DVD. No show estão canções como "Subproduto do rock", "Todo amor que houver nessa vida", "Down em mim", "Milagres", "Bete Balanço" e "Pro dia nascer feliz", além de "Mal nenhum", inédita na ocasião, que integra o primeiro disco solo de Cazuza. Ao final da apresentação, Cazuza cantou "Pro dia nascer feliz" enrolado na bandeira do Brasil para comemorar o fim da ditadura com a eleição do presidente Tancredo Neves.

Som Brasil Cazuza (Som Livre, 1995)
Gravado ao vivo no programa *Som Brasil* (TV Globo), no Metropolitan, no Rio de Janeiro, em 1995, com participações de Barão Vermelho, Lulu Santos, Cássia Eller, Zélia Duncan, Paulo Ricardo, Kid Abelha, Lobão, Pedro Camargo Mariano, Sandra de Sá, Simone e Caetano Veloso.

Cazuza (PolyGram, 1995) [Estojo]
Texto em português e inglês e seleção de repertório de Jamari França; além de fotos históricas de Cazuza. CD 1: *O poeta está vivo*; CD 2: *Maior abandonado* (com Barão Vermelho); CD 3: *Mostra a tua cara* (solo); CD 4: *Museu de grandes novidades* (solo).

Codinome Cazuza (PolyGram, 1998) [Box]
O box reúne álbuns da carreira solo de Cazuza: *Exagerado* (1985), *Só se for a dois* (1987), *Ideologia* (1988), *O tempo não para – ao vivo* (1988) e *Burguesia* (1989). Além dos discos solo, há uma coletânea de sucessos que leva o nome do projeto: *Codinome Cazuza*.

Cazuza Remixes – seus grandes sucessos (Som Livre, 1998)
Remixes de Hitmakers, DJ Cuca, Alessandro Tausz, Digital Track DJ's Radio, G-Vo e A.W.

Tributo a Cazuza (Som Livre, 1999)
Gravado ao vivo no Metropolitan, no Rio de Janeiro, em 26 novembro de 1999, com participações de Barão Vermelho, Ney Matogrosso, Kid Abelha, Zélia Duncan, Sandra de Sá, Paulinho Moska, Arnaldo Antunes, Engenheiros do Hawaii, Baby do Brasil, Leoni, Banda Harmadilha, Gilberto Gil, LS Jack e Elymar Santos.

O poeta não morreu (Universal, 2000)
Coletânea de sucessos de Cazuza, marcando os dez anos da morte do poeta.

Cazas de Cazuza (Som Livre, 2000)
Registro do musical *Cazas de Cazuza*, escrito e dirigido por Rodrigo Pitta, com interpretações dos atores/cantores Jay Vaquer, Lulo Scroback, Débora Reis, Fernando Prata, Rosana Pereira, Vanessa Gerbelli, Bukassa Kabengele.

Preciso dizer que te amo – Toda a paixão do poeta (Universal, 2001)
Álbum lançado com a publicação do livro *Preciso dizer que te amo: Todas as letras do poeta* (2001), de Lucinha Araujo e Regina Echeverria. Além de canções escritas e cantadas pelo poeta, há suas interpretações de "Luz Negra" (Nelson Cavaquinho/Amâncio Cardoso) e "O mundo é o moinho" (Cartola).

Seda pura – Simone (Universal, 2001)
Primeira gravação da canção de Cazuza e Roberto Frejat que deu título a esse disco de Simone, e ao subsequente show da cantora, dirigido por Nelson Motta.

O poeta está vivo – Show Só se for a dois, Show no Teatro Ipanema, 1987 (Som Livre, Globo Universal, 2005)
Realizado a partir da gravação do show *Só se for a dois*,

de Cazuza; produzido por José Daniel, traz raridades como "Brasil" e "Um trem para as estrelas" apresentadas ao vivo pela primeira vez.

Cazuza – Discografia completa (*Universal, 2008*) [*Box*]
A caixa contém os seis álbuns da carreira solo de Cazuza e o DVD *Pra sempre Cazuza*, que reúne: o programa de TV *Mixto quente* (1985/1986) e o especial de TV *Cazuza – Uma prova de amor* (1989); depoimentos e entrevistas de Cazuza, Ney Matogrosso, Sandra de Sá e Simone; os videoclipes de "Faz parte do meu show" e "O mundo é um moinho" – este gravado por Cazuza para o disco *Cartola – Bate outra vez...* (1988).

Tributo a Cazuza (*Som Livre, 2008*) [*CD e DVD*]
Gravado ao vivo no show homônimo realizado na Praia de Copacabana, no Rio de Janeiro, em 1º de maio de 2008, com participações de Barão Vermelho, Ney Matogrosso, Zélia Duncan, Arnaldo Brandão, Caetano Veloso, Paulo Ricardo, Gabriel O Pensador, George Israel, Sandra de Sá, Leoni, Preta Gil, Angela Ro Ro, Gabriel Thomaz, Liah e Rodrigo Santos.

George Israel – 13 parcerias com Cazuza (*Som Livre, 2010*)
Tributo marcando os vinte anos de ausência do amigo e parceiro, com participações de Roberto Frejat, Rafael Frejat, Fred Israel, Leo Israel, Ney Matogrosso, Elza Soares, Marcelo D2, Sandra de Sá, Tico Santa Cruz, Paulo Ricardo e Evandro Mesquita.

Agenor – Canções de Cazuza (*Joia Moderna, 2013*)
Idealizado pelo DJ Zé Pedro, com curadoria da jornalista Lorena Calábria, reuniu artistas da nova geração da música brasileira: Do Amor, Tono, China, Domenico Lancellotti, Felipe Cordeiro, Wado, Botika, Kassin, Letuce, Silva, Bruno Cosentino, Mombojó, Mariano Marovatto, Qinhones, Catarina Dee Jah, Brunno Monteiro e Momo. A capa é assinada pelo poeta e artista Omar Salomão.

Marcelo Quintanilha – Caju – Canções de Cazuza (*Deck, 2018*)
Lançado em comemoração aos 60 anos do poeta; produção do maestro Rodrigo Petreca.

Paulo Ricardo canta Cazuza (*PR Music, 2019*)
EP com: "O tempo não para", "Ideologia", "Exagerado" e "Pro dia nascer feliz".

Frejat Trio – Ao Vivo no Teatro Alcione Araújo (*Frejat, 2023*)
EP Frejat Trio reúne cinco canções, entre elas, "Todo amor que houver nessa vida" e "Poema", ambas parcerias de Frejat e Cazuza. O Trio Frejat é composto por Roberto Frejat, Rafael Frejat e Maurício Almeida.

Bloco Exagerado (*independente, 2019/2022*)
Com o apoio de Lucinha Araujo, o Bloco Exagerado gravou um dos maiores sucessos de Cazuza, "Exagerado", em ritmo de Carnaval, para marcar os 35 anos da canção. Em 2022, o ator e cantor Emílio Dantas, que interpretou Cazuza no musical *Cazuza – Pro dia nascer feliz* (2013), foi convidado para cantar "Bete Balanço" em celebração a Cazuza e aos 40 anos do Barão. O hit foi carnavalizado com batidão de funk carioca.

Faz parte do meu show – Cazuza em bossa (*Som Livre, 2020*)
Álbum gravado por Leila Pinheiro, Roberto Menescal e Rodrigo Santos (ex-baixista do Barão Vermelho) a partir do show-tributo homônimo, realizado no Rio de Janeiro e em São Paulo, em 2018.

Tudo é amor – Almério canta Cazuza (*Parças do Bem/Altafonte, 2021*)
Com participações especiais de Ney Matogrosso e Céu; repertório por Marcus Preto.

sobre Cazuza

Cazuza – O tempo não para – Show completo
(*Universal, 1988/2022*)
Registro integral do show, mixado e masterizado por Walter Costa e Ricardo Garcia.

Exagerados (*Universal, 2023*)
No tributo, os cantores Mahmundi, Carol Biazin e Bryan Behr se uniram para celebrar a poesia de Cazuza. Cada artista escolheu sua canção preferida. Depois, eles se encontraram para criar uma releitura de "Exagerado".

Cazuza – O poeta vive (*Som Livre, 2023*)
O tributo reúne gravações de Cazuza e do Barão Vermelho, além de quatro inéditas com artistas da nova geração: Thiago Pantaleão e Marô, Luiza Martins, Reddy Allor e Silva.

SHOWS

Ideologia / O tempo não para (1988)
Direção de Ney Matogrosso. A estreia do show ocorreu no Aeroanta, em São Paulo, em junho em 1988, seguida de uma turnê pelo Brasil. A direção de Ney apresentava Cazuza com uma performance mais contida no palco, buscava valorizar a poesia e as ideias do artista: selecionou para o repertório canções pontuadas pela palavra "vida". *O tempo não para* é um trabalho que mostra Cazuza cheio de coragem e delicadeza, embora com a saúde frágil no período mais sensível e produtivo de sua trajetória. No dia 24 de janeiro de 1989, Cazuza subiu ao palco pela última vez para apresentar seu show no Recife. Na sua lápide, no Cemitério São João Batista, em Botafogo, no Rio de Janeiro, está escrito o nome dessa que é uma das mais conhecidas de suas canções. A turnê do show transformou-se no disco ao vivo homônimo, gravado no Canecão, no Rio de Janeiro.

Cazuza – Uma prova de amor (1988/1989)
Direção de Ana Arantes e Roberto Talma, com roteiro de Ana Arantes e Ezequiel Neves, produção artística de Carlos Alberto Sion. Especial com Cazuza, gravado durante a temporada do show *O tempo não para*, no Teatro Fênix, no Rio de Janeiro em 24 de outubro de 1988. Cazuza fez duetos com Gal Costa, Simone, Roberto Frejat, e um trio com Sandra de Sá e Roberto Frejat, além de ter cantado sucessos de seu repertório. A banda foi composta por Jurema e Jussara Lourenço (backing vocals), Ricardo Palmeira (guitarra), Widor Santiago (saxofone), João Rebouças (piano e teclado), Christiaan Oyens (gaita e bateria), Marçal (percussão), Nilo Romero (contrabaixo) e Luciano Maurício (guitarra). Exibido na TV Globo no dia 1º de janeiro de 1989, foi premiado pela Associação Paulista de Críticos da Arte (APCA) como Melhor Programa Musical.

TRIBUTOS

Viva Cazuza – Faça parte deste show (1990)
Show realizado no dia 17 de outubro de 1990, três meses após a morte de Cazuza, na Praça da Apoteose, no Rio de Janeiro, cuja renda foi destinada ao Hospital Universitário Gaffrée & Guinle, referência de aids desde o início da epidemia. Com participação musical de Barão Vermelho, Paulo Ricardo, Emílio Santiago, Bebel Gilberto, Marina Lima, Leila Pinheiro, Caetano Veloso, Fagner, Kid Abelha, Leo Jaime, Lulu Santos, Telefone Gol, Sandra de Sá e Renato Russo, além de Baby do Brasil, Dulce Quental, João Penca, Hanói-Hanói (grupo criado por Arnaldo Brandão), Orlando Morais e Heróis da Resistência. O evento, que marcou a criação da Sociedade Viva Cazuza, contou com a presença de Débora Bloch, Luiz Fernando Guimarães, Guilherme Leme, Rodolfo Bottino, Maria Gladys, Leila Krespi, Glória Pires, Malu Mader, Scarlet Moon, Serginho Dias, Ernesto Piccolo e Arthur Mühlemberg.

O exagerado Cazuza nas terras de Santa Cruz (1998)
Samba-enredo com o qual o G.R.E.S. Acadêmicos de Santa Cruz homenageou Cazuza no Carnaval de 1998. O desfile aconteceu no dia 21 de fevereiro no Sambódromo da Marquês de Sapucaí; contou com a presença dos pais de Cazuza, João e Lucinha Araujo, amigos da Sociedade Viva Cazuza e Ney Matogrosso, em destaque no carro alegórico, enrolado na bandeira do Brasil. A composição, assinada por José Luiz e Cláudio Carioca, foi interpretada por Carlinhos de Pilares e Sandra de Sá.

Tributo a Cazuza (2008)
Show em celebração aos 50 anos de Cazuza, no Projeto Tim de música, realizado na Praia de Copacabana, no Rio de Janeiro, em 1º de maio de 2008. Artistas convidados: Caetano Veloso, Ney Matogrosso, Angela Ro Ro, Zélia Duncan, George Israel, Sandra de Sá, Preta Gil, Paulo Ricardo, Liah, Gabriel Thomaz, Rodrigo Santos, Arnaldo Brandão, Leoni e Gabriel O Pensador.

Cajueiros (2011)
Arnaldo Brandão, George Israel e Guto Goffi, parceiros de Cazuza (Caju, para os amigos mais íntimos), se uniram para homenagear o poeta, cantando canções clássicas de seu repertório.

Volta Cazuza (2013)
Show em homenagem a Cazuza no Parque da Juventude, em São Paulo, em 30 de novembro de 2013. Convidados: George Israel, Nilo Romero, Arnaldo Brandão, Leoni, Rogério Meanda, Guto Goffi, Paulo Ricardo e Gal Costa. Exibição de holograma de Cazuza.

Maria Gadú interpreta Cazuza (2013)
Recriação do repertório de Cazuza, com direção de Monique Gardenberg, no Vivo Rio, em 1º de dezembro de 2013.

Flausino e Sideral cantam Cazuza (2014)
Os irmãos cantores Rogério Flausino e Wilson Sideral criaram um tributo a Cazuza, com a renda destinada à Sociedade Viva Cazuza. A homenagem, com sucessos do período do poeta com o Barão Vermelho e de sua carreira solo, foi apresentada no Rock in Rio (2017/2019/2022), Rock Brasil Rio, SP, BH e Brasília, além de vários teatros do país. Entre os artistas que cantaram no tributo estão Caetano Veloso, Barão Vermelho, Preta Gil, Daniel de Oliveira, Pretinho da Serrinha, Dani Vellocet, Thedy Corrêa, George Israel, Rodrigo Suricato, Marcos Almeida, Dé Palmeira, Paulo Miklos e Negra Li.

Bloco Exagerado (2015)
Bloco de Carnaval criado pelo produtor cultural Rafael Braga para celebrar a obra de Cazuza. O repertório apresenta os maiores sucessos do poeta ao ritmo de baião, maracatu, samba, funk, frevo, rock, entre outros. O bloco tem como "padrinho coroado" Guto Goffi, fundador e baterista do Barão Vermelho, além de parcerias com Marina Lima, George Israel, Romero Ferro, Simone Mazzer e Janamô.

Todos Envolvidos (2015)
Liminha, Dado Villa-Lobos, João Barone, Toni Platão e Kassin se uniram para formar a banda Todos Envolvidos em homenagem a Cazuza no Arpoador, no Rio de Janeiro, onde a lona do Circo Voador foi erguida temporariamente. Entre diversas canções do repertório do poeta, apresentaram "Exagerado" na versão 3.0, realizada pelo grupo para celebrar os 30 anos de gravação da canção. Com exceção de Toni Platão, os músicos a regravaram em estúdio e de forma acústica, com os vocais originais de Cazuza.

Tico Santa Cruz canta Cazuza (2016)
O vocalista da banda Detonautas e fundador do grupo de performance social Voluntários da Pátria apresentou o repertório de hits de Cazuza num show realizado no Rio de Janeiro e em diversas cidades brasileiras.

Viva Cazuza, sempre (2017)
Rogério Flausino e Wilson Sideral cantaram Cazuza em

sobre Cazuza

tributo idealizado por Lucinha Araujo e Paula Lavigne, com participações de Ney Matogrosso, Diogo Nogueira, Baby do Brasil, Alcione, Bebel Gilberto e Teresa Cristina. As apresentações do evento ocorreram, em fevereiro de 2017, na Arena Banco Original, Boulevard Olímpico, no Rio de Janeiro.

Tributo a Cazuza/Prêmio Trip Transformadores (2018)
Apresentado na primeira etapa do Prêmio Trip Transformadores, no anfiteatro do Parque Villa-Lobos, em São Paulo, no dia 25 de agosto de 2018. O repertório do poeta foi cantado por Karina Buhr, Guizado, Karol Conka, Otto, Paulo Ricardo, Mahmundi, Leo Jaime, Supla e Sergio Guizé.

Faz parte do meu show – Cazuza em bossa nova (2018)
Roberto Menescal, Rodrigo Santos e Leila Pinheiro transformaram as canções do poeta em bossa nova nesse show realizado no Rio de Janeiro e São Paulo em 2018.

Jão/Prêmio Multishow (2020)
Jão cantou "Codinome Beija-Flor" e "O tempo não para", ao piano, no pré-show do Prêmio Multishow 2020.

Osmar Silveira canta Cazuza (2021)
O ator Osmar Silveira apresentou um tributo a Cazuza no Blue Note, em São Paulo, em 18 de novembro de 2021. Osmar interpretou Cazuza na versão mais recente da montagem do musical *Cazuza – Pro dia nascer feliz*, dirigido por João Fonseca.

Pabllo Vittar/Caldeirão do Huck (2021)
A cantora Pabllo Vittar apresentou "Exagerado" e "Pro dia nascer feliz" no palco do *Caldeirã do Huck* (TV Globo), e a performance, que fez parte de uma homenagem a Cazuza em um os quadros do programa, viralizou na internet.

Jão/Rock in Rio (2022)
Na apresentação de estreia do show *Pirata*, Jão homenageou Cazuza cantando "Exagerado", "Codinome Beija-Flor" e "O tempo não para" e recebendo Lucinha Araujo no Palco Sunset do Rock in Rio.

Concerto Exagerado (2022)
A Nova Orquestra apresentou versões orquestradas de hits como "Ideologia", "O nosso amor a gente inventa", "Pro dia nascer feliz", "Codinome Beija-Flor", "O tempo não para" e "Exagerado". Com direção artística de Eder Paolozzi e regência do maestro Renan Cardoso, o tributo foi apresentado no Rio de Janeiro, Vitória, Belo Horizonte e Belém durante o ano de 2022.

Barão 40 (2022)
Realizado pelo Barão Vermelho em 1º de junho 2022, no Teatro Claro Rio, revisitando sucessos próprios e a discografia solo de Cazuza, com a presença dos integrantes de formações anteriores e convidados.

Cazuza – Nunca sofri por amor (2023)
Show de Pepê Moraes, cover oficial de Cazuza, com roteiro e direção de Francis Mayer, realizado em 13 de abril de 2023, no Dolores Club, na Lapa, no Rio de Janeiro.

Frejat Trio (2023)
Show de gravação do EP Frejat Trio no projeto Parque das Ideias, de curadoria de Marcio Debellian, no Teatro Alcione Araújo da Biblioteca Parque Estadual do Rio de Janeiro, em março de 2023. O EP reúne 5 canções, entre elas, "Todo amor que houver nessa vida" e "Poema", ambas parcerias de Frejat e Cazuza. O Trio Frejat é composto por Roberto Frejat, Rafael Frejat e Maurício Almeida.

Gina canta Gal (2023)
Show em que a cantora Gina Garcia (mãe de Daniel Garcia, a Gloria Groove) cantou "Brasil". A homenagem a Cazuza foi realizada no Teatro Claro, em Copacabana, no Rio de Janeiro, com a presença de Lucinha Araujo na plateia.

Gloria Groove/The Town (2023)

A cantora homenageou Cazuza cantando "Exagerado" em seu show *Lady Leste*, na Cidade da Música, no Autódromo de Interlagos, em São Paulo.

Valéria Barcellos canta Cazuza/HIVIDA (2023)

A cantora Valéria Barcellos apresentou performance musical em homenagem a Cazuza no encerramento do projeto "HIVIDA – Celebrar a Vida para Eliminar a Epidemia de aids", organizado pela UNAIDS com o Ministério da Saúde, em Brasília. As canções "Exagerado", "Ideologia", "Codinome Beija-Flor", "Brasil", entre outras, formaram o repertório do tributo.

Madonna/The Celebration Tour (2024)

Voz ativa na luta contra o hiv/aids, Madonna homenageou as vítimas da aids durante o show de encerramento da *The Celebration Tour*, no dia 04 de maio, nas areias de Copacabana, no Rio de Janeiro, com um público estimado de 2 milhões de pessoas. Enquanto cantou a canção "Live to tell" (em português, "Viva para contar"), a diva pop homenageou, entre outros, os artistas brasileiros Cazuza, Betinho, Caio Fernando Abreu e Renato Russo que morreram devido à doença.

PRODUÇÕES AUDIOVISUAIS

longas-metragens

Bete Balanço (1984)

Direção de Lael Rodrigues. Longa-metragem de ficção, um drama musical brasileiro. Elenco: Débora Bloch (Bete Balanço), Cazuza (Tininho), Diogo Vilela (Paulinho), Lauro Corona (Rodrigo), Maria Zilda Bethlem (Bia), Hugo Carvana (Tony), Barão Vermelho (como eles mesmos), Andréa Beltrão (bailarina) e Duse Nacaratti.

Um trem para as estrelas (1987)

Direção e roteiro de Cacá Diegues. Longa-metragem de ficção. Elenco: Guilherme Fontes, Roney Villela, Taumaturgo Ferreira, Milton Gonçalves, Ana Beatriz Wiltgen, Zé Trindade, Miriam Pires, Marcos Palmeira, Yolanda Cardoso, Dinorah Brillanti, José Wilker, Betty Faria, Daniel Filho e Cazuza. Trilha sonora: canção homônima de Cazuza e Gilberto Gil.

Cazuza: O tempo não para (2004)

Direção de Sandra Werneck e Walter Carvalho; roteiro de Fernando Bonassi e Victor Navas. Baseado na biografia *Cazuza: Só as mães são felizes* (1997), de Lucinha Araujo e Regina Echeverria. No elenco, entre outros: Daniel Oliveira (Cazuza), Marieta Severo (Lucinha Araujo), Reginaldo Faria (João Araujo), Emílio de Mello (Ezequiel Neves), Cadu Fávero (Roberto Frejat), Arlindo Lopes (Dé Palmeira), Dudu Azevedo (Guto Goffi), André Pfeffer (Maurício Barros) e Leandra Leal (Bebel Gilberto).

Agenor, canções de Cazuza (2013)

Direção de Guto Barra e Tatiana Issa; documentário registrando os encontros da nova geração com a obra de Cazuza em projeto idealizado pelo DJ Zé Pedro com curadoria de Lorena Calábria.

Barão Vermelho: Por que a gente é assim? (2017)

Direção de Mini Kerti; documentário sobre a banda de rock carioca, Barão Vermelho; com Cazuza, Roberto Frejat, Ezequiel Neves, Lucinha Araujo, Dé Palmeira, Rodrigo Santos, Guto Goffi, Peninha, Fernando Magalhães, João Araujo e Fausto Fawcett. Entre as lembranças e depoimentos, o filme destaca a amizade e parceria musical de Cazuza e Frejat, que se chamavam carinhosamente de Caju e Brow, além do processo criativo dos artistas.

Carta para além dos muros (2019)

Direção de André Canto; documentário sobre a evolução do hiv/aids no Brasil ao longo de três décadas que mostra o estigma imposto a quem vive com a doença.

sobre Cazuza

Depoimentos de Lucinha Araujo, Drauzio Varella, Nair Brito, Carué Contreiras, Micaela Cyrino, Jacqueline Rocha Côrtes, Rosana Del Bianco, Luiz Mott, Marina Person, Valéria Petri, José Serra, Ricardo Tapajós, Paulo Roberto Teixeira, José Gomes Temporão, João Silvério Trevisan e Ricardo Vasconcelos.

Cazuza: Boas novas (2024)
Argumento e direção de Nilo Romero; documentário que revisita os últimos anos de vida de Cazuza, com foco no amadurecimento artístico e na luta contra a aids. Direção de fotografia de Filippe Julian e produção executiva de Cristina Dória. Produzido pela 5&60 (Guilherme Arruda e Roberto Moret). Parceria e primeira janela de exibição – Canal Curta. Depoimentos de Lucinha Araujo, Ney Matogrosso, Roberto Frejat, George Israel, Gilberto Gil, Leo Jaime, Flavio Colker, João Rebouças, Marcia Alvarez, Arthur Dapieve e Fernando Gabeira. Estreia prevista em julho de 2024.

curtas-metragens

Balada do Esplanada (1989/1990)
Direção e imagens de Marcos Bonisson. Vídeo com imagens raras de Cazuza, ao som de "Balada do Esplanada" – poema de Oswald de Andrade musicado por Cazuza.

Ponto fraco (1992)
Direção de Eduardo Mihich; exibido na mostra "O tempo não para" do *Projeto Cazuza*, de Arthur Mühlenberg. Vídeo com performance de Cazuza e Barão Vermelho em programa de TV, tendo a canção "Down em mim" como trilha sonora.

Cazuza: Sonho de uma noite no Leblon (1997)
Direção de Sérgio Sanz e Marcello Ludwig Maia; documentário sobre Cazuza com entrevista com a mãe do cantor, Lucinha Araujo, e uma mesa de bar com Cássia Eller, Ezequiel Neves, Ney Matogrosso e Roberto Frejat relembrando a trajetória do poeta; além de uma performance de Ana Beatriz Nogueira declamando poemas de Cazuza.

séries de tv

Por toda minha vida – Cazuza (TV Globo, 2009)
Direção de Ricardo Waddington e Gustavo Fernandez. Apresentação de Fernanda Lima. Depoimentos de Pedro Bial, Ney Matogrosso, Sandra de Sá, Bebel Gilberto, Roberto Frejat, Ezequiel Neves, Lucinha e João Araujo. Elenco: Daniel Granieri (Cazuza, dos 15 aos 30 anos), Leonardo Rocha (Cazuza, dos 10 aos 14 anos), Lígia Cortez (Lucinha Araujo), Luciano Luppi (Vinicius de Moraes), Paulo Carvalho (João Araujo), Pitty Webo (Bebel Gilberto), Ricardo Blat (Ezequiel Neves), Tiago Salomone (Pedro Bial jovem), Alexandre Lemos, Ricardo Clemente, Caio Graco, Charles Myara, Eduardo Pires, Felipe Lima, Flavio Tolezani, Gabriel Scheer, Gildo Coelho e Gláucio Gomes.

videoclipes

1982: **Billy Negão*** – com Barão Vermelho: Cazuza, Roberto Frejat, Guto Goffi, Dé Palmeira e Maurício Barros; direção não identificada.

1983: **Menina mimada*** – com Barão Vermelho; direção n. id.; **Pro dia nascer feliz*** – com Ney Matogrosso; narração de Dirceu Rabelo; direção de José Emilio Rondeau; **Pro dia nascer feliz*** – com Barão Vermelho; direção n. id.

1984: **Baby, suporte*** – com Barão Vermelho; direção de Herbert Richers Jr.; **Maior abandonado** – com Barão Vermelho; direção de Paulo Trevisan.

1985: **Exagerado*** – com Cazuza; direção de Paulo

Trevisan; ***Por que a gente é assim?*** – com Ney Matogrosso; direção de Paulo Trevisan; ***Sem conexão com o mundo exterior**** – com Sandra de Sá e Cazuza; direção de Herbert Richers Jr.; ***Eu queria ter uma bomba**** – com Barão Vermelho; apresentação de César Filho; direção de Paulo Trevisan.

1986: ***Milagres**** – com Elza Soares e Cazuza; direção de Paulo Trevisan; ***Codinome Beija-Flor**** – com Cazuza; direção de Paulo Trevisan; participação da atriz e bailarina Regina Restelli.

1987: ***O nosso amor a gente inventa (Estória romântica)**** – com Cazuza; roteiro de Gilberto Braga; direção musical de Boninho; ***Um trem para as estrelas**** – com Cazuza e Gilberto Gil; apresentação de Guilherme Fontes e direção de Ignácio Coqueiro; ***Heavy love*** – com Cazuza; direção n. id.

1988: ***Brasil**** – com a atriz Maria Zilda Bethlem cantando em homenagem a Cazuza; direção de Paulo Trevisan; ***Brasil**** – com Gal Costa; direção de Carlos Magalhães; ***Blues da piedade**** – com Cazuza e Sandra de Sá; direção n. id.; ***Ideologia**** – com Cazuza; arte assinada por Luiz Zerbini e Barrão; direção de Ana Arantes; ***Faz parte do meu show*** – com Cazuza; direção Boninho. ***O mundo é um moinho*** (Cartola) – com Cazuza; direção n. id.; gravado nos Estúdios Sigla (RJ).

1989: ***Ponto fraco**** – com Barão Vermelho; direção n. id.; ***Burguesia**** – com Cazuza; direção de Ana Arantes; vencedor do 32º New York Festival (1990); ***O tempo não para*** – com Cazuza; direção n. id.

1990: ***Perto do fogo**** – com Rita Lee e Roberto de Carvalho; direção de Boninho.

1991: ***Amor quente*** – com Humberto Gessinger; videoclipe para a campanha "Isso é amor", da Sociedade Viva Cazuza; direção n. id.; criação de Ana Arantes e Bineco Marinho.

1997: ***Malandragem**** – com Cássia Eller; direção n. id.

1999: ***Poema**** – com Ney Matogrosso; direção n. id.

2018: ***Coração vermelho*** – com Valentina Francisco; direção de Bruno Duarte; direção artística de Miguel Cariello; lançado pela Universal Music nas plataformas digitais; poema "Xuxu vermelho", musicado por Carlinhos Brown e Alexandre Castilho.

2021: ***Mina*** – videoclipe de animação, criado pelo artista Humberto Barros; nova versão da canção, regravada por Nilo Romero; lançado nas plataformas digitais; ***Festa de São João*** – com Nanda Garcia; videoclipe de animação realizado por Thais Leal e ilustração de Clara Gavilan; lançado nas plataformas digitais.

2022: ***Blues da piedade*** – com imagens do show *O tempo não para*; direção de Bárbara Coimbra; lançado nos canais oficiais de Cazuza nas redes sociais.

* *Lançado no* Fantástico (*TV* Globo)

ESPETÁCULOS TEATRAIS

Cazas de Cazuza (2000)
A ópera-rock *Cazas de Cazuza* estreou gerando grande repercussão na época, sendo vista por 80 mil pessoas. Direção Rodrigo Pitta. Elenco: Jay Vaquer, Lulo Scroback, Débora Reis, Fernando Prata, Vanessa Gerbelli, Rosana Pereira, Bukassa Kabengele, Marcelo Góes, Daniela Cury, Wagner Emmy, Nayma Ferreira, Tatiana Parra, Ivan Parente, Mariana Elisabetsky, Tchello Palma e Ana Torres.

Cazuza: Jogado a teus pés (2008)
Teatro musical, com roteiro criado a partir de 34 canções de Cazuza. Direção de Francis Mayer e direção

musical de Artur da Cruz, realizado no Teatro Candido Mendes, em Ipanema, Rio de Janeiro, com intenção de celebrar os 50 anos de Cazuza. Elenco: Hannah Jacque, Leandro Camacho, Pedro Henrique Lopes, Roberta Spindel e Thiago Pach.

Cazuza: Pro dia nascer feliz, o Musical (2013)
Teatro musical, ficou em cartaz entre 2013 e 2015, em treze cidades brasileiras. Foi assistido por mais de 200 mil pessoas. Direção de João Fonseca e dramaturgia de Aloísio de Abreu. Elenco: Emílio Dantas, Susana Ribeiro, Marcelo Várzea, Brenda Nadler, André Dias, Fabiano Medeiros, Bruno Narchi, Bruno Sigrist, Oscar Fabião, Marcelo Ferrari, Dezo Mota, Sheila Matos, Carol Dezani, Igor Miranda, Carlos Leça, Gabriel Malo e Diego Montez.

EXPOSIÇÕES

Projeto Cazuza (1991/1992)
Criação e direção de Arthur Mühlenberg; realizado no Centro Cultural Banco do Brasil (RJ), Rio de Janeiro, em 1991, e no Sesc Pompeia, em São Paulo, em 1992. Além de exposição fotográfica e de objetos e originais de Cazuza e da exibição de filmes, a edição paulista exibiu o vídeo *Cazuza e os outros* e shows musicais de Spacca e do grupo Hanói-Hanói.

Cazuza: O tempo não para (2008)
Ocupação multimídia no Sesc Ipiranga, em São Paulo, com programação de shows musicais, exposição, cinema, vídeo e quadrinhos; apresentaram-se: Wellington Oliveira, Boca de Cena, Kleber Albuquerque & Luiz Gayotto e Banda Trupe; exibição do filme *Cazuza: O tempo não para*. No catálogo do projeto, O Contínuo Quadrinhos (grupo paulista de HQs independentes que durou de 2005 a 2010) publicou *Cazuza por ele mesmo*, história em quadrinhos sobre o poeta.

Cazuza – Mostra sua cara (2013/2014)
Com curadoria do arquiteto e cenógrafo Gringo Cardia, a exposição retratou a carreira do poeta de forma interativa no Museu da Língua Portuguesa, em São Paulo, entre novembro de 2013 e fevereiro de 2014. A mostra, que apresentou a face política de Cazuza, foi distribuída em sete salas do museu. O visitante era conduzido a uma experiência sensorial por meio de: trechos de canções projetados em LED; retratos de anônimos com frases de Cazuza; depoimentos da mãe de Cazuza, Lucinha Araujo, de amigos do poeta, como Ney Matogrosso, Lobão, Serginho Dias, Bebel Gilberto, entre outros; entrevistas com especialistas, como a poeta Viviane Mosé, o antropólogo Luiz Eduardo Soares e o escritor Silviano Santiago; pesquisa sobre música e poesia, destacando a história da música popular e a influência de poetas brasileiros; e do acervo pessoal do poeta, cedido pela Sociedade Viva Cazuza. Além do mergulho na vida e obra de Cazuza, os visitantes podiam escolher entre duas músicas de um karaoke, "Exagerado" e "Ideologia", e tinham acesso a aulas de poesia sobre as formas e estruturas dos versos. A mostra foi uma iniciativa do Governo do Estado de São Paulo, Museu da Língua Portuguesa, IDBrasil e Fundação Roberto Marinho.

MEMÓRIA

***Praça Cazuza* – São Paulo**
Inaugurada em 22 de setembro de 1991, na Rua Oscar Caravelas, no Sumarezinho, pela então prefeita de São Paulo Luiza Erundina, envolvendo a Secretaria de Cultura (Marilena Chaui) e a de Educação (Paulo Freire). A admiração de Cazuza por Luiza Erundina era recíproca: em 1988, ela foi assistir ao show *O tempo não para*; na ocasião, ele disse em apoio à sua candidatura para a Prefeitura de São Paulo: "Viva a Erundina! E que todo brasileiro tenha comida e sexo em exagero!".

Espaço Cazuza – Rio de Janeiro

Em 14 de agosto de 1990, Marcello Alencar, então prefeito do Rio de Janeiro, anunciou que Cazuza ganharia uma homenagem no Arpoador. Na época, uma estátua de Cazuza, de 1,75 m de altura, representada em pé com um microfone na mão direita e com o habitual lenço na cabeça, começou a ser criada pelo artista Jaime Sampaio. A intenção era que a obra fosse instalada nas pedras, citadas na canção "Faz parte do meu show", os versos seriam escritos aos pés da estátua: "Vago na lua deserta das pedras do Arpoador". Entretanto, o tributo não pôde ser realizado porque as pedras do Arpoador são tombadas pelo Patrimônio Público. A solução encontrada pela Prefeitura do Rio foi instalar a estátua na Praça Professor Azevedo Sodré (médico tido como responsável pela erradicação da cólera no Brasil), na esquina da Dias Ferreira com a Ataulfo de Paiva, no Baixo Leblon, onde funcionava um estacionamento. Em maio de 1992, o Rio de Janeiro ganhou o Espaço Cazuza, no Leblon, onde estão escritos no chão os versos de "Codinome Beija-Flor": "Eu protegi teu nome por amor/ Em um codinome, Beija-Flor". Na época, em volta da estátua, além de um pequeno lago, foi instalado um arco de aço como suporte para um móbile onde ficaram pendurados oito beija-flores – instalação assinada pelo arquiteto e artista visual Hélio Pellegrino. O realejo hidráulico funcionava movimentando a água do lago para uma taça, e um mecanismo fazia tocar a canção "Codinome Beija-Flor". A estátua de Cazuza criada por Jaime Sampaio acabou não sendo instalada. Em 2017, no lugar da instalação de Hélio Pellegrino, foi inaugurada uma estátua de Cazuza assinada pela artista Christina Motta, responsável pela criação da estátua da atriz Brigitte Bardot em Búzios (RJ).

Praia do Cazuza – Angra do Reis (RJ)

Em Angra dos Reis, no Condomínio Portogallo, há uma praia reservada e calma conhecida como Praia do Cazuza. A praia ganhou o nome do poeta antes mesmo que ele passasse a frequentá-la. Apaixonado por sol e mar, Cazuza frequentou a Costa Verde nos últimos dois anos de vida, em 1988 e 1989, acompanhado de seus pais, Lucinha e João Araujo, que adquiriram um terreno e construíram uma casa na região. Em 2021, no local escolhido por Cazuza para encontrar sossego e paz, Lucinha inaugurou uma estátua de Cazuza assinada pela artista Christina Motta, além de uma placa de madeira com a inscrição "Praia do Cazuza".

Centro Cultural Cazuza – Vassouras (RJ)

Inaugurado em 11 de maio de 2018, ano em que Cazuza faria 60 anos, na Casa de Cultura de Vassouras, estado do Rio de Janeiro, com o intuito de preservar a memória do poeta. O espaço guarda objetos pessoais, figurinos, manuscritos e discos do artista. Numa das salas de exposição, foi instalada uma estátua de Cazuza assinada pela artista Christina Motta. Para a solenidade de inauguração estiveram presentes: a presidente do Instituto do Patrimônio Histórico e Artístico Nacional (Iphan), Kátia Bogéa; a presidente da Sociedade Viva Cazuza, Lucinha Araujo; o prefeito Severino Dias e outras autoridades locais. Para celebrar Cazuza, houve uma apresentação de Sandra de Sá, do Bloco Exagerado e de Gilberto Gil. A família de Cazuza possui relação com a casa: trata-se do local onde Lucinha Araujo nasceu.

Covers

Desde a morte de Cazuza, surgiram diversos covers que se apresentam em todo o Brasil, em bares, casas de shows e centros culturais. Os principais covers de Cazuza são: Alex Sandro (Betto Alves), Valério Araújo, Cadu Caruso, Jhou Xavier, Dodó Cunha, Jorge Rios (banda Jacksoul Brazuza), Fábio Sanchez (banda Ideologia Cazuza Cover) e Pepê Moraes – escolhido como "cover oficial de Cazuza" por meio de um concurso na internet e pela mãe de Cazuza, Lucinha Araujo, em 2022.

sobre Cazuza

PUBLICAÇÕES

Vozes do Brasil: Cazuza (Martin Claret, 1990), pesquisa e redação de Eduardo Duó; coordenação Carlos Rennó.

Songbook Cazuza, vol. 1 (Lumiar Editora, 1990) Organização de Almir Chediak, com acordes cifrados para violão, guitarra e piano e textos assinados por Nelson Motta, Rita Lee, Gal Costa, Jamari França e Denise Dummont.

Songbook Cazuza, vol. 2 (Lumiar Editora, 1990) Organização de Almir Chediak, com acordes cifrados para violão, guitarra e piano; e textos assinados por Leo Jaime, Gilberto Gil, Ezequiel Neves, Cazuza, Roberto Frejat e Muniz Sodré.

Projeto Cazuza (1991/1992) Catálogo do *Projeto Cazuza* (multimídia), organizado por Arthur Mühlenberg, com fotos de Cazuza ao longo de sua trajetória e com depoimentos de Aretuza Garibaldi, Tárik de Souza, Marcus de Lontra Costa, Roberto Frejat, Eduardo Logullo, Sueli Cavalcanti Carneiro da Cunha, Arnaldo Brandão, Célia Resende, Ney Matogrosso, Cacá Diegues, Ezequiel Neves, Dulce Tupy, Jorgemar Félix, Tizuka Yamasaki, José Roberto Marinho, Liane Mühlenberg, Ulisses Tavares, Sandra de Sá, Maria Juçá, Gilberto Braga, George Israel, Bernardo Vilhena, Caio Fernando Abreu e Rita Lee.

Cazuza: Só as mães são felizes (Editora Globo, 1997) Em depoimento a Regina Echeverria, Lucinha Araujo relata todos os fatos marcantes e detalhes surpreendentes de sua relação com seu único filho, além de apresentar imagens raras do poeta. O livro serviu de base para a cinebiografia *Cazuza: O tempo não para* (2014), de Sandra Werneck e Walter Carvalho.

Preciso dizer que te amo: Todas as letras do poeta (Editora Globo, 2001) Organizado por Lucinha Araujo e Regina Echeverria, o livro reuniu 211 poemas, sendo 78 inéditos no momento da publicação, além de fotos de Cazuza ao longo de sua trajetória, imagens de manuscritos e datiloscritos, e depoimentos de Cazuza, Lucinha e João Araujo, Ezequiel Neves, Roberto Frejat, Dé Palmeira, Maurício Barros, Guto Goffi, Bebel Gilberto, Ney Matogrosso, Rita Lee, Gilberto Gil, Sandra de Sá, Joanna, Angela Ro Ro, Orlando Morais, João Donato, Waly Salomão, George Israel, Leoni, Lobão, Renato Ladeira, Rogério Meanda, Nilo Romero, Márcia Alvarez, Arnaldo Brandão e João Rebouças. O texto de orelha é assinado por Caetano Veloso.

Veneno antimonotonia – os melhores poemas e canções contra o tédio (Objetiva, 2005) Organizado pelo poeta e professor de literatura brasileira Eucanaã Ferraz e idealização da editora Isa Pessoa. O livro, que tem como título um verso de Cazuza, reúne os maiores nomes da poesia e da música brasileiras. Poetas da literatura e da música estão lado a lado: Cazuza e João Cabral, Chico Buarque e Ferreira Gullar, Adriana Calcanhotto e Mario Quintana, Aldir Blanc e Manuel Bandeira, Caetano e Drummond.

Cazuza no vídeo O tempo não para (UniSul, 2006) Escrito por Jussara Bittencourt de Sá, o livro analisa as performances e composições de Cazuza no vídeo O *tempo não para*, 1989, fase final da trajetória do poeta.

Barão Vermelho: Por que a gente é assim? (Editora Globo, 2007) Organizado por Ezequiel Neves, Guto Goffi e Rodrigo Pinto, o livro conta a história do rock brasileiro através da trajetória do Barão Vermelho em sua primeira formação – Cazuza, Roberto Frejat, Dé Palmeira, Guto Goffi e Maurício Barros –, além de fotos da banda e imagens de jornais e revistas. A orelha é assinada por

Ney Matogrosso e o texto de quarta capa por Zeca Camargo. Na publicação consta um CD com os registros sonoros do Barão Vermelho em 1981, antes de a banda gravar seu primeiro disco.

O tempo não para: Viva Cazuza (Editora Globo, 2011)
Em depoimento a Christina Moreira da Costa, Lucinha Araujo relata como criou a Sociedade Viva Cazuza três meses após a morte do filho. O livro reúne histórias das crianças atendidas pela instituição, fotos da trajetória de Cazuza, cronologia da aids, além de depoimentos de Ney Matogrosso, Roberto Frejat, Serginho Dias, Nilo Romero, Ezequiel Neves e George Israel.

Brasil: Cazuza, Renato Russo e a transição democrática (Civilização Brasileira, 2016)
Escrito por Mario Luis Grangeia, o livro reflete sobre as questões políticas e sociais presentes nas canções dos poetas do rock brasileiro Cazuza e Renato Russo, amigos e representantes da geração 80. O estudo explicita como tanto Renato Russo quanto Cazuza se posicionaram na vida pessoal, cada um ao seu modo, e, sobretudo, nas canções, contra as injustiças sociais no Brasil.

Cazuza: Segredos de liquidificador (Editora Batel, 2019)
Escrito por Rafael Julião, o livro analisa a obra de Cazuza a partir de sua personalidade poética e sua trajetória artística e pessoal. Um tributo literário e crítico que reconhece a importância de Cazuza na música popular brasileira, traçando paralelos com o sexo, as drogas, o rock and roll e a literatura – especialmente com a escritora Clarice Lispector.

créditos

dos poemas e das canções

das imagens

créditos dos poemas e das canções

A

A inocência do prazer (Cazuza/George Israel) – *AGN (Warner Chappell) / Direto*
[Ajudai, Senhor] (Cazuza/Angela Ro Ro) – *AGN (WarnernChappel) / Sony*
A orelha de Eurídice (Cazuza) – *AGN (Warner Chappell)*
A via-crúcis do corpo (Cazuza) – *AGN (Warner Chappell)*
A vizinha reclama (Cazuza) – *Warner Chappell*
Adoniran (Cazuza) *AGN (Warner Chappell)*
Aí você pintou…* (Cazuza)
Algumas pessoas são mais felizes que as outras* (Cazuza)
Alta ansiedade (Cazuza) – *AGN (Warner Chappell)*
Alta ansiedade II (Cazuza)
Amigo Caco (Cazuza/Dé Palmeira) – *AGN (Warner Chappell)*
Amigos de bar (Cazuza/Dé Palmeira/Bebel Gilberto) – *AGN (Warner Chappell) / Warner Chappell*
[Amor de irmão] (Cazuza/Roberto Frejat/Dé Palmeira) – *Warner Chappell*
Amor quente (Cazuza/Renato Ladeira) – *AGN (Warner Chappell) / Peermusic*
Amor quente (Cazuza/Humberto Gessinger) – *AGN (Warner Chappell) / Warner Chappell*
Amor, amor (Cazuza/Roberto Frejat/George Israel) – *Warner Chappell*
Androide sem par (Cazuza/George Israel/Nilo Romero) – *AGN (Warner Chappell) / Direto / Kamikaze (Nossa Música)*
Anjo da Guarda (Cazuza/Joe Euthanázia) – *Direto / Sony*
As cobaias de Deus (Cazuza/Angela Ro Ro) – *AGN (Warner Chappell) / Universal*
[As moças do Centro] (Cazuza) – *Warner Chappell*
Ataque de nervos (Cazuza) – *AGN (Warner Chappell)*
Aula (Cazuza/Luís Capucho) – *AGN (Warner Chappell)*
Aviador maluco (Cazuza) – *AGN (Warner Chappell)*
Azul e amarelo (Cazuza/Lobão/Cartola) – *AGN (Warner Chappell) / Sony / Direto*

B

Babylonest (Cazuza/Ledusha/Lobão) – *Direto / Mix Criação / Universal*
Baby, suporte (Cazuza/Pequinho/Maurício Barros/Ezequiel Neves) – *Warner Chappell*
Bete Balanço (Cazuza/Roberto Frejat) – *Warner Chappell*
Bicho humano (Cazuza/Roberto Frejat) – *Warner Chappell*
Bilhetinho azul (Cazuza/Roberto Frejat) – *Warner Chappell*
Billy Negão (Cazuza/Guto Goffi/Maurício Barros) – *Warner Chappell*
Blitz (Cazuza) – *Warner Chappell*
Blues da piedade (Cazuza/Roberto Frejat) – *AGN (Warner Chappell) / Warner Chappell*
Blues do ano 2000 (Cazuza/George Israel/Nilo Romero) – *AGN (Warner Chappell) / Siri Music (Sony) / Kamikaze (Nossa Música)*
Blues do iniciante (Cazuza/Dé Palmeira/Roberto Frejat/Guto Goffi/Maurício Barros) – *Warner Chappell*
Boa vida (Cazuza/Roberto Frejat) – *Warner Chappell*
Boas novas (Cazuza) – *AGN (Warner Chappell)*
[Bobeira (Toque em todas as cordas)] (Cazuza) – *Warner Chappell*
Born to rock'n'roll (Cazuza) – *AGN (Warner Chappell)*
Brasil (Cazuza/George Israel/Nilo Romero) – *AGN (Warner Chappell) / Siri Music (Sony) / Kamikaze (Nossa Música)*
Brazil TV (Cazuza) – *Warner Chappell*
Brazilian prayer (Cazuza/Bebel Gilberto) – *AGN (Warner Chappell)*
Brigitte Bardot (Cazuza) – *AGN (Warner Chappell)*
Bruma (Cazuza/ Arnaldo Brandão) – *AGN (Warner Chappell) / Brandão e o Plano D Música (Nowa)*
Burguesia (Cazuza/Ezequiel Neves/George Israel) – *AGN (Warner Chappell) / Warner Chappell / Universal*

créditos dos poemas e das canções

C

Carente profissional (Cazuza/Roberto Frejat) – *Warner Chappell*
Carne de pescoço (Cazuza/Roberto Frejat) – *Warner Chappell*
Carreirinha (Cazuza/Carlinhos Brown/Alexandre Castilho) – *Warner Chappell*
Certo dia na cidade (Cazuza/Guto Goffi/Maurício Barros) – *Warner Chappell*
[Champagne e gentileza] (Cazuza) – *Warner Chappell*
Cineac Trianon* (Cazuza) – *AGN (Warner Chappell)*
Codinome Beija-Flor (Cazuza/Ezequiel Neves/Reinaldo Arias) – *Warner Chappell / Universal*
Como já dizia Djavan (Dois homens apaixonados) (Cazuza /Roberto Frejat) – *AGN (Warner Chappell) / Warner Chappell*
Companhia (Cazuza /Roberto Frejat/Ezequiel Neves) – *Warner Chappell / Copyrights Consultoria*
Completamente blue (Cazuza/Rogério Meanda/Nilo Romero/George Israel) – *AGN (Warner Chappell) / Warner Chappell / Kamikaze (Nossa Música) / Siri Music (Sony)*
Comprimidos (Cazuza/Rita Lee) – *Warner Chappell / Direto*
Confessional (Cazuza/Rodrigo Pitta) – *Warner Chappell*
Conforto (Cazuza/Roberto Frejat) – *RF Edições / Warner Chappell*
Conto de fadas (Cazuza/Maurício Barros) – *Warner Chappell*
Culpa de estimação (Cazuza/Roberto Frejat) – *AGN (Warner Chappell) / Warner Chappell*
Cúmplice (Cazuza/Zé Luis) – *Warner Chappell*

D

De quem é o poder? (Cazuza/George Israel/Nilo Romero) – *AGN (Warner Chappell) / Siri Music (Sony) / Kamikaze (Nossa Música)*
Desastre mental (Cazuza/Renato Ladeira) – *Warner Chappell / Sony*
Dessas coisas de amor* (Cazuza)
Dia dos Namorados (Cazuza/Perinho Santana) – *Warner Chappell*
Dolorosa (Cazuza/Roberto Frejat) – *Warner Chappell*
Domingo (Cazuza) – *AGN (Warner Chappell)*
[Domingo II] (Cazuza) – *AGN (Warner Chappell)*
Doralinda (Cazuza/João Donato) – *AGN (Warner Chappell) / Warner Chappell*
Down em mim (Cazuza) – *Warner Chappell*
Dúvidas (Cazuza/Nilo Romero) – *AGN (Warner Chappell) / Kamikaze (Nossa Música)*

E

Eletricidade (Cazuza/George Israel/Nilo Romero) – *AGN (Warner Chappell) / Siri Music (Sony) / Universal*
Empada com birita (Cazuza/Dé Palmeira) – *AGN (Warner Chappell) / Warner Chappell*
Endless night (Cazuza/George Israel) – *Direto*
Entre livros* (Cazuza)
Era assim (Cazuza)
Estranha palavra* (Cazuza/Leoni) – *Warner Chappell / Outro Futuro (Nossa Música)*
Eu agradeço (Cazuza/George Israel/Nilo Romero) – *AGN (Warner Chappell) / Universal*
Eu queria ter uma bomba [1ª versão]* (Cazuza)
Eu queria ter uma bomba [2ª versão] (Cazuza) – *Warner Chappell*
Eu quero alguém (Cazuza/Renato Rocketh) – *AGN (Warner Chappell) / Universal*
Eu quero o mel (Cazuza) – *Warner Chappell*
Eu tenho todo azul* (Cazuza)
Exagerado [1ª versão]* (Cazuza)
Exagerado [2ª versão] (Cazuza/Ezequiel Neves/Leoni) – *Warner Chappell*
Experiência (Cazuza) – Warner *Chappell*

créditos dos poemas e das canções

F

Fase (Cazuza) – AGN *(Warner Chappell)*
Faz parte do meu show (Cazuza/Renato Ladeira) – *Warner Chappell / Sony*
Festa de São João (Cazuza/Carlinhos Brown/Alexandre Castilho) – *AGN (Warner Chappell) / Direto*
Filho único (Cazuza/João Rebouças) – *AGN (Warner Chappell) / Universal*
Filosofia de calçada [1ª versão]* (Cazuza)
Filosofia de calçada [2ª versão] (Cazuza/Roberto Frejat) – *AGN (Warner Chappell) / Warner Chappell*
[Flecha cega] (Cazuza) – *Warner Chappell*
Fracasso (Cazuza) – *Warner Chappell*
Fratura (não) exposta (Cazuza/ Ezequiel Neves/Piska) – *Warner Chappell / Sony*
Frescobol (Cazuza) – *AGN (Warner Chappell)*

G

Garota de Bauru (Cazuza/João Rebouças) – *AGN (Warner Chappell) / Universal*
Gatinha de rua (Cazuza/Roberto Frejat) – *Warner Chappell*
Glória, junkie bacana (Cazuza/Lobão) – *Warner Chappell / Universal*
Guerra civil (Cazuza/Ritchie) – *AGN (Warner Chappell) / Pop Songs (Dueto)*

H

Heavy love (Cazuza/Roberto Frejat) – *AGN (Warner Chappell) / Warner Chappell*
Hei, Rei! (Cazuza/Roberto Frejat) – *AGN (Warner Chappell) / Warner Chappell*
Hoje (Cazuza/George Israel) – *Warner Chappell / Siri Music (Sony)*
Homem de posse* (Cazuza/Roberto Frejat)

I

Ideologia [1ª versão]* (Cazuza)
Ideologia [2ª versão] (Cazuza/Roberto Frejat) – *AGN (Warner Chappell) / Warner Chappell*
Incapacidade de amar (Cazuza/Leoni) – *Warner Chappell*
Inútil II (Cazuza/Arnaldo Brandão) – *AGN (Warner Chappell) / Direto*

J

Já faz algum tempo* (Cazuza)
João (Cazuza/Raimundo Fagner) – *AGN (Warner Chappell) / Direto*
Jogo de futebol (Cazuza) – *AGN (Warner Chappell)*
Jogo de vôlei (Cazuza) – *AGN (Warner Chappell)*
Jornais (Cazuza) – *AGN (Warner Chappell)*
Jovem (Cazuza/Arnaldo Brandão) – *AGN (Warner Chappell) / Brandão e o Plano D Música (Nowa)*
Justiça (Cazuza/João Rebouças)

L

Lady Chatterley* (Cazuza)
Largado no mundo (Cazuza/Roberto Frejat) – *Warner Chappell*
Lembre-se de mim (Cazuza) – *AGN (Warner Chappell)*
Levando fé (Cazuza)

M

Maior abandonado (Cazuza/Roberto Frejat) – *Warner Chappell*
Maioridade (Cazuza/Roberto Frejat/Denise Barroso/Guto Goffi) – *Warner Chappell*
Mais feliz (Cazuza/Dé Palmeira/Bebel Gilberto) – *AGN (Warner Chappell) / Warner Chappell*

créditos dos poemas e das canções

Mal necessário (Cazuza) – *AGN (Warner Chappell)*
Mal nenhum [1ª versão] (Cazuza)
Mal nenhum [2ª versão] (Cazuza/Lobão) – *Warner Chappell / Universal*
Malandragem (Cazuza/Roberto Frejat) – *Warner Chappell / RF (Warner Chappell)*
Maldição [1ª versão] (Cazuza) – *AGN (Warner Chappell)*
Maldição [2ª versão] (Cazuza) – *AGN (Warner Chappell)*
[Mania de cantar] (Cazuza)
Manhã sem sonho (Cazuza/Dé Palmeira) – *Warner Chappell*
Manhãs de ressaca (Cazuza) – *Warner Chappell*
Manhatã (Cazuza/Leoni) – *AGN (Warner Chappell)/ Warner Chappell*
Medieval II (Cazuza/Rogério Meanda) – *Warner Chappell*
Menina mimada (Cazuza/Maurício Barros) – *Warner Chappell*
Milagres (Cazuza/Denise Barroso/Roberto Frejat) – *Warner Chappell*
Mina (Cazuza/George Israel/Nilo Romero) – *Warner Chappell / Universal*
Minha flor, meu bebê (Cazuza/Dé Palmeira) – *AGN (Warner Chappell) / Warner Chappell*
Modernidade (Cazuza/Rodrigo Pitta/Daniel Ribeiro) – *Warner Chappell/Direto*
Modernidade (Cazuza/Graça Motta/Nelson Angelo) – *Warner Chappell/Direto*
Mulher sem razão (Cazuza/Dé Palmeira/Bebel Gilberto) – *AGN (Warner Chappell) / Warner Chappell*
Mulher vermelha (Cazuza/Graça Motta) – *AGN (Warner Chappell) / Direto*

N

Nabucodonosor (Cazuza/George Israel) – *AGN (Warner Chappell) / Universal*
Não amo ninguém (Cazuza/Roberto Frejat/Ezequiel Neves) – *Warner Chappell*

Não há perdão para o chato (Cazuza/Arnaldo Antunes/ Zaba Moreau) – *AGN (Warner Chappell) / Rosa Celeste (Boa Música) – Warner Chappell*
Não reclamo (Cazuza/George Israel) – *Warner Chappell / Siri Music (Sony)*
Não reclamo [Essas canções de amor] (Cazuza/ Wilson Sideral)
Narciso (Cazuza/Roberto Frejat) – *Warner Chappell*
*Nasci no Rio de Janeiro** (Cazuza)
Nem Sansão nem Dalila (Cazuza/Arnaldo Brandão/ Torquato de Mendonça) – *Direto / Brandão e o Plano D Música (Nowa) / Universal*
Nem tudo é verdade (Cazuza/Supla/Conde/Paulo Cesar Padovan/Rogério Bidlovski) – *AGN (Warner Chappell) / Warner Chappell*
No one (Cazuza) – *AGN (Warner Chappell)*
Noite em ti* (Cazuza)
Nós (Cazuza/Roberto Frejat) – *Warner Chappell*
Nunca sofri por amor (Cazuza/Joanna) – *AGN (Warner Chappell) / Universal*

O

O amor é brega (Cazuza) – *AGN (Warner Chappell)*
*O amor é uma mentira** (Cazuza)
O assassinato da flor (Cazuza) – *AGN (Warner Chappell)*
O Brasil vai ensinar ao mundo (Cazuza/Renato Rocket) – *AGN (Warner Chappell) / Universal*
O homem belo (Cazuza) – *AGN (Warner Chappell)*
O lobo mau da Ucrânia (Cazuza/Rogério Meanda/Nilo Romero/João Rebouças/Ezequiel Neves/Fernando Moraes) – *AGN (Warner Chappell) / Kamikaze (Nossa Música) / Natasha Records / Direto*
O nosso amor a gente inventa (Estória romântica) (Cazuza/Rogério Meanda /João Rebouças) – *AGN (Warner Chappell) / Warner Chappell*
O tempo não para (Cazuza/Arnaldo Brandão) – *AGN (Warner Chappell) / Brandão e o Plano D Música (Nowa)*

créditos dos poemas e das canções

Obrigado (por ter se mandado) (Cazuza/Zé Luis) – *AGN (Warner Chappell) / Warner Chappell*
Obsessão (Cazuza) – *AGN (Warner Chappell)*
Olhar matreiro (Cazuza/Raimundo Fagner) – *Warner Chappell / Orós (Sony)*
Onde todos estão (Cazuza/Mú Carvalho) – *Warner Chappell / Sony*
Oriental (Cazuza/Orlando Morais) – *Direto / Primeiro Segundo (Sony)*
Oriental II (Cazuza/Rogério Meanda) – *AGN (Warner Chappell) / Universal*

P

Paixão [1ª versão] (Cazuza)
Paixão [2ª versão] (Cazuza/João Rebouças) – *AGN (Warner Chappell) / Universal*
Paixão sem sentido (Cazuza) – *Warner Chappell*
Papo sério (Cazuza/Dé Palmeira/Adriana Calcanhotto) – *Warner Chappell / Direto / Minha Música (Sony)*
Paz (Cazuza) – *Warner Chappell*
Pedaço do meu coração (Cazuza/Jerry Ragovoy/Bert Berns) – *Direto*
Pelo amor* (Cazuza)
Perto do fogo (Cazuza/Rita Lee) – *AGN (Warner Chappell) / Warner Chappell*
Pobreza* (Cazuza/Leo Jaime)
Poema (Cazuza/Roberto Frejat) – *Warner Chappell / RF (Warner Chappell)*
Ponto fraco (Cazuza/Roberto Frejat) – *Warner Chappell*
Por aí (Cazuza/Roberto Frejat) – *Warner Chappell*
Por que a gente é assim? (Cazuza/Roberto Frejat/Ezequiel Neves) – *Warner Chappell*
Portuga (Cazuza/Orlando Morais) – *AGN (Warner Chappell) / Direto*
Posando de star (Cazuza) – *Warner Chappell*
Preciso dizer que te amo (Cazuza/Dé Palmeira/Bebel Gilberto) – *Warner Chappell*

Pro dia nascer feliz (Cazuza/Roberto Frejat) – *Warner Chappell*
Problema moral (Cazuza/Dé Palmeira/Roberto Frejat) – *Warner Chappell*

Q

Qual é a cor do amor? (Cazuza/Sérgio Bello) – *Warner Chappell*
Qual é a cor do amor? (Cazuza/Wilson Sideral)
Quando eu estiver cantando (Cazuza/João Rebouças) – *AGN (Warner Chappell) / Direto*
*Quando te vi frente a frente** (Cazuza)
Quarta-feira (Cazuza/Zé Luis) – *Warner Chappell / Universal*
Quatro letras (Cazuza/George Israel) – *Warner Chappel / Siri Music (Sony)*
Que o Deus venha (Cazuza/Roberto Frejat/Clarice Lispector) – *AGN (Warner Chappell) / Warner Chappell / Direto*
Querido Diário (Tópicos para uma semana utópica) (Cazuza) – *AGN (Warner Chappell)*
Quero ele (Cazuza/Fábio Pillar/Charles Kahn) – *Direto*

R

Rica e famosa (Cazuza/Ezequiel Neves) – *AGN (Warner Chappell) / Direto*
Rio de Janeiro love blues (Cazuza) – *AGN (Warner Chappell)*
Rita (Cazuza) – *AGN (Warner Chappell)*
Ritual (Cazuza/Roberto Frejat) – *AGN (Warner Chappell) / Warner Chappell*
Rock da descerebração (Cazuza/Roberto Frejat) – *Warner Chappell*
Rock'n geral (Cazuza/Roberto Frejat) – *Warner Chappell*

créditos dos poemas e das canções

S

Saia daqui* (Cazuza)
Saudade [1]* (Cazuza)
Saudade [2] (Cazuza) – *AGN (Warner Chappell)*
Seda (Cazuza/Lobão) – *Warner Chappell / Sony*
Seda pura (Cazuza/Roberto Frejat) – *Warner Chappell / RF (Warner Chappell)*
Sem conexão com o mundo exterior (Cazuza/Roberto Frejat) – *Warner Chappell*
Sem saudade (Cazuza) – *Warner Chappell*
Sem vergonha (Cazuza/Roberto Frejat) – *Warner Chappell*
Semancol (Cazuza) – *AGN (Warner Chappell)*
Só as mães são felizes (Cazuza/Roberto Frejat) – *Warner Chappell*
Solidão, que nada (Cazuza/George Israel/Nilo Romero) – *AGN (Warner Chappell) / Siri Music (Sony) / Kamikaze (Nossa Música)*
Só se for a dois (Cazuza/Rogério Meanda) – *AGN (Warner Chappell) / Warner Chappell*
Sonho estranho (Cazuza/Nico Rezende) – *AGN (Warner Chappell) / Universal*
Sono (Cazuza) – *Warner Chappell*
Sorte ou azar (Cazuza/Roberto Frejat) – *Warner Chappell / RF (Warner Chappell)*
Subproduto do rock (Geração do rock) (Cazuza/Roberto Frejat) – *Warner Chappell*

T

Take it easy my brother* (Cazuza)
Tapas na cara (Cazuza) – *AGN (Warner Chappell)*
Tarde branca (Cazuza) – *Warner Chappell*
Tempo de paz (Cazuza) – *Direto*
Tocha acesa (Cazuza/Leoni) – *Warner Chappell / Outro Futuro (Nossa Música)*
Todo amor que houver nessa vida (Cazuza/Roberto Frejat) – *Warner Chappell*
Trapaça (Cazuza) – *Warner Chappell*

Tudo é amor (Cazuza/Laura Finocchiaro) – *AGN (Warner Chappell) / Sony*

U

Um dia na vida [1ª versão]* (Cazuza)
Um dia na vida [2ª versão] (Cazuza/Maurício Barros) – *Warner Chappell*
Um dia na vida [3ª versão]* (Cazuza)
Um trem para as estrelas (Cazuza/Gilberto Gil) – *AGN (Warner Chappell) / Gege Edições (Sony)*

V

Vai à luta (Cazuza/Rogério Meanda) – *AGN (Warner Chappell) / Warner Chappell*
Vem comigo (Cazuza/Dé Palmeira/Guto Goffi) – *Warner Chappell*
Vida fácil (Cazuza/Roberto Frejat) – *AGN (Warner Chappell) / Warner Chappell*
Vingança boba (Cazuza/Sérgio Serra) – *AGN (Warner Chappell) / Warner Chappell*
Vítima do amor (Cazuza) – *Warner Chappell*
Vítimas do vandalismo (Cazuza) – *Warner Chappell*
Você se parece com todo mundo (Cazuza/Roberto Frejat) – *Warner Chappell*
*você tem tanta dobrinha** (Cazuza)
Você vai me enganar sempre [1ª versão] (Cazuza/Roberto Frejat) – *AGN (Warner Chappell) / Direto*
Você vai me enganar sempre [2ª versão] (Cazuza/George Israel/Nilo Romero) – *AGN (Warner Chappell) / Siri Music (Sony) / Kamikaze (Nossa Música)*
Vovó Alice (Cazuza)

W

*Work in progress** (Cazuza)

créditos dos poemas e das canções

X

Xuxu vermelho (Cazuza/Carlinhos Brown/Alexandre Castilho) – *Warner Chappell*

Y

Yara (Cazuza) – *AGN (Warner Chappell)*
Yara Neiva, não me leve a mal* (Cazuza)

17 anos de vida (Cazuza/Roberto Frejat) – *Warner Chappell / RF (Warner Chappell)*
* *Inéditos*

[Pesquisa dos créditos nas editoras e gravadoras: Eveline Alves]

Todos os esforços foram feitos para identificar com a maior precisão possível os parceiros e as respectivas editoras, às quais agradecemos: Warner Chappell, Sony, Universal, Nossa Música, Nowa, Peermusic, Copyrights Consultoria, Boa Música e Dueto.

créditos das imagens

FOTOGRAFIAS

Acervo Lucinha Araujo • 8, 10, 16 e 20
Aderi Costa • 40
Mabel Arthou/*Agência JB* • 98
Flavio Colker • 154, 220 e 306
Marcos Bonisson • 228 e 288
André Roveri e Bernardo Magalhães (Nem de Tal)
   Agência Estado • 250
Irineu Barreto Filho/*Abril Imagens* • 258
Bruno Veiga/*Jornal do Brasil* • 270
Frederico Mendes • 319

MANUSCRITOS E DATILOSCRITOS

Acervo Lucinha Araujo • 18, 230, 231, 232, 233, 234, 235, 236, 237, 238, 239, 240, 241, 242, 243, 244, 245, 246, 247 e 248

autores

Ramon Nunes Mello (Araruama/RJ, 1984) é poeta, escritor e jornalista. Desde 2012, vive com hiv e é ativista de direitos humanos. Mestre em Poesia Brasileira (Universidade Federal do Rio de Janeiro – UFRJ, 2017) e doutorando em Ciência da Literatura pela mesma instituição. Autor dos livros *Vinis mofados* (Língua Geral, 2009), *Poemas tirados de notícias de jornal* (Móbile, 2011), *Há um mar no fundo de cada sonho* (Verso Brasil, 2016) e *A menina que queria ser árvore* (Quase Oito, 2018). Organizou *Escolhas: Uma autobiografia intelectual*, de Heloísa Buarque de Hollanda (Língua Geral/Carpe Diem, 2010), *Maria Bethânia Guerreira Guerrilha*, de Reynaldo Jardim (Móbile/Debê, 2011, com Marcio Debellian), *Tente entender o que tento dizer: Poesia + hiv/aids* (Bazar do Tempo, 2018), *Ney Matogrosso: Vira-lata de raça – memórias* (Tordesilhas, 2018), *Do balacobaco: Entrevistas de Rodrigo de Souza Leão* (Numa, 2021, com Aline Leal, Lucas Viriato e Marília Rothier Cardoso), *Do fim ao princípio – Adalgisa Nery – poesia completa* (José Olympio, 2022) e *Lowcura – poesia reunida de Rodrigo de Souza Leão* (Demônio Negro, 2023, com Silvana Guimarães e Jorge Lira). É curador da obra de Rodrigo de Souza Leão (1965-2009) e Adalgisa Nery (1905-1980).

Maria Lúcia da Silva Araujo (Vassouras/RJ, 1936), mais conhecida como **Lucinha Araujo**, fundou com o marido, o produtor musical João Araujo, a Sociedade Viva Cazuza, criada após o falecimento do filho, Cazuza, vítima da aids. Em 1997, lançou a biografia *Cazuza: Só as mães são felizes* (Ed. Globo), em parceria com Regina Echeverria. Em 2001, publicou o livro *Preciso dizer que te amo: Todas as letras do poeta* (Ed. Globo), novamente com Regina Echeverria em colaboração com o jornalista Mauro Ferreira. Em 2011, lançou *O tempo não para: Viva Cazuza* (Ed. Globo), depoimento a Christina Moreira da Costa, reunião das histórias de crianças atendidas pela Sociedade Viva Cazuza. Lucinha também foi cantora e lançou o single "Como se fosse" (1978) e os álbuns *Do mesmo verão* (1980) e *Tal qual eu sou* (1982).

Eliane Robert Moraes (São Paulo/SP, 1951) é professora de Literatura Brasileira da Universidade de São Paulo (USP) e pesquisadora do CNPq – Conselho Nacional de Desenvolvimento Científico e Tecnológico. Assina diversos ensaios sobre o imaginário erótico na literatura e a tradução de *História do olho*, de Georges Bataille (Companhia das Letras, 2018). Publicou pela Iluminuras: *Sade: A felicidade libertina* (2015), *O corpo impossível* (2016), *Lições de Sade* (2011) e *Perversos, amantes e outros trágicos* (2013). Organizou a *Antologia da poesia erótica brasileira* (Ateliê, 2015), editada em Portugal (Tinta da China, 2017), e a *Seleta erótica de Mário de Andrade* (Ubu, 2022), além de dois volumes de contos eróticos brasileiros: *O corpo descoberto – 1852 a 1922* e *O corpo desvelado – 1922 a 2022* (Cepe, 2022).

Augusto Guimaraens Cavalcanti (Rio de Janeiro/RJ, 1984) é escritor e pós-doutorando em Letras pela UFRJ – Universidade Federal do Rio de Janeiro, tendo escrito a sua dissertação sobre o rock brasileiro, Cazuza, Arnaldo Antunes e Lobão, sob orientação de Santuza Cambraia Naves. Autor de *Poemas para se ler ao meio-dia* (7 Letras, 2006), *Os tigres cravaram as garras no horizonte* (Circuito, 2010), do romance *Fui à Bulgária procurar por Campos de Carvalho* (7Letras, 2012) e de *Máquina de fazer mar* (7 Letras, 2016).

autores

Italo Moriconi (Rio de Janeiro/RJ, 1954) é escritor e poeta, professor, crítico e curador literário. Lecionou na Pós-Graduação em Letras da Universidade do Estado do Rio de Janeiro (UERJ) por mais de trinta anos. Continua atuando como Professor Visitante. Autor de algumas antologias de prestígio, como a histórica *Os cem melhores contos brasileiros do século* (Objetiva, 2000). Reuniu e prefaciou as *Cartas de Caio Fernando Abreu* (Aeroplano, 2002). Organizou a coletânea de poesia *Torquato Neto – Essencial* (Autêntica, 2018). É autor do perfil biográfico de Ana Cristina Cesar *O sangue de uma poeta* (Relume Dumará, 1996) e do livro de ensaios *Literatura, meu fetiche* (Cepe, 2022).

Silviano Santiago (Formiga/MG, 1936) é romancista de *Mil rosas roubadas* (2016), vencedor do prêmio Oceanos em 2015. Sua vasta obra inclui romances, contos, ensaios literários e culturais. Doutor em letras pela Sorbonne, Silviano começou a carreira lecionando nas melhores universidades norte-americanas. Transferindo-se posteriormente para a PUC-Rio e é, hoje, professor emérito pela UFF. Por três vezes foi distinguido com o prêmio Jabuti. Pelo conjunto da produção literária, recebeu o prêmio Machado de Assis da Academia Brasileira de Letras (ABL) e o José Donoso, do Chile. Silviano vive hoje no Rio de Janeiro.

Nelson Motta (São Paulo/SP, 1944) é jornalista, compositor, escritor, roteirista, produtor musical, teatrólogo e letrista brasileiro. Escreveu os best-sellers *Noites Tropicais* (Objetiva, 2000), *O Canto da Sereia* (Objetiva, 2002), *Bandidos e Mocinhas* (Objetiva, 2004), *Ao Som do Mar e À Luz do Céu Profundo* (Objetiva, 2006), *Vale Tudo - O Som e a Fúria de Tim Maia* (Objetiva, 2007), *Força Estranha* (Suma, 2010). Também escreveu *Nova York é Aqui* (Objetiva, 1997), *Memória Musical* (1990), entre outros. Foi colunista dos jornais *Última Hora* (1968), *O Globo* (1973 a 1980 e depois de 1995 a 2000) e *Folha de S.Paulo* (2003 a 2009). Nelson apresenta também uma coluna semanal, às sextas-feiras, no *Jornal da Globo*, sobre cultura e comportamento.

Karina Buhr (Salvador/BA, 1974) é cantora, poeta, compositora, escritora e percussionista, nascida em Salvador, em 1974, viveu intensamente a cena musical do Recife nos anos 1990. Foi integrante do Teatro Oficina, de José Celso Martinez Corrêa, onde encenou *As Bacantes* e *Os Sertões*. Lançou *Eu menti pra você* e *Longe de onde*, seus dois discos autorais, além dos trabalhos com as bandas Comadre Fulozinha e Eddie, entre outras. Escreve e ilustra em diversos veículos de comunicação, entre eles *Revista da Cultura*, *Carta Capital* e *TPM*. É autora do livro de poemas *Desperdiçando rima* (Rocco, 2015) e do romance *Mainá* (Todavia, 2022).

Caio Fernando Abreu (Santiago do Boqueirão/RS, 1948 – Porto Alegre/RS, 1996) é escritor, poeta, jornalista e dramaturgo. Integrou a primeira equipe da revista *Veja*, passando depois por diversas redações: *Manchete*, *Pais & Filhos*, *A-Z*, *Around*, *Folha da Manhã*, *Zero Hora*, *O Estado de S. Paulo*. Caio F. estrou no gênero da narrativa curta com o livro *Inventário do ir-remediável* (1970); mas foi com *Morangos mofados* (1982) que alcançou projeção nacional. Em sua trajetória constam, entre outros, dois romances, *Limite branco* (1970) e *Onde andará Dulce Veiga?* (1990), um livro para crianças, denominado *As frangas*, e ainda uma coletânea de crônicas e de peças para teatro. Depois de percorrer vários países da Europa nos anos 1970, Caio F. viveu cerca de 20 anos em São Paulo, retornando em definitivo a Porto Alegre em 1994, quando foi diagnosticado com hiv. Em 1995 foi patrono a 41ª Feira de Porto Alegre. Faleceu em 25 de fevereiro de 1996.

agradecimentos

Aderi Costa
Alexandre Gullart
Alexandre Martins Fontes
Aline Barros da Cruz
Ana Vitória V. Monteiro
André Vallias
Belinha Almendra
Cacá Diegues
Caetano Veloso
Celina Falcão
Cris Dória
Cristina Cazuza
Danielle Andrade
Dé Palmeira
Diogo Pires Gonçalves
Eduardo Coelho
Estevão Portela Nunes
Fabiana Araujo
Fátima Alonge
Flavio Colker
Flora Gil
Frederico Mendes
Galiana Brasil
George Israel
Gilberto Gil
Guto Goffi
João Pedro Nascimento Vitória
Katia Bronstein
Ledusha Spinardi
Leilane Neubarth

Leo Jaime
Leona Cavalli
Leoni
Lídice Xavier
Lucia Riff
Lucinha Araujo
Mabel Arthou
Marcia Rachid
Marcio Debellian
Marcos Bonisson
Maria José Motta Gouvea
Marina Lima
Maurício Barros
Nedir Nunes Mello
Nelci Frangipani
Nelson Motta
Ney Matogrosso
Nilo Romero
Patrícia Munçone
Paulo Lima
Paulo Renato Pinto Mello
Paulo Renato Nunes Mello
Renata Pimentel
Roberto Frejat
Sergio Dias Maciel (Serginho)
Silviano Santiago
Sonia Viana
Thyago Mello
Wagner Alonge Bonfim

Espero que, no futuro,
não esqueçam do poeta que sou.
Que as pessoas não se esqueçam
de que, mesmo num mundo
eletrônico, o amor existe.
Existem o romance e a poesia.